JN123021

三宅雪嶺
異例の哲学

鷲田小彌太
washida koyata

言視舎

序言

1　三宅雪嶺は、明治中期以降を代表する思想家として、徳富蘇峰とならび称され、比類なき地位を獲得している。とくに政論家として終始ジャーナリズムの世界を生き抜いた。4方面を特記すれば、

1. 万延元年から敗戦までの文字通り日本近代史（『同時代史』全6冊分）を連載した。
2. 請われれば、掲載場所を選ばず、人生・修養論（たとえば『世の中』）に健筆を振るい、
3. 人物論で異彩を放ち（たとえば「半百年生死録」〔『人物論』所収〕）、
4. 満州事変から大東亜戦争敗戦に至るまで「隔日コラム」を新聞連載した。時局論である。まさにジャーナリストの面目躍如たるものがある。

2　しかし雪嶺は哲学者である。それも尋常の哲学者ではない。哲学者の典型、プラトンやアリストテレス、カントやヘーゲル、ヒュームやスペンサーと同じように、哲人＝百科全書家（エンチクロペディスト）であった。ところが日本哲学史の「系譜」から除外されてきた。異例（アノマリィ）の哲学者という理由だ。だが、わたしにとっては見倣うべき最上の哲学者像を生きたと断じたい。

3　雪嶺のアイデンティティを哲学者と見るのか、それとも他のなにものかとして見るのかで、

まったく違った雪嶺像が出来あがる。それだけではない。

雪嶺の統一像を哲学者と見なすことで、プラトンと孔子に発する「愛知としての哲学」の総体イメージを獲得し、従来の「哲学」(「大学哲学」=「純哲」、「文学」における「純文学」に対比しえる)、貧血症に陥った、近代特有の「哲学」観を振り払うことができる。哲学観の一新をである。

わたしが本書で「異例の哲学」像を生きた哲人三宅雪嶺、を書く理由である。

目次

0 哲学の本意

0・1 日本人の誕生——大日本帝国憲法

三宅雪嶺は、1887年（明治21）、83年以来の官員（帝国大学→文部省の「助手」）から身を引いた。最大の理由は、大学と異なって、文部省では「全く役所方式であり、毎日出ねばならない」からであった。一見すれば、放恣（きまま）におもえる。だがこの本筋は、講壇（大学）哲学からの決別を意味した。その裏には、退職をうながした副次的な二つの契機がある。

一つは、父（立軒　金沢在）が亡くなり、兄が大きな借財を抱え込み、返済に力を尽くさなければならなくなったことにある。したがって、このときを契機に、東京専門学校（現早稲田大学）で論理学、哲学館（現東洋大学）で哲学史等、日本英学館、高等普通学校等で英語を教える。実情は、講壇哲学を教える「場」が副収入（アルバイト）の柱になった。

もうひとつは、おのずと新聞雑誌を「場（メディア）」とする評論活動が主業となっていった。また後藤象二郎に招かれたことで、自由民権運動とのかかわりが生まれ、ジャーナリスト雪嶺の立ち位置の大枠がこのとき決まったことになる。

87年、29歳の雪嶺は、志賀重昂（『日本風景論』明27）等とともに政教社を設立し、「国粋保存」を旗印にして雑誌『日本人』（月2回）を創刊（4月3日、神武天皇祭）し、ジャーナリストとしての長い歩みの第一歩を印すこととなる。同時に、これは、《1「哲学論」》で詳しく述べるように、「哲学」からの決別ではない。孔子やプラトンが切り拓いた「哲学」（愛知）本道（メイン・ストリート）への第一歩でもあった。

しかも世に知られる、国会開設と憲法発布を前にした、1888〜89年、政府の条約改正失敗を機に、日本全土に飛び火した反薩長政府の大同団結運動がおこった。牽引した一人が後藤象二郎（土州）で、雪嶺もいったんはこの運動に乗り気になった。だが、後藤の表裏ある言動に憤って（結局、後藤は入閣する）、運動から身をひき、その後、政治関係に直接タッチすることはなかった。この点、桂太郎と肝胆相照らした徳富蘇峰とは異なるところとして、記憶しておいていい。

三宅雪嶺は「国粋保存」を掲げる。いわゆる「欧化主義」に対抗するためだ。しかし、雪嶺の「国粋」とは、祖先伝来の旧事物を保存して、欧米の事物に拮抗しようとする「守旧論」、文字通りの排外主義的「国粋主義」とははっきり主旨を異にする。すなわち、記す。

日本開化の中心である首府において、30年前の攘夷論を復活させようとするがごとき「国粋党」

ではありえない。ここにいう「国粋」とは、たとえ欧米の風俗を採用しても、旧来の風習を打破しても、日本在来（固有）の精神を保持し、顕彰するためであり、開明社会の知識思想から生まれたものであって、旧物保存主義ではありえない。

〈国粋とは、無形的の元気にして、一国の特有であり、他国が模擬すること不能なものである〉というのが雪嶺の定義である。（「余輩国粋主義を唱道する豈偶然ならんや」『日本人』明22／5／18）

たとえば、雪嶺は、「大日本帝国憲法制定が日本建国以来の盛挙」であるとし、その理由を説く。戊辰の革命（明治維新）のごときは、６００年来の幕府を倒し、政権を帝室に収攬したのであって、旧制に復したに過ぎない。今日の改革（大典制定）は、開明社会の人民には適合しない君主専治制が改められ、世界各国あげて政体のもっとも優美なるものと称道されている立憲君主制の根基を肇開されたのである。かくして君主と臣民との感情が、暴力や強制によらずに、一致投合することが可能になった。国家と国民との間に隔意なき基が築かれた。盛挙であるという理由だ。したがって、日本国民は大典と時を同じくして生まれたのだ（「日本国民は明治二十二年二月十一日を以て生まれたり」『日本人』明22／2／18）と。何とまた大胆かつ進取的な国粋主義だろう。

これに見るように、雪嶺の国粋主義は、日本の歴史伝統を踏まえながら、開明的なものをむしろ積極的に取り入れることを躊躇しない、日本と日本人に固有なもの（identity）の未来的発展をめざすという点で、復古主義の欠片もない。ジャーナリストとして、時々刻々に変化する時局を論じながら、常に大づかみで発展的原理思考を忘れない雪嶺独特の論述態度は、終生変わらなかった、というべきだろう。

0・2　日本人とは何ものか？

雪嶺が講壇(スコラ)哲学と決別し、評論活動に主戦場を移したまさにそのときである。日本国（日本人）もまた大転換期を迎えた。憲法制定と国会開設である。近代的な立憲君主制と代議政治、つまり、日本独特の政体、天皇象徴制と議会民主制の結合が成文化され、発足したのだ。『日本人』は諸手を挙げてこの発足に賛意を表した。というか『日本人』はこの新体制にうながされて出発したのだ。だから、立憲君主＝民主制に反対し、これを骨抜きにしようとする勢力と対峙しなければならなかった。雑誌『日本人』は、「超越内閣」（a non-party cabinet　藩閥政治、薩長独裁政府）批判を展開し、たび重なる発刊停止にあったのも当然（自然）だった。その発禁中の谷間で書かれ、刊行されたのが、小冊子『真善美日本人』と『偽悪醜日本人』の2冊、一対本だ。

冊子の主意は、保存すべき日本人の「粋」と、廃棄すべき「弊」を提示し、日本が世界発展の推進役になりえると訴えることだ。粋も弊もともに、歴史的に形成されてきた日本人の固有性、エッセンス（essence）であり、アイデンティティ（Identity）である。雪嶺は、現在と未来の日本人の進むべき姿＝「粋」＝日本人の「任務」を、いくつかの実例を挙げて明示しようとする。まさに雪嶺による「日本人の哲学宣言」といえる。では、

1　日本人とは何か？

歴史ある日本国家の分子たる人間だ。だが同時に、人類の一員だ。現在、欧米諸国の勢力強勢、アジア諸国敗亡相次ぐなか、絶海の小島国日本が独立を保ち、帝国の地位を維持し、白人の欠陥を補い、真・善・美を極め、もって人類の課題、五州の大局をその特色ある理想中に融化し、円満幸福の地位に進む一「警策（ムチ）」を与える任務をあえて引き受ける人でなくてはならない。

2　では日本人は、このような重大かつ困難な任務を引き受ける能力をもつか？ 「開化」に直接関係するのは、もつ。欧米人と比較するがいい。一見、明らかに体格が劣る。だが「開化」に直接関係するのは、身体の偉大屈強ではなく、知力である。ただし知力の優劣を量ることは難しい。時勢があるからだ。ペリクレス（小国古代ギリシアはアテネの民主政治家）とビスマルク（強国ドイツ帝国の宰相）の優劣をはかることはできない。知力は、内に蓄える力量の強弱多少で測るのがいい。とくに、知力の強大と事績の繁多を、英雄の成敗で論じることができる。例えば豊臣秀吉だ。兵数10万で天下を統一し、余力15万を擁して海を渡り、八道（朝鮮）風靡し、燕京（北京）震動す。〔結果、明が倒れ清が興り、朝鮮が独立する。〕みよ、欧米史上、10万の大兵を艦致し海を渡らせたもの幾人いるか。また徳川家康のごとき300年にわたる幕藩体制の昌平（peace）、西郷南州のごとき襟度（度量）の宏闊、公明、俠義篤執、経国の大略を抱懐する、伊能忠敬、紫式部のごとき、欧米の史上にはたして幾人いることか？　……

19世紀、まさに終わらんとする。アリアン（アーリア人）の隆盛まさに終わらんとす。

〈彼今東洋の問題に乞乞（こつこつ）（hard work）するのも、……蒙古人種〔日本人もその一種〕を困睡より

醒起して、重大な任務のあるところを知らしめ、それをしてアリアンを馳駆して世界の円満なる極処を尋求せしむるのみ。〉

20世紀は、蒙古人種にとって好望の世、日本人にとってももっとも好望の世だ。〈人自らに知らざるに苦しむ。いやしくもその能力あるところを詳知せば、山を抜き海を倒すもまたなすべく、天地を位せしめ、万物を育うもまたなすべしとせんか。〉

「哲学」とは、狭義には、「知ること」（同時に、知らないこと）を知ることで、「自己意識」（自覚）である。雪嶺は、新世紀における、日本人に「自覚」の覚醒を説くのだ。

0・3　日本人の粋（真善美）と弊（偽悪醜）

1　人類も国家も、みずからなすべき任務がある。「真を極め、美を極め、善を極めて、よく円満幸福の域に到達する」だ。

ではこの任務に到達するために、日本人は何から始めるべきか？　日本人に固有な「粋」をもって始める。「国粋保存」、これだ。真・善・美である。

①「真」。〔雪嶺は、「真」への探求、三例を挙げる。〕

大学の充実。一国最高の知識（＝真）を薫養する「大学」は、欧州では、小国オランダでさえ4大学を有するのに、日本はただ1つだ。わが国の知識、欧米の敵ではないのか？

そんなことはない。わが国は、支那の文物、インドの学説を伝承、咀嚼し、〈元和以来、元禄・享保を経て寛政以降に及び、燦然として煥発し、その発達の勢い、遏（とど）めるべからざるものあり。〉その中心となったのが、全国に散在する官立・私立の「学校」（塾）で、主導した教師たち、弟子たちだ。日本が西洋の文物を早期に咀嚼し、進化させる基盤は出来てあるのだ。

博物館、図書館の充実。東京は、アジア大陸から一衣帯水を隔てるのみで、東洋のアレキサンドリア（図書・博物館）になりうる可能性ある。

アジア大陸に学術探検隊の派遣。日本人の先決事業であり、かつ「百聞は一見にしかず」だ。

②「善」＝正義。〔「善」と「正義」は同義ではない。だが、雪嶺は「善」を「正義」で代表させる。しかも「正義」(right) の核心を「権力」(power) とする。これは、ヘーゲルが〈「法」〔正義〕＝「権利（抽象法）＋道徳〔善〕」＝中枢は国家（権力）〉とするのと同じで、まっとうな理解だ。〕

正義は重要だ。だが正義が行なわれるには、相互の力 (power) の平等〔均衡〕なるを要す。〈そもそもある国家にして四隣の国家と相比肩し、相駢立(へんりつ)し邦土上の大義を汚さず、独立の対面を辱めざらんと欲せば、これを保全しこれを維持するに足る勢力を貯え置かざるべからず。〉したがって〈備え得るものは存し、備え得ざるものは滅ぶ。〉

だが、富国＝「物質的富力」なくして強国なし。殖産興業なくして富国なし。〈軍備を拡張するごとき至重至大なる事業はいやしくも前途一点の希望のあるあらば、月に寸を進め、歳に尺を進め、以て漸次に期するところに到達せざるべからざる。……ああ日本人は正義を宇内に伸をもって自ら任ぜざるべからず。しかしてこれすなわち日本人が人類の善を極むるにおいて応分の力を出しえる要件にあらずしてなんぞや。〉

富国強兵を殖産興業の基盤上に成し遂げて、はじめて日本人は「人類の善」を実現するために応分の働きをなしたといえるのだ。こう雪嶺は断じる。なんという軍国主義（軍事優先）か、というなかれ。英米独仏蘭露の欧米列強 (powers) の前に、アジア諸国と日本が「正義」を主張するためには、力の均衡(バランス)を勝ち取る、これが緊急かつ必須の任務であったのだ。（この点は、21世紀の現在も根本的には変わらない。）

③「美」。〔雪嶺は、ここでは自信をもって「国粋保存」を主張する。〕

日本人は、世界に誇りうる「美」の風物（山水、建築、彫像、刀剣、等々）やその作者、さらには美術、芸能（者）の数々を擁している。だから日本美術を世界に発揚するには、当面「およぶ限りは自国の特色を現してこれに当たるを得策とする。」

以上、「国粋保存」は、真・善・美において一様ではない。日本と日本人の学術・政経・美術の成熟度において異なる。だが重要なのは、欧米列強の真善美を排斥することではない。欧米と対等にあい競い、人類の水準（グローバル・スタンダード）に達するをめざすことにある。雪嶺、まさに社会進化論を主張するのだ。

2　しかし、なぜに日本人の「真善美」なのか？　を雪嶺は説明していない。雪嶺（哲学者）にとって自明かも知れないが、おおかたにとって、わかりにくい（だろう）。

学知（science）・道徳（moral）・美術（art）は、人類知＝全体知の三領域である。これが、伝統的〔正統＝オーソドックス〕な考えだ。その三領域の極致（ゴール＝理想）が、「真」・「善」・「美」である。哲学のゴールは、真・善・美を解明すること、とされてきた。

例えば、全学知の哲学をめざしたアリストテレス（希）ヘーゲル（独）は、この三領域を論理学・法哲学・美学として論究している。ちなみに西田幾多郎『善の研究』（1911）は「善」を取り扱っただけではない。真善美の三領域を含んでいる。「哲学」を真善美の三領域として区分し、論究する姿勢は、雪嶺の終生変わらない態度だ。

3　雪嶺は、『偽悪醜日本人』を、「真善美」を書いた副産物のように述べる。すなわち、『真善美日本人』を書いて、時をおかず、『日本人』は発刊停止にあう。たまたま「真善美」に次いで「偽悪醜」日本人を書くことを勧められた、と「序」にある。だが、それは契機にすぎない。

日本人の「固有性」には、「粋」とともに「弊」がある。つまり「国粋保存」は「国弊廃棄」と表裏一体でなければ、真善美の日本（人）を目指すことも、それに到達することも困難なのだ。ただし、「凡例」にまたある。

〈国をなすの弊多し。しかれどもその最も直接に影響あり、しかしてまたもっとも矯正しやすきは、政治にあり。ただ今日に当たり政治の弊をいえば数々忌諱に触れるの恐れあるをもって、しばらく忍んで言わざるのみ。〉と。〈政治〉（政府）批判を抑制して書くように見える。だが奥が深い。

2冊目の冊子で雪嶺は特長ある論理を展開する。

「粋」や「利」を揚げる（アウフヘーベン）のは、「弊」や「害」を排する（アウフヘーベン）より難い、という主張だ。弊・害を抑制・排除したからといって、粋・利がもたらされるのではない。むしろ、弊・害あって粋・利あるのは、暴風雨あって建築倒壊する害が、建築の牢固を促すのと同じだ。つまり、政治弾圧は、政治刷新を促す起因でもある、というのだ。〈熙熙（きき）としてただ太平に楽しまんよりは、……闘乱してしかして勇往するは、啓発の因あり。〉つまり、いうべきはいう、だ。

①偽。ここでも「真」と同じように、教育と学術の「偽」と「弊」を論じる。

1は、教育・学術における〈根帯深き階級制度の弊〉だ。「学等」と「官等」はことなる。だが

〈学術世界の地位はみな「官等位階」に準ずるの形跡ある。学術に「偽」まかり通る一因だ。政府の監督はただその放肆にして秩序を濫すを制するにとどめ、学術にかんする処置は、その社会の自ずから治めるに任せ、吏務官司のことをぜんぜん分岐〉すべきだ。

2は、大学等における外国人教師の偽・弊だ。外人教師の多く(ほとんど)は、1878年以前、〈師範学校の卒業生にあらずんば、キリスト教の宣教師、しからずんば、陸軍の退職士官なりき。学の浅く、識の高くないのは当然だ。だが日本人は知識浅薄で、彼らの力量をたやすく判別できず、大金を擲って、彼らのごとき浅学薄識の徒を聘用し、上下とも謹み慎んで教授を拝聴している。まことにやむを得ないことではある。〉だが現在は違う。邦人教師の力は留学等で高まった。ところが外人教師はいまだ、月350円の高給と高い地位を得ている。学問上に良師を得ようとすれば、費用はかかる。学術経費はいまでも足りないのに、いたずらに外国新教師の取捨選択を文部省内の胥吏(しょり)(小役人)に任せてはならない。

②悪。1に内向き、2に紳商の害だ。

1、日本は、太平300年、士民あげて休息睡眠に飽き、欠伸している。ペリーの浦賀へ来る、自ら「維新」といって「忽然として国家快活の勢力」を現さんとした。征韓はその現れだ。しかし欧米の漫遊から帰った三四の文民が、非戦を唱え、隣国を汚すは得策ではないとし、奮出湧騰しようとする士気を抑圧してしまった。そのため、国内に佐賀の乱(江藤新平)萩の乱(前原一誠)等起こり、西南戦争の「大疾患」となった。勢力を海外に伸張する気を殺いだ結果だ。

2、ようやく海外進出の期がやってきた。だが、生産と製造は旧態依然だ。鉄道や海運にみるごとく、運通の利便は発達した。だが運通は、紳商の手に握られている。ここで雪嶺は思いっきり「紳商」批判を展開する。通常、紳商とは「教養があり、品位を備えた一流の商人」（日本国語大辞典）を意味する。だが、

〈紳商は社会の悪分子なり、有司と通ずるによりて政府迷誤し、社会に跋扈するによりて邦家錯乱せり。これを要するに、皮相上欧米の文化、年々歳々に膨張し来たるの外観あるも、実際の事業進歩せず、民人衣食の度依然として上進せざるのみならず、かえつて……国力の衰弱せるは、瞞過すべからざる現代の実情なり。〉すなわち紳商＝政商批判である。

商業資本の発達を、欧化主義とし、それを担う紳商（マーチャント）を「政商」と切り捨てる。これは（のちのちにおよぶ）雪嶺最大の誤視点だ。商業資本の発達を産業資本の未発達の因とみなすのは、百害あって一利ない。これは、現在まで続く、資本主義の何たるかを理解しない謬見である。（ま、そこまで雪嶺の知至らざるを断ずるのは、酷ではあるが。）

③醜。ここでは、「真善美」の「美」が当面「国粋保存」でゆけというのに対し、「美術」の「本質論」を語る（かのようだ）。

〈美術とは美の観念、内に鬱勃（うつぼつ）して、しかして知覚に通徹するものにして、触視両覚に発出するを彫刻とし、純一に視覚に発出するを絵画とし、聴覚に発出するを音学として、しかしてことごとく意想に収納して衆事を開縺（かいれん）するを詩文とするなり。〉と断じる。では「美の観念」とは何か？

〈いやしくも彫刻家にして英雄の肖像を彫刻せんと欲せば、すべからく英雄の意想を洞察するほどに英雄を知らざるべからず。しからずんばいずくんぞもって肖像の眉目をして躍然たらしむるを得んや。〉とあるように、対象をその内奥まで洞察することに他ならない。これなくして、その外形をいくら似せようとしても「鍍金」（メッキ）と同じなのだ。まさに「醜」とは「鍍金」に他ならない。美術家と称するもののほとんどは醜術家である、と。

つまり、「美の観念」といい、「美（の技）術」というも、丸裸で存在するものではなく、作者が抱懐する「観念」、作品に表出される「美術」であって、それ以外ではない。

では、雪嶺が挙げる美術家とは誰か？　彫刻ではミケランジェロ、絵画では狩野元信、音学ではベートーベン、芸能（俳優）では九代目市川團十郎だ。「美」の観念を内部から湧き上がらせ、発出＝表現する「天才」＝「創造者」である。雪嶺はあくまでも歴史に実在する作者とその作品を通して「美の観念」と「美の技術」を語る。じつに正当な行き方だ。

ただし、ここでは深入りしないでおこう。美術は天賦の才能によって創られる、という平凡な陳述にとどまっているからだ。だから、ここでも〈他を模倣せんよりは、自家固有の特質を発達せしむるの優たることあり。〉と再確認している（にすぎない）。だから雪嶺の見るところ、彫刻・洋画・音楽で、世界標準に達する日本の美術（芸術）家の出現は、当面至難である、ということになる。これは正しい。

4　のち、雪嶺は、「美」（『東西美術の関係』）、「真」（『学術上の東洋西洋』）、「善」（『東洋教政対西洋教政』)、そして「人類生活の状態」(『人類生活の状態』)の順で、詳しく論述(連載)してゆく。雪嶺の哲学体系(エンチクロペディ)の具体である。

これほどの視点で「哲学」(愛知)を展開しきった論者は、「異例」というほかない。詳しくは、「1　哲学論」の「1・3」で、その展開を見てゆく。

1　哲学論

雪嶺は「哲学」を「独学独習」した。だが「哲学者」を任じて社会に立ったわけでもない。この点で西田幾多郎や三木清のような「哲学者」（学校哲学者）とは異なる。

とはいえ草創期の東京大学で「哲学」を専攻した数少ないうちの1人であった。ちなみに第一期生は「井哲（いのてつ）」の異名を取った日本哲学界の「天皇」となる井上哲次郎（1880年卒）と、日本画壇の創立者となる岡倉天心との2人である。5歳年長の井上に遅れること4年、1883年に卒業した雪嶺が大学で哲学を修めた意味は、旧制大学はもとより新制大学で哲学を専攻したのとはおよそ別種といってよいほど重い意味を持っていたというべきだろう。事実、雪嶺の「社会」デビューは実に「哲学」専攻者としての仕事であった。まずその「仕事」（works）を一つ一つたどってみよう。

1・1　講壇(＝大学)哲学の仕事

フィロソフィの訳語「哲学」は、雪嶺自身が哲学研究者の学会＝「哲学会」（会長加藤弘之）の機関誌、『哲学会雑誌』（第1号　1886／2／5　全40頁＋表紙4頁）掲載の「哲学の範囲を弁ず」、さらにそののち、回顧・整理（「明治哲学界の回顧付記」（岩波哲学講座　1933年））で示しているように、1874（明7）年に西周が案出し、78年文部省が東京大学に文学部を置くときに採用され、「確定語」となった。

だがフィロソフィはもともとあった支那宋学の「理学」に相当する。ところが清朝時代に出た支那の哲学史というべき『理学宗傳』等が伝わって（も）読まれず、先に、（西洋）物理学（natural philosophy）がフィロソフィ（あるいはその大部分を占めるもの）とみなされて、「窮理」と訳された（例えば福沢諭吉の『窮理図解』等）。しかし欧米でnatural philosophyとならんでmoral philosophyがあり、それらが明治にはいって翻訳されるようになると、「窮理のみが最上の学問」ではないと知られ、「窮理」が一般に通用しなくなり、ナチュラル・フィロソフィが「理学」と訳され、フィロソフィに「哲学」という「新語」が採用されたのである。

支那で「理学」の語がすでにありながら、これを採用するに至らなかったのは、漢学者の未熟に由来する、と雪嶺は断じる。同時に、西洋哲学の受容の結果、「哲学」（フィロソフィ）は支那にも、印度にもあるということがわかり、支那哲学、印度哲学も東大の科目に採用されることとなった。

哲学にかんして事柄をもっと厄介にしたのは、ナチュラル・フィロソフィ＝「理学」がサイエンス＝「科学」として通用しだしたことによる。だがすでにフィロソフィが「哲学」と確定したため、いまさら「理学」に戻ることが出来なかった。（こうして「窮理」も「理学」も消えていったのである。ただ中江兆民が1886年に出した『理学鈎玄』〔哲学概論〕と訳書『理学沿革史』〔哲学史〕でフィロソフィ＝「哲学」＝「理学」としていることは記憶していい。）それゆえか、1885（明18）年、すでに東大で3回も哲学専攻の卒業生が出たのに「哲学」というタームが普及・理解されず、理科大学長（理学部長）菊池大麓が「論理学は学問の学問」（『論理略説』）と述べたように、哲学＝論理学であるかのように解されたのであった。

*論説「哲学の範囲を弁ず」は400字詰め原稿用紙8枚強の小品ながら、しっかりした内容のもので、しかもいかにも雪嶺らしい論じ方だ。

《そもそも哲学の語たる、原とフィロソフィーの翻訳にして、明治十年四月旧東京大学の文学部に、一科の名として使用したるより、世上一般に流行することとなりたるものなり。実は理学と称する方適切なるべけれども、当時理学はすでにサイエンスの訳語と定まりしをもって、強いて一種特異の訳語を作り出したるなり。哲の字義は智もしくは知に通じて、字典にも哲獄とは、獄情を知ることなりとあれば、必ずしも不当の訳語となす能わざるべし。いまさら理学と改めて切実の訳語なり

と誇るは、十年間慣用の詞を使うて、他の諸学に区別せらるるに孰れぞ。》

なお雪嶺は、哲学は「諸物究竟の原理を考察する学問」（アリストテレス）すなわち「第一哲学」＝「形而上学」（自然を超えた学）であり、そこに、実体学（存在論）、心意学（認識論）、世界形質学（宇宙論）、合理神道学（神学）を含み、別に付属の学として、論理学、倫理学、審美学を管轄するとする。哲学は狭義には形而上学を指す「純正哲学」とよばれる、と語るのだ。まさに講壇＝大学哲学（＝純哲）の徒としてだ。

また付記すれば「哲学会」は１８８４（明17）年１月26日設立された。若手研究者（東大卒）の井上円了、井上哲治郎、有賀長雄、三宅雄二郎、棚橋一郎等が加藤弘之（東大総理）、外山正一（東大教授）、西周、西村茂樹を動かした結果である。当初29名で発足、「哲学雑誌」の創刊時には66人を数えている。

雪嶺は１８７６（明9）年9月開成校（翌年東京大学に改称）に入ったが、教場に興味を覚えず、ほとんど図書館（と寮）ですごし、ために従来の試験規則では及第となるべきを、理不尽にも試験後に規則を改正して落第を宣告された78年3月に（自主）退学し、いったん郷里金沢に戻って士官学校へはいる準備をしている。だが同年9月予備門に復帰し、７９年本科で哲学を専攻、８３（明16）年卒業、すぐに大学の編輯所に准助教授（研究助手）として勤め、学問研究を続行することになった。編輯所では日本思想史の編纂を希望したが、もっと対象を絞れということで任されたのが日本仏教史の編纂である。

85年東大が帝国大学に改称され、東大編輯所が文部省編輯局に移った。仕事は継続したが、87年、フルタイムの「役人」生活に飽き飽きして、仏教史の編纂もなんら形をなさないまま、辞職した。といってもこの間も「読書生活」に変わりはなかった。後にこの日本仏教史編纂に携わった時期を「学生的官吏」期とよんでいるが、ここで10年余にわたる雪嶺の「学生的」研究者時代は終わりを告げたというべきだろう。

1 **『日本仏教史』**（1886／6）

雪嶺ははじめ東大の編輯所、改組されて文部省の編輯局であしかけ5年ほど日本仏教史の編纂に従事している。仏教史研究が20年ほど続いていればなんとか「片付」いただろうが、「幸か不幸か」、「素志」ではなかった仏教史を断念でき、「成績」（works）も残さぬまま終わった、と語っている。

ところが雪嶺に、文学士三宅雄次郎著『日本仏教史 第一冊』（集成社 1886／6〔刊行日なし〕）がある。本文55頁の小冊子だが、処女「著書」だ。これは日本仏教史編纂＝研究の「成績」（成果）、少なくとも途中経過の報告（レポート）ではないのか。然り、かつ、否である。

まず、本書叙述は、現在の日本人にとってよほど読みにくい、と断っておこう。

「第一冊」とある。「序言」と「第一篇　仏教到来前の宗教」とからなる。

序言は「第一節　修史の楽」（山水の快も修史の楽も同根ではないのかという述懐）、「第二節本書の編輯」に、日本仏教史を対象とするが、仏教史を、ときに宗教一般を、宗教と関係する万般の事情をも対象としなければならない、とある。なお「注意」として、〈古事記は皇国の神典と呼ばれたるも、夥多の誤謬を含むにあらずや〉とある。「第三節　宗教の進化」(宗教の必然＝必要を〈人類の多数が最も嫌悪する……死亡の念を安慰し、憂愁悲嘆を減少する〉ことを「理想」とするに見る。この宗教の理想的進化を三段、「蛮民」(気息と温暖の停止が死)、「半開民」(身体を動かす心意の不滅)、「文化民」(意識が宇宙の形成者)に分けて寸説するとする。

第一編は「第一章　古史の真偽」「第二章　カミの意義」「第三章　開闢の説」からなる。

第一章は、文献資料の取扱法である。記紀、風土記、古語拾遺、旧事紀、姓氏録をあげ、また肥人書、薩人書を指して、「怪談」に類したこと多く、「過半虚妄」と断じ、記紀に従う場合も「取捨の必要」があるとする。すなわち、(*〈　〉内＝現代語訳)

〈文意を察し事情を考えて、大体を弁明することを務むべしとするなり。大体を弁明するとは、粗略に渉るの謂いにあらずして、許多の事件中より、僅少の実跡を選択するの謂いなれば、一事一物必ず精密に考究し、古物の証拠とすべきあれば、まずその真贋を識別し〉ということになる。したがって、紀記を金科玉条として史料批判に晒さない態度などは論外である、と述べるのだ。もしこのような態度で紀記をはじめとする史書研究に臨めば、どんな「日本仏教史」、否、仏教史に名を借りた「日本史」研究が生まれたか、想像するに難くない。

また労を極めた本居宣長の古事記伝は、〈論説上に夥多の誤謬あるにもかかわらず〉〈古代の言語風俗等を考察するに、甚だ便利〉であり、平田篤胤の古史伝は、宣長の著にはるかに及ばないものの、外国の古伝をつぶさに探索考究している点で参考になる、と記している。

第二章は「カミ」とは何かである。問題は語源ではない。「カミ」の本源は、カガヤク、カギロヒ、の「カ」と同一で、「光輝」の義をもち、「光輝を発するものは日月星辰のごとく、多くは人間の上にあるもののみならず、地上万物の上にあるがゆえに、識らず知らず、たんに上にあるもの、および上ということをカミといい、容貌勢力にて常人の上に位するもの、すなわち尊貴霊怪とすべき物品をも、ことごとくカミと称し、ついに頭上の髪を指すことすらカミと名づくるにいたりしなるべし」と記す。

第三章は世界創造に関する。妄説は二事、「自然の成果」と「神霊の造作」との混同から生じる。「世の東西を問わず、往古の開闢説はすべて異説を混同し、首と尾と整合せざるものなり。旧約の創世記のごときも、また然りとす。」とし、国内外の各地の天地創造説〈例えばトンガの、例えば豊後尾平山のカミ〉の虚妄を明示する。

以上、本書は日本仏教史に踏み込んではいない「前史」の「前史」というべき内容である。しかし、序言と第一篇「前史」三章の叙述内容を見ただけでも、日本仏教史の「成果」がどれほど豊かな実りを約束するにたるものになったか、推測するに難くない。

だが後のちの雪嶺を見るにつけ、あと10数年仏教史研究に及んで、仏教研究家、あるいは僧侶

（学僧）になった雪嶺を想像するとき、本書が第一篇で終わったこと、それをとにもかくにも記し留め得たことで、了としなければならないだろう。

足かけ5年の日本仏教史研究が（雪嶺自身のいうごとく）無ではなかったこと、然り、かつ、否、といった理由である。

2 『基督教小史　第一冊』（1886／6）

『日本仏教史　第一冊』と同年同月、同じ体裁で『基督教小史　第一冊』が発刊された。一見して姉妹書である。ただし本文18頁、「註説」（漢訳旧約聖書からの引用）9頁の小冊子である。

これを日本仏教史との関係で見れば、仏教史はそれ以外の他宗教史との関係＝比較対照を考究する必要があるということで、本書はその「準備」（「前史」）という意味を持っており、関連研究の成果といえなくはない。

しかし本書は「基督教小史」という名をもってはいるが、正味は、漢訳の旧約聖書にもっぱらもとづくユダヤ（教）の小興亡史で、目次に「第一章　ユダヤの状勢」とある通り、基督教「小前史」に他ならない。

第一章は、第一節（奇蹟の事跡）、第二節（ユダヤ人の性、上古の情勢、ゼホヴァ（エホヴァ）の頌揚（ショウ））、第三節（ユダヤの隆盛）、第四節（ユダヤの衰亡、惨状、追思羨望、預言者）となり、最後に預言者名を列べ、救世主を名のる預言者耶蘇（キリスト）の登場で終わる。

また漢訳からの引用も、ほとんどは古代ユダヤの歴史書とみなされているサミュエル記（上下10箇所）からなされ、他に詩篇（2箇所）、残りは出エジプト記、列王記（上）、雅歌、歴代志略（上）各1箇所である*。

*ユダヤの状勢　漢訳の旧約（註）にもとづく引用箇所
1節　奇異の事跡　2節　ユダヤ人の性　上古の情勢　エホヴァの頌揚〔①出エジプト記18章〕　3節　ユダヤの隆盛〔②サミュエル記・上14章47・48　③サミュエル記・下2章8～10　④サミュエル記・下5章1～3　同下8章　詩篇60篇　詩篇24篇　⑤サミュエル記・上18章27　同・下3章2～5　同・下3章2～5　同・下5章30　列王記・上略13章3　雅歌8章6　⑥歴代志略上27章25～31　⑦サミュエル記・下14章17～20　⑧サミュエル記・下7章8～16〕　4節　ユダヤの衰亡　惨状　追思羨望　預言者（サムエル、ジョエル、イザイア、アモス、ミカ、ハガイ、ゼルババベ、イエス）

雪嶺が、この時期、旧約聖書の摘要（レジメ）のような性格の小冊子をなぜ出さなければならなかったのかの積極的な理由を見いだすことは出来ない。ただし、発行所は集成社といいつつ、著者兼出版人は前書同様雪嶺本人である。やはり姉妹編として『日本仏教史　第一冊』とともに売ろうという魂胆だったのだろうか。

3 『社会学一』（1888／3／29届け出）雄二郎講述 伊達周碩(学者) 筆記

雪嶺の哲学徒時期で忘れてはならないのは、文学士三宅雄二郎講述・伊達周碩筆記『社会学一』（文海堂・井冽堂 1883／3／29）である。「講述」というが、本書「凡例」にあるとおり、レスタル・ワード（レスター・ウォード）著『ダイナミック・ソシオロジイ』（動態社会学）の翻訳＝講述である。

本書は本文179頁の著書で、原著は緒論を含む全4部全14章から成るが、その第1部「緒論」と第2部「歴史的考察」（第1章「オーギュウスト・コントの実験哲学」、第2章「ハルバルト・スペンサル〔ハーバート・スペンサー〕の総合哲学」）とを講述している（にすぎない）。したがってウォード社会学の真骨頂である本論、第3部「社会の諸現象を貫流する大原理 聚合の理法」と第4部「活動的の社会学〔動態社会学〕社会勢力の活用」は講述の外に置かれている。続刊する予定があるような記し方を「凡例」でしているが、その記述に混乱があるように、続刊予定はもともとなかったとみるべきだろう。

それに雪嶺としては、1著として本書を世に出す意義、明治期の講壇哲学で一世風靡したが、大著のためほとんど詳論されなかった2人の哲学体系の試み、動態社会学と静態社会学の総合をはかったコントの「実証哲学」と諸科学の総合をめざしたスペンサーの「総合哲学体系」との内実を批判的に紹介あるいは摂取すれば、目的は達せられたと見るべきだろう。

ここで注記すべきことがある。すぐ後の『我観小景』から類推してのことだが、雪嶺の宇宙生命論とでもいうべき哲学観は、やがて日本にも上陸して大きな影響を与えるディルタイ流の「生の哲学」と異なることである。

雪嶺は「科学」を超えた超越的な「生」や「意志」を認める生の哲学とは一線を劃す。この意味では、カントやヘーゲルの徒であり、コントやスペンサーを、つまりは近代合理主義哲学を継承している、といってよい。

*なおウォード（Lester Frank Ward　1841~1913）はアメリカ社会学の父の1人で、社会学会の初代会長である。その主著『動態社会学』（1883年）、『社会学概論』（1898年）、『純粋社会学』（1903年）、『応用社会学』（1906年）は今日でもアメリカで読まれている（そうだ）。ウォードは、社会学こそ、社会を科学的に把握する学であるとし、社会法則は、自然法則と同じように、ひとたび発見された後は制御し操縦することができると、また階級差や性差の撤廃を説き、社会的平等は「教育」によって実現されると主張した。この社会観は、ウォードがコントやスペンサーの徒であることを示しているが、雪嶺と異なるところでもある。

さらに付言すれば、雪嶺の「翻訳」よりはるか後に、ウォードとジェームズ・ディーレー共著『社会学教科書』が、『純正社会学』（内山賢治訳　春秋文庫　1933）の表題で出ている。

4　『哲学涓滴』（1989／11／8）

1　雪嶺は1887年文部省編輯局を辞め、定職を失った。しかしこのころ各地に「学校」が創立され、その「看板」講師として招かれ、哲学や論理学を教えることになった。その一つが東京専門学校（現早稲田大学）で、論理学と哲学史を、いまひとつは友人（同窓）の井上円了（1858～1919）が創設した哲学館（現東洋大学）で哲学を教えた。

雪嶺は『自分を語る』で「自分の教壇関係」をかなり詳しく述べ、「教場」と同じように「教壇」にも身を入れるほどのこともなく、「教科書を与えられ、これに解釈を施すというに至り、いよいよ興味が薄く、単にある時間を塞ぐというに止まってしまう。収入のために辛抱するの必要を感じなくてはとかく欠席勝ちになり、明治三七八年より全く教壇を離れることになった。官吏となるを好まぬと同じく、教員となるをも好まなんだ。」（38頁）と述懐している。

しかしこの時期、雪嶺が、兄の大きな借金を肩代わりし、「実入り」のいい英語の時間講師にはげんだのは、どんなに稼いでも借金取りに持って行かれるという事情もあったが、自分のやりたい「仕事」があったからだろう。

ただし「時間塞ぎ」というが、15年以上も哲学講師を務めているのだ。「好き」でなくては続かない。また「教科書を与えられ」とあるが、少なくとも哲学関連の「教科書」2冊を出版してさえいる。その1冊が『哲学涓滴』（文海堂　1889／11／8）であり、もう1冊が『論理学』（文学社

1890／9／15）で、2冊ともなかなかのものである。

2『哲学涓滴』は本格的な「近世哲学史」であり、堂々たる「教科書」である。「本格的」というのは1901（明34）年刊行されいまなお「名著」（教科書）の誉れ高い波多野精一『近世哲学史要』（大日本図書）と遜色ない内容を持っている、という意味においてだ。しかも雪嶺自身は本書について何も（?）記しておらず、「明治文学全集33」『三宅雪嶺』（筑摩書房1967）に収められた『哲学涓滴』の解題を書いた柳田泉の短文を読んでも、その内容は分からない。

まず第1にいわなければならないのは、本書は「涓滴」（一滴）といわれるが、「小品」ではなく、46判布張り上製本で、本文293頁の堂々たる著作であるということだ。既刊3冊と後続の『論理学』『我観小景』と一見して異なるところだ。

第2に指摘すべきはその「凡例」で、シュウェグレルとクノー・フイッセルの著作から多くの材料を取ったといっているが、その展開も評価も雪嶺独自のものと見て間違いない。

*なおシュヴェーグラー（Albert Schwegler）『西洋哲学史要』（1848）とクノ・フィッシャー（Kuno Fischer）『近世哲学史』（全10巻11冊　1852〜97）の2著は、ともにヘーゲル学徒の哲学史で、前者は完訳されて『西洋哲学史』の名で1939年岩波文庫（上下）に入り、後者はもっとも浩瀚な哲学史としていまなお研究者の間で活用されている。なお後者ヘーゲルの巻は『ヘーゲルの生涯・著作と学説』（勁草書房　全6巻　1971〜91）の名で完訳されている。ともに1970年代まで哲学徒に熱心に読まれ、わたしもかな

り熱心に読んだ。

しかし同時に考慮すべきは、雪嶺が、あるいはシュヴェーグラーの比較的大きくない著書は読んだかもしれないが、フィッシャーの著作、少なくともそのカントやヘーゲルの巻を読んだとすると、驚くべき熱心さであったと見なければならないだろう。ちなみに「凡例」に「たんに学説を叙述するところは往々他に筆記を依頼せしことあるため」と断り書きがある。その「他」は、はたしてあるやなしやだが、わたしはない、と思える（？）。

では本文内容を瞥見し、その特徴を抽出してみよう。

第1部「緒論」（1～51頁）の第2章「哲学の愉快」に、すでに雪嶺の哲学にたいする揺るぎない態度が示されている。すなわち、

諸学を修めたら、その届くかぎりの愉快を深く味わうことができる。だが哲学は万物、大から小、太古から未来まですべてをより楽しむことができる。いわく。

《学術は人をして他の獲る能わざる快楽を獲せしむる者なるが、彼の哲学に至りては、行く所として愉快ならざる無く、止まる所として愉快ならざるは無く、事変に遭遇して愉快を享けざる無く、思慮を焦尽して愉快を受けざる無からしむなり。》（9頁）

旅中に雨風のため船舶の便を失っても、空しく駅舎に逗留しなければならないときでも、往を懐

い、来を推し天下の紛事を考察して喜憂こもごも発出するに及べば、絶えて無聊に苦しむことなし、というわけだ。

雪嶺がその長い人生の間、一度も哲学から離れることなかった「好きでこそ哲学」、もっと絞って「哲学に遊ぶ」心意気の宣言である。

「緒論」第3章「何物ぞこれ恰好の哲学」でいわれる。

日本には哲学は学問として存立しなかった（23頁）。わずかに哲学の一種と呼べるものは、伊藤仁斎の他、王陽明の良知学を奉じる中江藤樹、熊沢蕃山、大塩平八郎にすぎない。というのも、学問としての哲学すなわち純正哲学は西洋哲学をさし、最近になって日本にやってきたからだ。

*ま、この評価は、中江兆民の「日本に哲学なし」（『一年半有』1901）とは異なるとはいえ、疎略かつ過小評価に過ぎる。江戸期には、仁斎のほかに、荻生徂徠、富永仲基、山片蟠桃、三浦梅園、佐藤一斎の名を列挙するだけでも、その壮観さは明らかだ。すべて当時の世界標準に達している。

第4章　東洋哲学と西洋哲学

しかし東洋（支那や印度）に哲学がないかというと、そんなことはない。両洋ともに盛衰はあるが、そのあいだに優劣はない。王陽明とヘーゲルのように符合するものも多い。ただ東洋哲学、とりわけ儒学は「一義一論」で、祖師の言語を注釈するにとどまるという特色を持っている（31頁）。

第5章「西洋近世哲学の変遷を通覧し来る」で本書の研究・叙述法を略言する。

近世哲学史研究文献で、叙事（内容）と方法で優れているのは、ユーベルウェルヒ（ユーベルヴェーク）を除いて、すべてヘーゲル学徒の哲学史家たち、ツェルレリ、エルトマン、シュウェグレル、クノ・フィッセルの著作である、とする。

雪嶺は近世哲学史を3区分し、第1期「独断派」、第2期「推想派」、第3期「批判法」という独特の区分けをしている。どの程度に「独創」的か、以下に示そう。

第2部「独断法の哲学」（52～131頁）

1篇　経験派

1章　ベーコンの学説

*2著名を挙げる。De Augmentis（学問の進歩）とNovum Organum Scientiarum（アリストテレスに代わる新哲学　1部破壊の部門　2部建設の部門）

①韓愈とベーコン　事情、性質、行状、文体、功労で似ている

②主意は、a.百般の事物いちいち実験に徴すべし　b.古来伝わる確言名言も放棄去るべし　c.方法を開陳するのに尽力したが、自ら方法を適用するに至らなかった　d.議論の卓越よりも、感化（勢力）の偉大さに注目すべき

2章　ホッブスの学説

4著名を挙げる。すなわち、レビアタン（リバイアサン）はデ・オムネ（人間論）、デ・キベ

（市民論）、デ・コルポレ・ポレチコ（政治体論）を「混然併合」したものだ、と記す。

＊しかしデ・コルポレ・ポレチコは手稿のまま回覧されていた『法の原理』の後半部分が無断で出版されたものである。リバイアサンは、哲学原論である『物体論』（デ・コルポレ）をベースに、デ・オムネとデ・キベを融合したものである。

①哲学はコルポレ（＝ボディ＝有体）を対象にし、その因果関係を解明する。宗教は天啓による知識だが、神学は哲学の一部分である。（この考えは、唯物論的感覚論だ。）

②歴史的には、政体は、民政→閥政→君政と変移・進化した。（＊ホッブスは人間は「平等」体であるという認識から出発する。）

③マキャベッリズムを否定しない。

④雪嶺は、叙述内容から察するに、ホッブスを君主独裁論賛美論者とみなしている。だがホッブズは民主制（社会契約論）を否定しているのではない。むしろその創設者だ。おそらく雪嶺は『リバイアサン』を読んではいなかっただろう。

3章　ロックの学説

＊1著名を挙げる。「人心論」（人間悟性論）だ。

①ロックは「本然の観念」を否定する。すなわち心意（mind）は「白紙」で、知識は経験（感覚と反省）から得られる。

②分析（複雑→単純、特殊→一般）は総合（原因→結果）に先んじる。

③ただし「経験」の重要性をいいながら、実際は、ニュートンと同じように、憶説（仮説＝感覚を超えた一般　上帝＝カミ＝唯一神）＝「一般」からはじめる。

4章　仏国革新時代の学説

この派はロックの影響の極端化であり、経験はすべて感覚からえられるとし、激しい教会批判をおこなう感覚的唯物論である。

①ボルテール、ディドロ、ダランベール、コンディヤック（感覚一元論　人間＝生物）、エルベシウス（私愛論　自愛増進＝善）、ラメトリー（人間機械論　人間の脳髄に思想力の繊維あるのは、手足に運動力の筋肉あるのと異ならない　霊魂の否定）

②「万有の体系（自然の体系）」ドルバック（、ラグランジェ）の詳説　a.人間＝物体（心意の独立存在を否定）、b.霊魂＝上帝は恐怖、難渋、愚昧から生まれる。c.霊魂不滅・自由意志を無用とする。d.妄想によってではなく、私利にしたがって、出来ることをし、出来ないことを避ける。自然の体系の外に立つことなど不能である。

以上第1篇は近代経験論や感覚論は、「独断」（憶説＝仮説）を起点とするという指摘は、（当時としては）雪嶺独特のものだといっていいだろう。（すばらしい！）

2篇　推想派（理性派）

1章　デカルトの学説

*著作は挙がっていない

①デカルト哲学の二大特徴である、方法的懐疑論と心身二元論を紹介する。

②議論の焦点は、上帝（神）は実体でその属性の一つである思惟のみを支配するか、上帝は属性たる思惟と身体を支配するかにある。ともにデカルト主義から出発したアルノーが後者を、マールブランシュが前者を主張し、対立するさまを詳しく紹介する。

2章　スピノザの学説

*著作は挙がっていない。

①「本体」（＝神）の属性＝「思惟と延長」とするデカルト主義者である〔二元論〕。

②人間は（本体の）模様（＝属性）に支配される。

③老仏の教義と同じ。

スピノザを高く評価していながら、「神＝自然」とする通俗＝一般的なスピノザ論を出ていない。（もっともこの解釈は、20世紀後半まで続く通説である。）

3章　ライプニッツ

*著作名なし。

①宇宙は本体＝元子＝モナド（一つとして同じものはない）＝活動力で充満している。

②元子に知覚＝認識力の異動がある。明瞭な元子（最上は上帝＝神）、不明瞭な元子（最低は無機体）がある。アトム（原子）とモナドのちがい。

③元子は予定和合する。
④ヴォルフはドイツ流哲学を創設した。
4章　独国革新時代の学説（2頁）

第3部　懐疑法の哲学　（132～142頁）
1章　懐疑の媒介
バークレーは懐疑論を掲げて、懐疑論を避ける。観念＝精神ならびに神（上帝）の実在を疑わないからだ。
2章　ヒューム
*著作名無く、感覚一元論の説明もない。カントの先蹤をなすというが、簡単な叙述にとどまる。
①原因結果は必然的結合ではなく、「習慣」（反復）である。
*簡単な叙述で、感覚一元論でホッブズ、ロックと、さらには心身二元論のデカルト、スピノザ等との関連如何を問う、決定的に重要な哲学史上の問題を、論じていない。

第4部　批判法の哲学　（142～293頁）
1篇　超越法　（142～207頁）
1章　カント

＊カントの主著4著名を挙げる。純粋道理批判（純粋理性批判）、実践道理批判（実践理性批判）、断定批判（判断力批判）、純粋道理の宗教（理性の限界内における宗教）

2章　純粋道理批判

①「超絶感覚論」。感性の超絶的形式は「空間と時間」の先天性である。これに純正数学がもとづく。

②「超絶論理学」。超絶分析法と超絶弁証法

③　①②を媒介するのが「時空」、とくに「時間」である。

④現象は事物の本質ではなく、事物と認識力との干係（関係）だ。

⑤「超絶弁証法」は、合理心意学（霊魂）、合理世界学（始めと終わり）、合理神道学（上帝）を誤謬推理とする。これで唯物論と精神論の極端を防ぐ。

⑥超絶弁証法で重要なのは、denkbar（考えることができる）とerkennbar（認識することが出来る）の区別だ。

3章　実践道理批判

①道理が先天的に意志を限定しうるようにする（先天理念の存在を前提）

②カント倫理学の「白眉」ともいえる、良心（呵責）論が脱落している

③純粋道理の宗教（理性の限界内における宗教）を付説

4章　断定批判

①断定力が第一批判（悟性）と第二批判（理性）をつなぐ。自然法と自由力との和合・共同による。（*わたし鷲田が大学演習で、伊達教授の悪戦苦闘によって学んだ論点だ。）

②美妙断定（美的判断力）の批判で、春和景明……の漢詩（197頁）を掲げ、有限の中に無限を見るカントの意想を敷衍する。自然との和合である。

③趣味断定（趣味的判断力）の批判は倫理（自然法）を基礎にする。

④結局、断定（目的論的判断力）の批判で、窮理に大胆なるものは道徳を疑い、道徳を堅執するものは窮理に拙なるの弊を改める。

2篇　主観的および客観的

1章　フィヒテの学説

*著作名なし

①自我（絶対主体）の自己分割をもとに、自我と非我、限定と被限定をくりかえし、世界形成にいたる。

2章　シェリングの学説

*著作名なし。

①自己は非自己に制限され、有限である。心界と物界は相互限定的で、一にして二、二にして一、二者の上に絶対の差異はない。

3篇　純全的（231〜293頁）

1章　ヘーゲル

＊精神現象学

①世界はなお関係の網のごとし（235頁）、関係＝思想

②三段論法　甲（本断）vs非甲（反断）↓乙（合断）

2章　理法学（論理学）

何からはじまるか＝何からはじめるか。「はじめ」は「純有＝純無」である。すなわち無は「無という規定しかない純有」である。

①存在↓本素（本質）↓概念（主観↓客観↓観念＝理念）の展開

3章　万有哲学

動学（メカニーク）↓物理学↓有機（生物）学

4章　精神哲学

①主観精神（人類［間］学↓精神現象学↓心理学）、客観（権利↓道義↓常綱〔法〕）、純全（技芸↓宗教↓哲学）

＊「常綱」（法哲学要綱で一書になった）部分の説明ははなはだ簡略、逆に「内容」の薄い「純全」の説明が詳しい。

②ヘーゲル批判。意志の哲学＝ショウペンハウアーや、ハルトマン＝智英＋意志の哲学、さら

には、シナ哲学の「情」を加えた流派が興るだろう。

以上をまとめると、『哲学涓滴』は、

①その篇別（独断法→推想派→懐疑法→批判法）がよろしきを得ている。

②「近世哲学の父」といわれるデカルトから始めていないのもいい。

③（当時の）「現代」哲学の二大潮流、コントやスペンサーの実証哲学の「祖」であるイギリス経験論と、新たに流入してきた新興勢力であるカントやヘーゲルのドイツ派に最も多くの筆が割かれている。

④そのなかでもとくにカントとヘーゲルは、概説ながら最も多くの頁をとってその「全体」を紹介し評している。それもなかなか目の付け所がいい。ドイツ観念論を「批判法」でくくったり、ヘーゲルの哲学体系（とりわけ始源論）に目を向けたりしている。雪嶺をイギリス流の実証主義と一括りに出来ない内実を示しているといっていい。

5　**『論理学』**（1890／9／15）

雪嶺は東京専門学校で哲学史とともに論理学を教えている。文学士三宅雄二郎編纂『論理学』（文学社　1920／5／12　3版）は「学芸新書」と銘打たれているが、本文153頁、装丁（紙装仮綴）からも、著編者のまえがきやあとがきの類はなにもないところから見ても、純然たる「教科書」とみなしていい。ただし当時しきりに翻訳されたジェボン（ゼボン　Jevons　経済学者で限界効用理論で識られるジェボンズ、ウィリアム・スタンレー　１８３５〜８２）のElementary Lessons on Logic（『論理の初等授業』１８７０）やチャンバー〔チェンバーズ百科全書〕『論理学』（１８７８　塚本訳）を、雪嶺も目にし繙読しただろう。それに雪嶺も指摘するように、「論理学」は一時、「理学」＝「自然科学」に対して、「論理学」＝「純正哲学」と理解されたことがあった。哲学を専攻した雪嶺が「論理学」に無関心であったわけがない。

ともあれ本書の内容を瞥見しよう。

第１章　総説

〈第一節　論理学は知識斎整の法則を考究する学なり。知識（Knowledge）とは現に存在する事件を分明に心意の内に顕し出すことにして、斎整の法則（Regulative laws）とは知識の目的即ちいわゆる真実（Truth）なるものに到達するため、絶えず遭遇せざることを得ざる特殊の状勢を指すなり。およそ知識は一方においては心意に往来する種々の規則に従い、また一方においては現に存立する事件の情状に対するものなるをもって、知識形成の順序を次すれば、即ち左のごとき観ありとす。

（一）直覚は空間時間に顕るる事物の表面の秩序に応ず、

（二）概念は事物の性質の種類に応ず、

（三）断定は事物の主要の関係に応ず、
（四）推度は事物整理の法則に応ず、
（五）体系は事物の総計に応ず、
しかして論理学に論ずるところは、知識の開発にして直覚より概念に移り、概念より断定に移り、断定より推度に移り、推度より体系に移り、漸く合い漸く離れて、雑多の理法を組成するを顕すにあるなり。〉

＊「直覚」intuition 「概念」concept 「推度」inference（推論）

以上第一節のすべてである。

第二章　直覚および概念
第三章　断定（判断）
第四章　推度（推論）上　推測式 Syllogism〔演繹法 Deduction〕 35～91頁

＊演繹法に多くのページが割かれているように見えるが、ここでとりあげた命題や類例が帰納法その他で繰り返し論じられるのだ。

第五章　推度下　帰納法 Inductin　91～114頁

①演繹法は、詳細に分析し自由に活用することができるが、多くはすでに弁知したことを考察するにとどまる。まだ認識していないことを尋繹（考究）して思想の範囲を拡充することは出来ない。
②多くの帰納法は「充分に尋問するのには不完全」だが、「知識の開達するに切用なることまた

疑いいれない」。

③契合法（集合法 Method of Agreement）、差異法（Difference）、伴差法（共変法 Concomitant Variations）

第六章　体系　114〜115頁

体系を持つ知識＝科学で、原理が貫通する

第七章　論理の発達

第八章　例外の解釈　〜135頁

以上、本書は今日、形式論理学といわれているものの概要を提示しているといえる。内容も、学生用に工夫してある。このテキストが雪嶺の論理学講義のテキストであったということは疑いえない。書中に出てくる「例文」（例えば「豊臣太閤は朝鮮を征伐せし人なり」や「源頼朝は大将軍なり」）もいかにも雪嶺らしい。ただし、これが彼自身の講述あるいは筆になるかどうかは、本書だけでは断定できない。しかし「編纂」とあるからには、当時の常識から察して、本書を雪嶺の著作とみなしていいだろう。

6 『我観小景』（1892／10／13）

雪嶺の初期の主著は、三宅雄二郎述『真善美日本人』（政教社）と『偽悪醜日本人』（政教社）であるといわれる。しかし講壇哲学期の掉尾を飾るにふさわしいのは、その「凡例」に「初めて哲学について私見を述べる」とあるところからも明らかなように、三宅雄二郎述『我観小景』であることはいうを俟たない。

いま本書の特徴を摘出して、雪嶺の「哲学観」のあり所を計測してみよう。なお、本書は46倍判で、紙装仮綴、凡例16頁（重要）、本文119頁の大判の冊子だが、堂々たる独立の一書である。

1　まず「凡例」を引こう。雪嶺の講壇哲学期の経路の鮮やかな自己要約ともいえる。

《昨年九月〔1891年〕亜細亜第十一号に我観の一欄を設け、哲学に関して陳述することあらんと欲し、まずその緒言を作って曰く、

「余は哲学に関して未だひとたびも私見を開陳せしことあらざるなり。なお哲学会の発起人に列するも、その例会に演説するはわずかに一回、またもとより簡疎にして道も須いず（いう必要もない）。会の雑誌を発刊するや、その第一号に載するの説は、また特にもって責を塞ぐに過ぎず。哲学館の講義を担うも、ときには哲学史の梗概を説き、ときにはすなわち先輩の論著を講述するのみ。かつて哲学涓滴という小冊子を著すも、もって少しく諸家の意想を表明し、評騭（評定）せんとするにありて、努めて私見を厠えることを避けたり。故に谷本氏が哲学雑誌において、高橋五郎氏が国民之友において、丁寧にかの著を評するを辱うせしも、かつて一辞のもって答えることあらざりき。けだし哲学の道ひ難く、弁じ易からざるや、片々たる小疑問といえども、坐談の頃、笑話の間、軽

忽粗率（こつそつ）の思考をもってこれを遇し、これを解明せんとするは、甚だそのことに不忠なるものにして、また決してなすを得べからざるなり。すなわち今自ら揣（はか）らず、あえて哲学全体について、縦（ほしいまま）に私見を加え、これを大方に質さんとす、そもそもゆえなくしてしかせんや。」》

その理由一は哲学の愉快を、二は独立心を、三は（若き日に）定見を、得るためにだ。

ここで予め結論をいってしまえば、本書は、講壇哲学時代の掉尾を飾り、講壇哲学を断念すると同時に、雪嶺独自の哲学体系『宇宙』へと飛躍する第一歩であり、彼のエンチクロペディ（哲学的百科全書の構成部分である『学術上の東洋西洋』『東西美術の関係』『東洋教政対西洋教政』『人類生活の状態』）へと結実する「初発」である。「真善美日本人」と「偽悪醜日本人」もその哲学長城へ向けた第一歩というべきだろう。

では節を追って雪嶺の哲学観を見て行こう。

1　「序論」で「哲学の定義」が検討される。定義はつねに部分的で、変移し、はなはだしい場合は全く相反するものになることもある。すなわち《当時の言は、則ち当時の真、その万世に亙の価なきを逆（あらか）じめ料りて、一概にこれを軽んずべからず、涯あるを知って以て、万世に亙るの真を求むる、身を終わるまで成るなからん。》

「有限」から「無限」を求めるのに、終わりはない。これである。

2　「考究法」
《すでに知る所より、そのいまだ知らざるところに及ぼす》すなわち既知から未知へと類推する。まずは己と直接するもの、「身体と夢幻」からはじめる
3　「夢幻」〔dream、fiction〕からはじめる
4　「覚醒は夢幻とひとしく観念である」
《物と観念その極同一に帰する》〔「極は相通じる」（ヘーゲル）〕
5　「覚醒は夢幻と等しく矛盾する」
すべてに矛盾＝差別がある、あるいはヘーゲルの対立物の同一〔絶対矛盾の自己同一〕
6　「死」
〔以上の結論〕《夢幻は観念なり、しかして矛盾あり、覚醒もまた観念なり、しかしてまた矛盾あり、二つのもののこれにおけるや、ついに明らかにその差異を見るべきところなきなり。けだしその夢にあたってや、その夢なるを知らざるなり。しかして自らもって覚醒となす、すなわち覚醒のとき、自らもって覚醒となす者、彼はたして夢幻たらざる、いずくんぞよくこれを必せんや（彼が夢幻でないことをどうして否定できようか）。》
《思議すべき者、ついに有生の間にすぎず》《生の前は死なり、生の後も死なり》《真を求めて、至真を極めることが出来ないのは、死があるからだ》
7　「身体」

《人間凡百の動作は、実に主として身体の保存にあり》

体＝「組織と活動」＋心意（マインド）

8 「宇宙は身体と等しく機関なり」

9 「宇宙は身体と等しく心意あり」〔宇宙にも、感情・知力・意志がある〕

10 「滅」

《生の前知るべからざるなり、生の後知るべからざるなり、これを知るべからざるや一といえども、生の後特に呼んでこれを死という》

11 「帰結」

《所有万象、その皆生あり、心霊あるを知るや、仰で天の蒼々たる、日月星辰のこれに麗く（かがやく）を観、木石非情の物を操持転動す、冷然としてかつて情これと相感することあらずとするも、その実はいたずらにかくのごときのみにあらずして、適に（まさに）非常至霊の活気を暢発し、大生理を経営する、大動物の作用を観、しかして日々にその霊活の動作と相接するとする所以を明竅する、これを名づけて哲学という。哲学なるものは、我の知る所を挙げて、我と均しき生霊あるの体となし、もってその知を統括して遺す（あます）なからしむる所以、しかしてその知の域を拡むるところ、かの諸諸科学の愈愈（いよいよ）発達するや、哲学は則ち資て（よって）しかして益々明かなり。》

以上「我観小景」は、展開やそのターム（術語）を一見すると、ひじょうに奇異な、あるいは素人じみたものに思える。しかし、その内容を熟知すると、オーソドックスな展開であることが判明する。その特徴を列挙すると以下のようになる。

①デカルトと同じように、「我」と直接してある「夢幻」からはじめる。夢幻は実体なき混乱した意識とみなされる。覚醒は「夢幻」を自覚（意識）している。だが「覚醒」も観念にすぎず、しかも混乱した意識であることにかわりはない。夢幻も覚醒も矛盾する意識なのだ。

②身体なき「我」は存在せず、身体と心意（マインド）は不可分である。身体が死んだら、「我」も死ぬ。「我」の生前に存在した、「我々」（人間）が、さらには森羅万象のことごとくが、つまりは宇宙が存在しないだろうか。まったくそんなことは（考えられ）ない。

③類推するに、存在する「我」の身体を有限なもの＝生きる機関（生命体）としてつかむことが出来るように、存在するものの総体である宇宙を無限なもの＝生き続ける機関（永続する生命体）としてつかまえることができる。

④死ぬべき有限な「我」、死ねば意識がなくなる人間が、生き続ける無限な宇宙全体を意識で解明（認識）しようとすれば、その解明にエンドはなく、つねに宇宙の一部を解明しようとする諸科学の歩みと手をたずさえて進まざるをえない。

このような、『我観小景』で見られる雪嶺の哲学観は、「我」からはじまって全宇宙に開かれた知の原理（哲学観）であり、すこしも奇異ではなく、アリストテレスやヘーゲルの哲学体系と対比できる、むしろ哲学史上の正道をゆく正常かつ平凡(ポピュラー)な哲学観というべきだろう。

雪嶺はこの知の原理を生涯手放さなかった。本書で自己確認した哲学観を展開してなったのが、雪嶺の哲学体系の「要綱」とでもいうべき『宇宙』(1909年)である。

1・2　『宇宙』――哲学の総合デザイン

最初に断っておこう。

20世紀初頭（1909年＝明42）に刊行された本書は、21世紀の読者にとってはもとより、20世紀の読者にとっても読みにくい。しかし読みにくいのは、内容や表現が「難解」だからではない。当時あたりまえの「漢文」主体の文語文だからだ。この事情は、今日のわれわれが漱石や鷗外の文章を読むときと、基本的には同じである。この点をいくぶん我慢して読み進むと、本書が一般読者にとってむしろ平明なことが理解できる。

著者雪嶺が「凡例」で述べているように、可能なかぎり「平易」をめざし、余儀なく哲学特有の「術語」を使う場合も「慣用」のものを用い、一部の専門家にありがちな「冗漫」を避けているからだ。

だからだというべきか、本書刊行から少しおくれた1915年（大4）、雪嶺　三宅雄二郎著・有美　青柳猛解説『宇宙』が出版された。廉価で解説者が「通俗に義翻した」（「通俗の口語体に義翻〔意訳〕して説明を加へ」た）ものだ。どの程度の「義翻」なのか、例示してみよう。

《　第二章　生物の発現

1　哲学論…………60

第八十二節　原生界は総括して絶対的に独立し、永遠無窮に活動すと為す、宇宙は唯だ是れのみ、之を離れて何物も無し。副生界は此に付随せる一現象にして、容積及び存立期間よりせば、極めて微々たるもの、特に言ふを値ひせざるに似たるが、其の一種特異の性質を帯び、吾人自ら直接に之が一部を形づくるが為めに、少くも便利上他の現象と別ちて攻究するの適当なるを認む。但し其の原生界に従属し、之を離れて存在せざるは、須臾(シュユ)も忘るべきに非ず。

有機物と無機物、生物と無生物の限界は、もはや撤去せられ了りたるはずなれど、人尚ほ動もすれば最も重きを有機物といひ生物といふに置き、他の物体一切を軽ろんずるの状あり。……》（原文）

〈　第二章　生物の発現

第八十三節　之を総括的に観察すれば、原生界は絶対的のもので、宇宙には原生界以外何物も無いのである。換言すれば、原生界即ち是れ宇宙で、副生界は原生界の一付属物たるに過ぎぬのだが、副生界には又一種独特の属性があつて、併も人間に接すること最も近いから、便利上、之を原生界より分離して攻究するのみである。十九世紀の初め頃までは、有機物と無機物との間に画然たる区別を設け、有機物は生命と称せられる霊妙の力によって生成されるものと信ぜられて来たのだが、一千八百二十八年独人ウェーレル（1880年生）が動物の尿中にある尿素を無機化合物より合成し、次いで……（醋酸、脂肪、ポリペプチーデ等を）……、いまや生物と無生物との限界が、まったく撤去されてしまったのである。然るに、人間は依然として旧習に囚われ、所謂生物に重きを置

き、生物を地球の表面にある所謂生物のみなりとし、……〉(義翻)

これを比較すると明らかなように、「義翻」は「原文」を(当時の)「現代語」に要領よく置き換える一方、「原文」にはない、その主張を補強する「科学」上の「諸成果」を提示している。なお「解説」というも、通常のとは異なって、解説部分は本文中に組み込まれ、まったく本文と区別が付かない状態にされている。それで「義翻」(「原文を約め、これに含まれる意義を摘出する」)なのだろう。解説者みずから「縮尺解説宇宙」と述べる理由だ。

以下本節は、「義翻」を参照しながら、あくまでも「原文」をベースに、それを可能なかぎり現代文に置き換える工夫をくわえて、解説および考察を進めていきたい。

1 『宇宙』の独自な観点——原生界の「優位」

ここで「優位」とは、たんなる「基礎」や「材料」ではなく、「全体」であり、「主体」であるという意味で、「宇宙」は絶対で無限、スピノザに倣っていえば、力の充実した「一にして全(バン・タ・レイ)」である。

1 「我」からはじまる『我観小景』と「原生界」からはじまる『宇宙』は、叙述の順序が全く逆である。

これはたんなる「叙述」便宜上からくる「違い」ではなく、「宇宙観」ひいては「物の見方」(世界観）の根本的違いからくる。

著者は、「演繹法」による「推理」を第一義におく行き方（ウェイ）を避け、あくまでも「事実」を「観察」することを主とし、そのうえに立って「推理」をよくする行き方を徹底しようとする。これは従来の形而上学（第一哲学）の優位を否定し、諸科学の成果を踏まえて「推理」（思考）を進めようという、ごく当たり前の行き方、「帰納法」を前提にしたものである。

したがってデカルトのように「みだりに疑わず、みだりに絶対確実なものを求めず」、コペルニクスのように「ゆっくりと観察を重ねる間に多くをえることがある」といい、「真に確実とすべきは創造主（上帝）ではなく、望遠鏡によって測定したところのものだ」とのべ（§24）、「器械」（望遠鏡）の進歩が「観察」の確実性を増大させる、とまで言い切る。まさに科学的手法によって哲学認識を進めようとするのだ。

2　したがって、雪嶺は、通常、実証主義哲学であり、ハーバート・スペンサー流の「社会進化論」と「有機体論」に大きな影響を受け、従来の西欧哲学（アリストテレスからヘーゲルまで）の中心をなす「認識論」にほとんど関心を示さない、その意味では哲学を科学に解消する通俗哲学の持ち主である、といわれる。これらはいずれも理由のない評言ではない。しかし正鵠をえていない。なぜか。

雪嶺の『我観小景』はデカルトの『方法叙説』や『省察』と同じようなテーマを追って、まったく異なる「結論」に至った。デカルトの「生」なき「宇宙」に対して、雪嶺の『宇宙』は、「我」

がなくても、「我の身体」がなくても永遠に存在し続ける、「生」ある広大無辺で絶えず変化し続ける「宇宙」を大前提とするからだ。

その哲学は「観察」と「実験」にもとづく「推理」を基本とする行き方で、ドイツ流のア・プリオリな純粋思考を大前提とする思弁哲学の流れではなく、紛れもなくイギリス流の実証主義哲学（経験論）の流れをくんでいる。しかし驚くに当たらない。なにもこの態度は西洋からだけ学んだのではない。雪嶺もいうように、孔子の思考態度は「格物致知」（knowledge of the laws of nature　自然のことは自然に聴け）であり、「怪力乱神を語らず」である。日本の近代哲学は、「天理」を大前提とする朱子学の流れではなく、（伊藤仁斎、荻生徂徠のごとく、）この孔子の思考態度を基本的に受け継ぐべきだとしているからだ。ただし孔子には「自然」（そのもの）の観察と推理（考究）はないことは忘れてはならないが。

3　雪嶺は総じていえば「社会進化論」であり、それをスペンサーから借りてきた、といわれる。しかし、第一に、スペンサーを「社会進化論」と記しとどめるは誤った評価である。スペンサーの真骨頂は、宇宙全体が「進化」するといったことにある。この点で、雪嶺はまちがいなくスペンサーの徒である。（ちなみに進化論を主張したのはスペンサーがダーウィンに先んじている。また、スペンサーは社会の進化を、ダーウィンが自然（生物と人間）の進化を主張したというのは、俗論の一種である。スペンサーは無機物を含む宇宙全体の進化論を主張したからだ。）

とはいえ雪嶺はスペンサーの宇宙の有機説と進化説を主張した「哲学体系」から学んだことはた

しかだが、「摂取」と「模倣」は異なる。コピーしたが、観察によって確認できる「事実」にもとづかない「推理」(臆測や独断)を慎重に避けるために、雪嶺の「有機体説」も「進化論」も、のちに見るようにデリケートで、思考の神経がよく行き届いている。

4　最後に雪嶺が「認識論」に重きを置いていないという批判について寸言しよう。

諸科学は固有な対象(領域)をもち、その対象を認識する固有な方法をもつ。この意味で諸科学ははじめから対象が「限定」された認識であり、自分の領域を超えて、他の領域に一般化・普遍化されると、「越権」行為をおかし、誤謬にいたる。(*このことはもちろん、諸科学の成果が、多くの他科学へと越境し利用されることを少しも禁じるものではない。諸科学の境界線はあくまでも暫定的なものにすぎない。)

対して、哲学は諸科学に特有な固有の対象をもたない。哲学は、一般的かつ総合的な、諸科学に共通する認識方法を求める。この意味で、哲学は「科学の科学」であり、諸科学に解消されない認識論(epistemology)をもつ。こういわれてきた。

だが雪嶺は、一見して、諸科学の認識の深化と拡大にともなって、個別科学の認識を連関させる相互的、総合的な認識を分担する哲学の役割がなくなるわけではないが、どんどん哲学に固有な(だとされた)領域を失っていく。故に、諸科学を「超える」とされる認識論の存在理由を承認しない、と思える。この意味で、哲学は諸科学に解消され尽くすことはないが、諸科学の成果にもとづかない旧認識論の位置も意味もどんどん解消されてゆく、と考えているとみなしていい。

だが考えてみるといい。ヘーゲル哲学の認識論は、その哲学体系（Enzyklopaedie der philosophischen Wissenschaften　哲学的諸科学の百科全書）の対象である「論理」、「自然」、「精神」の「科学」（＝哲学＝認識論（エピステモロジー））である。総じていえば、思考の科学、自然の科学、精神の科学に、つまりは諸科学の認識論に収斂される。ヘーゲルにおいて「哲学」が全領域を蔽っているように思えるだろうが、その全体系内において、「哲学」は「精神」の科学の「最後」にその「位置」が残されているだけなのだ。

もし哲学に残されているとしたら、諸科学の認識論の「まとめ」（summary　要覧）である。この「まとめ」はかなり厄介な仕事だが、次節で見るように、雪嶺はこの仕事を、十分な形とはいえないが、他の哲学者とくらべると数段優った仕方で残しているといっていい。ヘーゲルと違ったやり方ではあるが、哲学的な諸科学の「まとめ」をものしているといっていい。

5　もし雪嶺の哲学観に瑕瑾ありとするなら、哲学の「仮説」上の役割を述べることに熱心ではなかった、ということではないだろうか。雪嶺が仮説を重要視していなかったといいたいのではない。逆だ。

科学では、「仮説」のない「観察」や「実験」は、なにものをもたらさない。ましてや「推理」をこととする哲学は「仮説」の連鎖だといっていい。事実、雪嶺は、「宇宙有機体説」はまだなお「仮説」にとどまっている、この説を明晰にするには将来の科学を待たざるをえない、といっているのだ。

だが、雪嶺、「哲学とは仮説である」といいえるほどの重要な位置を占めるという、この仮説の意味と位置づけを、意識的かつ詳細に論じようとしていない。正確にいうと、論じることを避けているというべきだろう。

2 「原生界」と「副生界」の位置づけ

〈指で目を遮れば、百尺の樹木も見ることができない。丘陵が前に横たわっていれば、天を摩する高山も見えない。指は大きさにおいて樹木におよばず、丘陵は高山におよばないが、位置のためにこのような転倒が生じる。鉱物といい、動物というが、相互の間に多少の差違があるといっても、じつは仮定されているほど隔離してはいない。地球では鉱物と動物の間には比較的多く差違が現れ、したがって区別を立てるのが自然であるが、鉱物と動物の間にさえ連絡を見ることができるし、他の星ではかならず区別が困難だろう。数多の星辰と地球とでは、植物は、種類が異なるもの多く、あるいは鉱物と、あるいは動物と似て、区別が判然とせず、同一のものを二つや三つに（区別）してはならないのは、その成分から判断して推知することができる。形状はまちまちだが、いずれもみな炭素化合物であって、化合の簡単なのを鉱物、複雑なのを植物、さらに複雑なのを動物とするが、もし中間物体が存在するなら、その区別は同類間の差にすぎないのは明白ではないか。地球に中間物体が少ないゆえに、連絡するものをいく個かに切断し、各自独立するかのように認めようとも、中間物体の多きところにおいてはこのような煩わしい手数を必要とせず、星辰が種種の変化を経る際に、地殻および大気（雰囲気）におけるある成分が変化し、一種の形を占め一種の色を呈し、特に緑色を呈すること多く、ときに離れて運動するものもあると解すべきである。〉（直訳§§96）

1　観察し、判断することに関して、その立つ「位置」が重要である。雪嶺が本書でつねに主張することだ。

人間は最も近しく親しいものを愛好する。それが自然（当然）だ。自分を、家族を、近隣を、自民族を、自国を、近隣諸国を、人類を、……。

したがってわたしたちが知りうる（可知的）宇宙は、①人間本位の宇宙観時代から、②地球本位の宇宙観時代へ、そして③有機的宇宙観時代へと変遷してくる必然があった（§§35）。

人間本位の立場から見れば、鉱物などは生命なきただの物質、植物などは官能や知能をもたない下等生物、動物は官能や知能をもつが低級な働きしかしない。心意をもつ人間のみが高等生物で霊長類である。こう誇ることができるだろう。

だが地球本位の立場から見れば、人間は微小かつたかだか最近になって地球の上に現れた新参者にすぎない。しかもその生存範囲は地球の表皮一枚の上に過ぎず、下等扱いしている鉱物や植物、動物の存在なしには一日も生存できない、徹底的に地球に寄生（パラサイト）している一生物にすぎない。

さらに宇宙本位の立場から見れば、地球の大きさはチリに満たず、地球の発生は宇宙の永続に比すれば瞬きにおよばない。

したがって「宇宙」の見方を宇宙本位の立場に戻してみよう。

「宇宙」とはなにか。宇宙全体のことで、「原生界」（Proterozoic　地球地質時代の概念から転用）である。

原生界とはなにか。その全体も、極少部分も、活動してやまない「有機体」である。

有機体とはなにか。人類および禽獣魚貝草木（すなわち生物）のみを有機体とするのは旧習である。鉱物（無生物）といい生物というも、すべて変化しないものはない。物質代謝であり、新陳代謝である。生といい、死というも、生物にかぎったことではない。あらゆるものは、一定期間、生まれ死ぬ。生誕というも、あるAから他のBへの変化である。死滅というも、あるBから他のCへの変化である。無から有、有から無への変化ではない。つまり有機体とは「生命」（活動）あるもの、といいうるだろう。（§§44〜46）

では生命とはなにか。「一種の力である」（§§48）。（しかし「いかなる力なのかは明らかではない。」ここで雪嶺を敷衍していえば、「力」としかいいえないものである。）

「有機物も無機物も均しく力の発現なることはもはや決定せりというべし。」こう雪嶺は断定口調でいう。

以上が、宇宙は有機体であり、生命体である。宇宙には原生界以外のものはない、と雪嶺が主張する理由だ。雪嶺の結論はこうだ。

〈宇宙全体をいかに見るべきか、普通に生物と名づけるところと形質をはなはだしく異にし、生物とするにははるかに困難だが、さりとて死物とするのはさらに当を失う。断じて生物と同列にすることができないというなら、むしろ生物の上に置くべきで、けっしてその下に置くべきではない。じつに考えるに、生物を超越する生物であることは明白であると覚え、いかにしても死物とすることはできない。〉(直訳　§§173)

この文章に、雪嶺の思考「癖」(特徴＝傾向)が存分に現れているといえよう。「宇宙」は有機体であり、生命体であり、力(活動)に満ちた広大無辺(boundless)、変化して止まない「原生界」である。

2　対して、副生界とは、名のとおり、大初より生物である宇宙＝原生界から付随して発生した生物である。これが「地球が冷却してからなった生物界」で、宇宙の「寄生物」という理由だ。宇宙＝原生界という見地に立てば、鉱物、植物、動物の区別を、下、中、上で区別するのではなく、大、中、小で区別して、鉱物＝門、植物＝類、動物＝科とするのがよい。この三者は、相互作用＝依存関係にあり、動物の最上位に立つとされる人間は、動物科の分科のそのまた末端であるという「自覚」をもって、宇宙と対面する必要がある。

しかしこのことは人類を、取るに足らない無価値なものとして自己卑下する必要があるといいたいのではない。全く逆だ。

「瞑想」(＝純粋思考)によって宇宙の、人事万事の「真相」を解き明かすに至るなどという迷妄錯覚を打破するためだ。人間は、経験できる可知世界にも、まだ経験できていない不可知世界にも、観察と実験をもととして、一歩一歩分け入ってゆく努力が必要だ、といっているにすぎない。これは平凡な指摘だが、これ以外に人間には行き・生きようがない。神意や直観、思弁や臆測によって組み上げられた認識を拒否するためにである。

3　宇宙＝万有進化論

雪嶺はスペンサーの進化論の影響を受けている。

〈スペンサーは、極めて複雑な事物のなかに一定の法則を発見した。

第一に変化を、次いで進歩を考え、諸現象は絶えずその位置を変化しながらつねに一定の方向をとり、けっして方向を誤ることはないとした。その方向は（構造が）不安定で単純なるものから（構造が）安定した複雑なものに推移するが、これこそ進歩の徴候にして進化の状態と知るべきだ。これと逆方向が、合化で、宇宙の一部で行われる、進化をおしとどめ同質さを保持しようとする力である。しかしわが地球では事物ことごとく進化の法則によって行われるので、なおのちのちまで長くこの法則に従ってゆくにちがいない。すべての変化は物体の運動によるが、進化の作用は物体の結合と運動の分離によるもので、現在生存する動物を岩石中より発見した往古の遺骨と比較すれば、太古より現代まで進化の法則が大いに行われたと判定することができる。人間といえどもまたこの進化の結果であり、歴史や考古学によれば、社会文明もまったく進化法則によるということがわかる。〉（『社会学二』123〜124頁　直訳）

重要なのは、スペンサーも雪嶺も、万物は進化する。それは結合が不安定な同質・単純な構造から結合が安定した異質・複雑な構造への変化である。これが「分化」作用だ。同時に異質なものを同質なものに変化させる「合化」作用がある。つまり安定に達した構造は運動〔変化＝進化〕をやめようとするが、万有はつねに変化をもとめるから、異質・複雑なものは同質・単純なものに変化してゆく。

雪嶺は、「進化」は一定方向をとるが、スペンサーと異なって、地球上にも、「退化」も、「終わり」もある。安定した異質・複雑な構造から、不安定な同質・単純な構造物体へと変化を遂げてゆく。こう主張している点に注目したい。

これを平俗にいえば、各分子が激しい運動状態にある物体は、諸分子を結合させて静止状態になる。これが一定の方向をもつ進化状態である。諸分子の固い結合関係が壊れ、諸分子が分離、溶解し、激しい運動状態におかれる。進化の終わりである。しかし進化状態であろうと、そうでなかろうと、物体もそれを構成する諸分子も、運動をやめてはいない。

第二に重要なのは、進化は、「優勝劣敗」（加藤弘之）ではない。「適者生存」である。しかも「適者生存」と進化の段階は別物である。進化したものが「優れている」というのは、まったく事実に反する。最適なものが最後の進化段階にあるというにすぎない。そして最適なもの、最後の段階にあるものも、死滅を免れえない。こう主張する点だ。

人間が霊長類であり、最高等動物であると自ら規定、分類するのは、地球本位や、人間本位の見方にとらわれているからだ。

一、人類と他の高等動物との差は、「程度の問題」(a matter of degree) である。「塵が積もれば山となる」と同じことだ。

二、これは英傑 (超人) と常人を比較するとよくわかる。「差」はわずかなところにある。

三、宇宙の見地に立てば、人類と他の生物との差など、何ほどのものでもない。しかも人類以上に優れた超人の存在を否定できない。

人間は意識を持つ存在である。宇宙には意識がないといわれる。だが、宇宙には「力」が、無意識がある。総じていえば生命力である。人間の意識ではどうすることもできない力 (無意識) である。宇宙を支配する力 (無意識) は人間の力 (意識) に優っている。進んでいえば、人間の生命力 (無意識) は人間の意識を超えている。

雪嶺の優れた直観は、この「一種の力」としかいいえない宇宙の生命力を「無意識」として捉えたことである。

これに比すればその「進化論」は、俗論よりデリケートだとはいえ、平凡である。有機物は無機物より成り (生まれ)、また無機物に帰る。大急ぎでいえば、こういっているにすぎないからだ。

4　目的と手段

①〈薩南暴徒が蜂起したのは、あるいは不平からだといい、あるいは扇動されたからだといい、あるいは苦肉の策からでたというが、当時激烈な戦争が起こって軍事に大なる経験を与えたので、清国と戦ってこれに勝つことができ、清国に勝つことができたために、さらに露国と戦ってこれを

破ることもできた。もし薩南に戦乱がなかったならば、のちの二大戦が起こったのかどうかも疑わしいし、起こったとしても多少時期が延長するのは免れなかっただろう。暴徒はこの点において帝国の発展を助成し、あわせて列国の均勢に影響あたえたというべきだろう。〉（§§189 直訳）

②〈進化はそれ自体で目的か、はたまた完全に達するための手段か。完全というは比較的のことにして際限なきものではないのか。疑問は一つにとどまらないが、目的を進化の方面に求める以上、万象をあげて進化とし、ときに退化するはいっそう大きな進化におもむく道程だとすべきだ。地球は太陽に没入し、太陽系も次いで破滅するも、星系全体として絶えず進化すると見ることができる。〉（§§190）

雪嶺は「目的手段」と「原因結果」とは大した差がないという。普通、目的と手段は有意識の関係で、原因と結果は有意識・無意識ともに通じる関係であるといわれる。

だが①でも明らかなように、当初に「暴徒」が意識した目的とはおよそ異なる結果が生じる。「万事塞翁が丙午」である。

②は通常、無意識の、目的なき過程と見られる。「万物流転」である。だが万物は進化する。進化は一定方向に進む。同時に進化は、退化を含む、無意識の目的をもって完全に向かう過程である。雪嶺を敷衍していえば、「無意識」とは究極の目的（ゴール）なき、だが特定の目的ある過程である。一見して目的なき過程だが、宇宙全体から見れば、進化する目的ある過程だ。

目的と手段を〈宇宙＝大なる無意識＝生命力〉の見地から見ると、原因と結果の関係と相同で、目的と手段、原因と結果は相対的で、別々に存在してはいないのだ。

3　通俗哲学

1　本書は、言葉の正しい意味で、雪嶺の哲学総論（general principles）あるいは総合デザインとでもいうべきものである。しかし孔子の『論語』とちがうことはもちろん、西欧社会で講壇哲学（学校哲学）すなわち哲学徒のための哲学がもつ特徴、またそれを継受した近代日本哲学（「純正」哲学）の流れと異質な内容をもっている。

通常の哲学教科書にある、「第一哲学」（存在論）も、「認識論」（諸科学〔sciences　諸学問〕の方法論）も、最初から除かれている。「哲学史」も断片的に出てくるにすぎない。

とはいえ、現実の存在（宇宙、地球、無機物、有機物、生物、生命等々）は何かが、現実の諸科学の認識の特徴、諸科学の認識の歴史の総括が、間断なく展開されている。

しかし「哲学」の専門家(プロ)あるいは愛好読者(マニア)なら、本書を一読して、これが「哲学書」なのか、といちように驚かされるにちがいない。

本書刊行からわずかに2年遅れて、西田幾多郎『善の研究』（1911＝明44）がでたが、その編別は、1純粋経験　2実在　3善　4宗教、となっている。

本書「宇宙」の編別、1見地　2原生界　3副生界　4意識　5渾一観、と比較すると、前者を哲学書とみなすものには、後者は雑然たる「宇宙」観を述べた、通俗的な科学観を展開した書物に見えるだろう。

西田『善の研究』は、近代日本最初の、しかも西欧哲学を咀嚼し、それと比肩できる独創的な哲学書という高い評価をえてきた。対して雪嶺の『宇宙』は哲学専門研究者の歯牙にもかかってこなかったといっていい。ともに哲学総論だが、一方は純哲の精緻と、他方は雑哲の典型と評価されているといっていいだろう。はたして正当か。

西田『善の研究』は「善」を対象にしているように見えるが、編別からもわかるように、従前の哲学研究の対象をすべて含むという意味でいえば、「哲学入門」であり「哲学総論」である。書名を「善の研究」にしたのは、その序で著者みずからが語るように、哲学研究は、「人生の問題が中心であり、終結であると考えた」からだ。「善」を対象にした倫理学書でないのは、たとえばスピノザの『エチカ』(「倫理」)と同じである。

西田は「純粋経験を唯一の実在としてすべてを説明したい」という主意でこの書を書いている。この行き方は、雪嶺とまったく正反対である。両者は、「最初＝原理」(プリンシプル)からまったく別(＝逆)な道を行っており、まったくあいいれない、と断じていい。(ただしいいそえておけば、雪嶺の『宇宙』はスピノザの『エチカ』に、その内容と叙述展開という点で、よほどよく似ているといっていい。つまり西田の『エチカ』はスピノザの『エチカ』と、その書名以外まったく似ていないということだ。)

雪嶺は「純粋思考」とか「純粋経験」というものは「ある」が、「実在」ではなく、「経験」から演繹・抽象した仮構（フィクション　瞑想）であるという。だが「純粋思考」とか「純粋経験」を打ち棄てて考察の対象にしないのではない。「我観小景」はまさに「瞑想」からはじまる。西田の編別1（と2の一部）に相当するといえる。

だが、雪嶺は実地の「観察」に根拠をおくかぎり、「純粋思考」や「純粋経験」は「実在」（宇宙＝原生界）の根拠にはならないという。では雪嶺は意識は実在（物質）の「反映」、「模写」である（にすぎない）という唯物論を主張するのか。そうではない。

すでに述べたように、原生界＝宇宙全体が唯一絶対の永続する存在であり、それは有機体であり、絶えず変化（進化）する「生命力」（としか呼びえないもの）をもっている。地球も、人類社会も、個人の人生も、この原生界に「寄生」する有機体にほかならない。

では雪嶺は、人類社会を、人間を、人生を、広大無辺なエネルギーに満ちた宇宙に比して、卑小なもの、どうでもいいもの、まさに「寄生虫（パラサイト）」と見なすのか。まったくそうではない。

2　4章で詳しく述べることになるが、おそらく哲学者で雪嶺ほど「人生論」を詳しく頻繁に枚数を費やして書いた人はいないのではないだろうか。しかもその人生論は、孔子の『論語』や吉田兼好の『徒然草』と同じように、普通の人間の心情にすとんと落ちる内容に満ちている。その意味で純ポピュラー（通俗）だ。

だがその一つ一つをとりあげても、個人を超え、地域を越え、特定の社会と国家を超える力をもっている。ときに地球を超え、永遠の生命（宇宙）につながる輝きを放つことがある。

その人生論、人物論は、この・いま（当座）に通用するとともに、いつ・どこでも（時と場所を選ばず）通用するような内容に満ちている。どうしてそんなことが可能なのか。

わたしたちはみな自立自存で生きている。生きようとしている。おのれの人生を切り開こうと懸命になる。だが、わたしたちはつねにどこでも他律依存で生きざるをえない。国・地域・団体・家族・両親等々に依存せざるをえない。自立自存で生きようとする人ほど、自分は他者に生かされているという自覚（自己意識）をもたざるをえない。

「自分」から純粋にはじまる人生、他の力なしに存在しえる人生など、どこにもない、と少しでもものの分かる、現実を冷静に観ようとする人なら気がつく。つかざるをえない。

自分本位を、会社本位を、国家本位を、地球本位を独善的に主張するような見地から、人生論も、国家論も、地球論もはじめない。これが雪嶺のいう「宇宙」本位の見地で、特別なものではない。

3　雪嶺は人生観から宇宙観に入らない。宇宙観から人生観におよぶ。なぜか。

宇宙にかぎりがない。だが人間の可知的認識にはかぎりがある。宇宙の無限の連鎖を一歩一歩追って行く、これが有限な人間に許された可知的認識、科学認識だからだ。この認識が基礎におくのは「観察」であり、それにもとづく「推理」である。これもまた平凡な哲理（philosophy; philosophical principles）だ。

だがこれはどうだろうか。

現実の「真、美、善」の標準（評価基準）はどこにあるか。「群集のなかにある」。ただし「この

標準はつねに一定ではない。」なるほど「何事においてもすべての人が一致するのは難しい。」しかし、

〈比較的多数の人間すなわち群集の選んだ真、美、善を求め無限の連続を追って行くものは古往今来おおむねみな繁栄し、しからざるものは、衰微する事実があることによれば、比較的多数の群集の選ぶ真、美、善の標準がその時代における人々の、よってもって信頼するにたる真、美、善とみなして差し支えない。したがって、繁栄する群衆が選ぶ真、美、善の標準が、比較的信頼するにたる標準であるといえる。〉(§§206「義翻」の直訳)

ずいぶん曖昧に聞こえるだろう。大衆(多数)が選ぶものが「真、美、善」を判断する「標準」(standard)である、といっているからだ。大衆迎合(愚衆)哲学の典型のように思えるだろう。しかしこれが雪嶺の大衆=通俗哲学の真骨頂なのだ。

大衆(多数者)が選ぶ判断を標準にする。これが人間社会の「進歩」の核心で、選んだスタンダードが、短期的局地的に間違うことを否定するのではない。長期的大局的には、間違いや後退を確認し反省しながら、前に進んでゆく大衆=人類多数のジグザグな進化(進歩、退歩、進歩)を前提しているからだ。むしろ、間違いや失敗は、新しい発展の飛躍台になる・できる、という思考なのだ。

これにもう一つ蛇足をくわえれば、スピノザもまた、絶対まちがいのない真理(truth)は「仮

構」であり、真（right）、美、善のスタンダードは大衆（多数者　マルチチュード）の選択にあるとした。もちろん「愚衆」の存在を前提してだ。大衆は誤ることでよりよく知ることができる、というわけだ。

雪嶺自身、アメリカとの開戦を「聖戦」とみなして、喝采を叫びつつ、日本民族の勝利を最後まで訴えたが、敗戦の期におよんで、失意や懺悔に浸らず、日本国家、民族、社会、国民各自が復興と創造的発展（進化）の意志を失なってはならないと訴えた。（ま、遅きに失したが。）すなわち、日清戦争、日露戦争の「勝利」が、日本軍に、ひいては日本国民に、（もとより雪嶺自身に）驕慢を生み、冷静な判断を失わせたという意見を披瀝して、敗戦直後の1945年11月26日、86歳で死去する。

4　大衆的書物とは誰でも理解可能（リーダブル）な書ということと同義である。普通大衆書とは、専門家が歯牙にもかけない、雑駁な内容の本とみなされる。

では『宇宙』は雑駁な書か。

本書は、毎月（旬刊）2章ずつ雑誌に掲載し、予定通り2年半で書き上げた、全213節からなる、本文623頁の大著である。著者もいうように、分載の跡をとどめ、首尾を一貫して展開可能な「純然たる著書」と異なるところが見られる。しかしこの点は本書の欠陥とはなっていない。

むしろ本書の欠陥は、206節にあるように、大著であるため叙述が冗漫になることを避けようとするあまり、舌足らずな表現に陥り、文意がすっと通らない個所が散見するところにある。

〈比較的最も選ぶべきものが比較的多数によりて選ばれる群集は繁栄し、しからざるものは衰微するというべく、したがって繁栄する群集の選ぶところは比較的最も選ぶべしとして妨げなき場合に乏しからず。連続の極て複雑にして、ある連続において進むも他の連続において進まざるもあり。一部分をもって軽々しく隆替を判すべからざるも、連続の大部分において進むとすべきは、概ねことのよろしきを得たるなり。〉（§§２０６　直訳）

これを先に掲げた「義翻」と比較してほしい。誤植でなければ、この原文個所の本義は、前後を何度か読んではじめて推し量ることができる。しかもこの個所は、本書最後の肝心要の部分なのだ。ちなみに、当該個所を再掲しよう。

〈比較的多数の人間すなわち群集の選んだ真、美、善を求め無限の連続を追って行くものは古往今来おおむねみな繁栄し、しからざるものは、衰微する事実があることによれば、比較的多数の群集の選ぶ真、美、善の標準がその時代における人々の、よってもって信頼するにたる真、美、善とみなして差し支えない。したがって、繁栄する群衆が選ぶ真、美、善の標準が、比較的信頼するにたる標準であるといえる。〉（§§２０６「義翻」の直訳）

通俗本であればあるほど、多くの人に読解可能であろうとすればするほど、飛躍を避け、「判読」（判読に苦しむ）を求めない、これが肝心なところである。

さらにもっと重要なのは、本書が通俗書であるとは、専門家が読むに値しない本であることをまったく意味しない。

山本周五郎は大衆小説家を目指した。純文学は、仲間内にしか通用しない少数者の文学で、「素人の文学」であると喝破した。事実、周五郎の『小説　日本婦道記』や『樅ノ木は残った』は、かつて日本文学が到達しえなかった境地を開いたといっていい。雪嶺の『宇宙』も、スピノザの『エチカ』の日本大衆版であるという趣（contents）をもっている。

5　そこで著者雪嶺を悩ませた問題が生じた。『宇宙』は、箱に差し込まれたではなく、箱に納まった、菊版「豪華」本とでもいうべき装丁である。それあるか定価は3円だ。「凡例」でいう。〈本書は紙質製本を良くし、講読に便ならざる嫌いあり。普及の趣旨に反するも、この類の書は廉なるも多く読まれず。ここかしこで特志の人あれば、わずかの高低を問いはしない。およそ書は一切の物品中最も廉価なるものだということが多少の理を含む。〉

これはいうにこと欠いた、雪嶺らしくない言い訳だ。最初から、売れないから、高価になった。しかし書は他のものに比べて、安い。大衆ではなく、篤志の方に読んでもらえればいい。こういっているからだ。

にもかかわらず本書は刊行の１９０９年中に4版（4刷）までいった。予想外に売れたというべきだろう。また四六判「縮刷解説」（義翻）『宇宙』は１９１５年初版（定価1円50銭）、１９２２年に22版となり、戦後も34版（刷）と刷りを重ねた。哲学書としてはまれに見るベストセラーであり、ロングセラーというべきだろう。

中期的に見れば、この書は大衆の選ぶところとなったというべきだろう。だが、長期的に見れば、本書は、現在、篤志家以外、否、ほとんどの日本人が読まないだけではなく、口の端に昇ることもない。つまりは「忘れられた書」になった。

とはいえ「年々歳々花相似たり」だが「年々歳々人同じからずである。」すなわち「万事塞翁が馬」というべきだ。本書がどんな形で日本に「復活」してくるのか、「進化」をとげた姿を見せるのか、楽しみである。(わたしの以上の論究がその橋渡しの役目をすることに貢献できればさいわいだ。)

1・3　哲学の総体＝エンチクロペディ

著者は、『宇宙』を「総論」とみなし、これを第1巻にして、つぎに各論、「人類」「諸民族」……を続刊し、「大体」より「細目」、「粗より精」に漸次順序を追って連載していこうという希望を述べている。雪嶺の「哲学的諸学の百科全書」＝「エンチクロペディ」（ヘーゲル）の試みだ。

実際、雪嶺は主宰する雑誌『日本及日本人』（旬刊）につぎつぎ「続刊」部分を連載した。だがそのいずれも雪嶺存命中には独立の著作の形で刊行する機会を許されず、死後、その四大連載が野依秀一（実業之世界社主）の手によって遺稿集として刊行された。

それを『宇宙』における編別プラン（？）にもとづけると、

1　『人類生活の状態』（上下）
2　『学術上の東洋西洋』（上下）
3　『東洋教政対西洋教政』（上下）
4　『東西美術の関係』

となる。しかし、連載順序は、『日本及日本人』（旬刊）に1908年（明41）11月号から1923年（大14）8月号まで、中断して『我観』（旬刊）に1923年（大12）12月号から1925年（大15）1月号まで連載。内訳は、

①「美」を対象とする4を64回、（400字詰め原稿用紙）718枚〔22×17×12×64÷400＝718〕

②「真」を対象とする3を80回、1050枚〔15×41×8.5×80÷400＝1045〕

③「善」を対象とする2を120回、2020枚〔22×17×18×120÷400＝2020〕を連載し、

④美真善の「科学」がそこから由来する「人類の生活」は、最後に115回、1290枚〔22×17×12×115÷400＝1290〕、

総計389回、全およそ5070枚に及び、これに総論『宇宙』630枚を加えると、なんと5700枚になんなんとする大著になる。この連載が終わったとき、雪嶺66歳であった。あきれるほどの持続する精力であり、知的好奇心というべきだ。書かずには終われない性癖、といっていい。

0 「人類攻究の一方法」

1 方法序説

ところで、『日本』、これを改題した『日本及日本人』に、1906年2月から1908年10月まで63回連載された総論「原生界と副生界」（『宇宙』原題）が終わった次号、1908年10月15日号に、各論の「準備」として、「人類攻究の一方法」が掲載された。わずか4枚余の小品だが、「原生界と

副生界」の「総括」であり、続く各論の「方法」叙説である。要約してみよう。

1　人類を総体として攻究する一科学、社会学（＝総合社会科学）は可能か。可能だ。人類社会は一個の有機体（生きた総体）である。その形態や作用を科学的に攻究するのは可能だ。

不可能だ。個別科学だけが科学の名に値する。個別分野といえども、わずかに人類学、政治学、経済学等で多少とも科学的攻究がよき結果を見ているにすぎない。

だが「原生界と副生界」（『宇宙』）は人類を有機体として攻究する十分な材料があることを証明した。攻究方法さえ間違わなければ人類学（人間社会の科学）は可能だろう。

2　科学の攻究法に2種ある。

1.演繹法、あらかじめ決められた法則（原理）にもとづいて事実（材料）を取捨する。

2.帰納法、事実を事実として配列し、法則を決定する。

多くはこのいずれかに傾く傾向にあるが、史論においても史料においても、双方を兼ね備えるのが望ましい。

3　人事（人類の社会と歴史）は複雑だ。人事の歴史の攻究方法が十人十色になる理由だ。（わたし＝三宅は）人類を東洋と西洋に別ち、その比較研究によって人類の科学研究をはじめる。もちろん、東洋と西洋は、有史以来、交渉があり、隔絶して存在したのではない。だが、人種、言語、文字、風俗、政治、宗教に大きな違いがある。

比較文明論には比較＝区別を連ねるだけのものが多い。しかし両洋を比較するのは、全体を区分し、その相互関係を通して全体をよりよく理解するためだ。

ここで雪嶺が採用した研究方法は、演繹法と帰納法を併用する比較文明論である。

1　帰納法　可能なかぎり事実を集積する。諸事実を比較と分類によって区別する。

2　演繹法　各部分ならびに全体に、各々共通な性質（本質＝法則）を抽出する。

3　再構成＝記述法　中心（全体の本質）をもとに全体を再構成＝記述する。

これは「存在するもの」の、とりわけ人間、その社会と歴史存在の穏当（＝妥当 reasonable）な理解に達する適切（オーソドックス）な方法である。

2　「叙述」（連載）の順序と「編別」順序

1　各論の「連載」（叙述）順序は、

①「美」を対象とする『東西美術の関係』

②「真」を対象とする『学術上の東洋西洋』

③「善」を対象とする『東洋教政対西洋教政』

④美真善の「科学」がそこから由来する「人類の生活」を対象とする『人類生活の状態』である。

ところが『宇宙』で予告した（と思える）編別順序は、①「人類の生活」②「善」③「真」④「美」である。この異同はたんなる「連載」の「都合」であり、編別（プラン）とは関係ないのか。

2　総じて（一般に）、哲学体系は真・善・美（とは何か）の三部からなる。その典型は、カントの第一批判（『純粋理性批判』）・第二批判（『実践理性批判』）・第三批判（『判断力批判』）である。（1960年代、わたしが哲学徒であった時期、学部卒論でカントの第一批判を、修士論文で第二批判を論究対象に選んだ。ただしこれは主任教授の厳命であった。）

だが雪嶺の哲学体系はこの「哲学」編別とはまったく異なる。

主として、「美」とは絵画・音楽・詩を、「真」は数学・天体学・地学・博物学・医学を、「善」とは社会関係学、すなわち道徳・倫理・教育・宗教・政治・法律・経済を、「人類の生活」は食・衣・住・労働・遊び・仁政・闘争・理想・人生観を主題にすえ、哲学的に考察しているからだ。つまりは、人類社会の主要諸学の哲学的考察なのだ。

その考察方法が、歴史転換を基軸にすえる東西比較文明論であり、考察目的は東西比較（特に顕著で貴重なのは、シナ文献の参看〔reference〕）による日本文明の特質解明である。その上でいえば、最終的には、雪嶺の哲学的「出発点」、「日本人とは何ものか」に解答をえようとする試みだ、と断言していい。

この上に立てば、「日本人とは何か」を問うことは、偏狭な自国中心主義的なナショナリズムの一種などとは異質な、人間（人類）とは何かの具体的で理性的な、つまりは特殊・普遍的な考察法であるといっていい。

平たくいえば、この4部作は「副生界」・人類（史）の生活（生きた）総体を解明しようとする、人間とは何か、日本人とは何か、わたしとは何ものか、に答えようとする試みなのだ。

3　かくして、叙述（連載）順序と構成順序は一致する、ということができる。

①→②→③→④は、①生物から人類史へと通じる美学、②人類の学術史、③人類に独自な「社会関係」学史、④は人類「生活」（人生）史の哲学的考察となっている。

注目すべきは、古い、すでに滅んだとされる「遺物」が、動植物（前人類史さらには「原生界」）の「遺産」を含めて、われわれに伝わり、それらがいまなおわれわれに活動源（エネルギイ）とさえなっていることが、判然とすることだ。

4　だがこの雪嶺の試みは、普遍（包括・総体）かつ原理（原初・究極）たることを標榜する「哲学」癖から来るのではない。たとえばすべてのものには「はじめ」（原基）があり、それは「一あるいは単純」で、世界はその合成体であるという「推論」に基づく哲学的考察ではない。あくまでも人類（人間）史解明のため、その歴史の具体とその学的成果に根ざした考察＝推論だ。いうなれば学的仮説である。

すなわち雪嶺の哲学仮説、〈原生界→副生界（地球→生物→人類→日本人→わたし→想念）……（副生界→原生界）〔＊を再構成する〕〉という「連鎖」かつ「連環」模様の提示である。

しかし前口上はこれくらいにして、その内実を概観しよう。

＊以下は筆者（鷲田）による「要略」（summary）というべきで、通常は「凡例」を必要とする。だが、だれでも分かるような記号等を用いるにすぎないので、特に必要ない（と思える）。ただし、＊は「事典」やわたしによる補記である。

1・4　《人類学》――雪嶺哲学の「総体」を読む

1　「美」の術――「美術」の哲学　『東西美術の関係』（連載64回）

《要旨》

1　美術の「定義」　美術は技術の一部

〈美術は「技術」の一部、技術は「活動方法」の一部、人類は動物の一部である。活動とは体内・体内外・体外の新陳代謝（物質交換）で、人間の技術や美術の「起源」は、鳥獣、昆虫に遡る。だから美術、狭義には建築・彫刻・絵画・音楽・詩（程度）なら、どんな人間社会にも認めることができる。〉

雪嶺の美術（芸術 art）の「定義」は明確で秀逸だ。端的にいえば、アートの伝統にのっとっており、しかも20世紀に台頭してきた最新の総合科学、生物としての人間と文化を担う人間とを切り離さず総合的に研究する人類学に直結している。

とくに美術は技術（ars=art）の「一部」である、に刮目されたい。敷衍すれば、肉体（器官）の延長としての「道具」の進化とアート＝技術の進化、集団の技術（＝協業・分業）の進化と芸術の進化とは相関関係にある。さらに、技術の進化をうながす推進力は社会（関係）の進化と密接につながる。これだ。

2　東西関係

東西比較文明論、これが雪嶺採用の基本視点である。まず雪嶺はその比較文明論の特徴を明示する。

1　歴史（文明）は①東西の「中間」、エジプトとバビロンにはじまる。
2　①から②ギリシア・ローマが分離・自立する。
3　③シナから④日本が分離・自立する。
4　だが東西は分離関係ではなく、③シナは①エジプト・バビロンの東で、①から派生・分離・自立した。時空的に、ギリシア・ローマと相関する。
5　④日本は、歴史年代は異なるが、文明史的には多く②ギリシア・ローマと同じ位置を占める。
6　東西の違いは、東が「想像」をこととして全体（総合）から部分へ、西が「事実」をこととして部分（分析）から全体へと進む。

3　東西美術の分離

1　分離は「思想発表の具」としての文字、東の「義字」（表意文字）と西の「音字」（表音文字）の違いからはじまった。さらには道具（＝楽器）や政治経済等の違い、進化や停滞の違いに左右され、特にその違いは東（シナ）の「書（画）」と西の「（絵画）彫刻」として現れる。

2　東は、文字とは思想表現の具であり、たとえば王羲之の書は、雄文で漢字の配置の巧みさが極だつ。対して西は、思想とはロゴス（＝言葉それ自体）であり、音字ゆえに書家・書画が生まれる余地がなかった。音字の普及は意字の学習が困難だったからで、したがって西欧に書家はおらず、シナに続出した。

3　さらにいえば、音楽は「学問」の一部で、シナで「礼」楽（祭礼学）として、西欧では「数＝幾何」学として「自立」する。哲学（思考「技術」）の成立は、その代表者が孔子でありプラトンからはじまる。

4　絵画

1　シナの画、壁画以外保存困難、そのうえ戦乱多く、残ったものも贋物が多い。

2　シナと欧州は画に大差あるが、外形においてで、その差は料理の差と同じだ。なぜか。真に逼るとは「神」を写すこと、すなわち「意」を写すことだからだ。したがって欧州で、18世紀中頃、美学が流行する。だが「議論」は画のいかんを決めえない。

3　絵画は技術である。模倣と創造を兼ねそなえるが、その差は程度もんだいだ。東・法隆寺の壁画と西・バチカンの壁画は、没交渉なのに、隔絶甚だしくない。なぜか、木（壁）に書くからだ。だが毛筆（義字）とペン（音字）の違いは大きい。

4　東西に社会と自然の、地域と時代の差異がある。シナの洪水は治水（対象）であり、治世だ。東画は名勝＝山勢水状、すなわち「治世」を画材にする。欧州に山水画という名称ない。森は植林であり猟地である。

5　等々、雪嶺は絵画に続いて、音楽、詩歌へと論議を進め、最後は「実用の美術」で終わる。この議論の進め方は、「俗」から「雅」への推移を、美術（美学）の「進化」過程とみる通常の行き方とは異なる。「技術」である。「実用」から出て「雅」や「俗」へ推移することもあれば、「雅」から「俗」へ、さらには実用へと推移することもある。さらには「雅」から「雅」へ（雅のための雅＝芸術のための芸術）、「非実用」から「非実用」へ、そして縮小再生産され衰滅の道を歩む、という道程もある。

重要なのは「美術」を「技術」としてつかまえ、その生産と再生産過程を、歴史のとりわけ東西交差＝交流・分断・自立の推移に即して、大づかみにとらえていることだ。

《要録　美の術》

*1　以下、「美」術の「要旨」と同じように、「真」「善」そして「生活」術各編の「要旨」を述べるのは、すこしも生産的ではない。というより雪嶺の論旨に合わない。膨大な雪嶺の記述（7冊）が、内容上は、1月2回の講義「録」＝「ノート」（要録＝レジメ）の類だからだ。

わたし（鷲田）も年々歳々、26歳から72歳まで、講義ノート（レジメ）を作って、大学で哲学・倫理学「講義」を行なってきた。その講義をもとに20数冊の著作をものしてきた。しかし、知的面白さは「ノート」にこそある、と思える。その伝に倣う。

*2　ノートである。（わたしによる）要録だ。私注（等）を必要とした。①*を付した部分だ。②欧語を加えた。③必要最小限、数カ所「辞典」類を参照した。

*3　もし「人類学」（＝哲学体系の総体）を手に取るような機会があったら、以下の「要録」にあなたの注記をくわえて読むと、いっそう興味が増すと思える。

1　美の術

1　定義＝美術は人間の「技術」の一部で、技術は「活動方法」の一部、人類は動物の一部である。活動とは新陳代謝で、体内・体内外・体外の物質交換だ

2　人間の技術、美術も、歴史の外すなわち鳥獣、昆虫に遡る。また美術（狭義　建築・彫刻・絵画・音楽・詩ていどなら）は、どんな社会にも認めうる

3　歴史の初めは、西＝①エジプト・バビロン→②ギリシア・ローマ（エ・バから分離・自立）東＝①シナ→②朝鮮・日本、ただし①エジプト・バビロン→②シナ＝エ・バの西から分離・自立つまり、東洋は、エ・バの東で、③日はギ・ロと歴史年代は異なるが、文明的には同じ位置を占める

4　東西の不分離　中心＝中間のエ・バからはじまる。東　総合的＝全体→部分（想像によって）、西　分解的＝部分→全体（事実によって）　ex.文字　東＝意字、西＝音字

5　東西の分離

1　東＝「思想発表の具」としての義字　西＝音字、「書（画）」vs「（絵画）彫刻」

2　東＝文字（＝思想の表現）、西＝言語（＝思想＝ロゴス）→学理

3　シナ　王羲之他、雄文＝漢字の配置の巧みさ

6　書と彫刻（1〜3〔節〕）

1　合同→半分離→分離期＝ギリシア・ローマ

2　西欧　義字よりも音字になったのは、学習困難のため（＊大衆化）

3　シナ　彫刻家として名を馳せたものなし。書家続出、王羲之、顔真卿、米元章　ギリシア　王侯貴族と遜色なき地位をえる

4　日本　三筆・三蹟、なぜ、江戸時代に一人の空海、道風いでざるか？

7　書画と彫刻絵画（1〜3）

1　日本　書（画）はシナから　彫刻絵画は欧州から

2　レオナルド・ダ・ビンチ＝絵画・彫刻・建築をかねる。分業・兼業に「技術」の共通性ある

3　表号symbol　書（画）は「線」を主、（絵画）彫刻は「陰影」（白と黒との限界）を主に表

現する

4　彫刻＝陰影に拘って、線を引くこと躊躇、書を尊べば自在に線を引き、陰影を欠く

5　線で描くは、形にかんする表号で、実際は目に映じるごとくではない。平素白色の彫像にな
れざるものは、陰影に重きを置かず、色をもって物体を示そうとする

6　線自体、色彩自体に妙味（興味の深き）を覚える　線＝アラベスク（アラビア風→ラファ
エロ）

7　書と画の併用　エジプト（義字→音字）→図

2　絵画・美の内容　絵に現れし内容

8　東画と西画（1～21）

*この章はいかにも雪嶺らしい

1　シナの画　壁画以外保存困難、そのうえ戦乱多く、残ったものも贋物多い。だが残るものあ
り

2　シナと欧州　画に大差あるが、外形においてで、料理の差と同じ

3　真に逼るとは神を、意を写すこと

4　欧州　18世紀中頃、美学おこる。だが議論は画のいかんを決めない

5　絵画は模倣と創造を兼ねる　その差は程度問題〔*技術の問題だからだ〕

6　線の定義　①点の連続（東）　②面と面（色と色）の交差（西）　これは画界において（半意識・無意識的）認められる

7　視覚で感知　①形体②明暗・色彩　「絵画」→絵＝色彩（ペインティング）　画＝形（ドローイング）

8　顔料進歩が天才を生む素因に、多くの凡才を生む起因になる

9　西画＝幾何学→遠近法　①線→②色彩　油絵

10　筆・紙（画布）の違い、西＝画工の器具　名工と拙工の差→画具の改良　東＝筆・硯・墨・紙（筆具）は使用者（書家）と工人と異なる

11　だが東＝法隆寺の壁画と西＝バチカンの壁画は、没交渉なのに、隔絶甚だしくない。壁にかくからだ。だが紙に書くと、毛筆（義字）とペン（音字）の違いは大きい

12　東西の社会的自然的差異、地域と時代差異ある。シナの洪水＝治水・治世

13　フランス人は自然美を認めず、旅行を好まない

14　社会的要因の主は宗教

15　山勢水状、名勝、森林（西は植林＝フォレスト＝猟地）の緑滴。だが欧州に山水画という名称ない

16　日vs英　英＝地質でアルプスより古い、日本＝火山・急峻・水急

17　木王＝シナ＝松（常陽樹の総名）柏、欧州＝柏（オーク＝楢）、花王＝シナ＝牡丹　欧州＝

薔薇

日本＝シナの影響、だが花王は桜

18　画中に現れる、モデルや画材　伝説・事実的獣＝麟鵬亀龍　シナも日本も四霊　だが龍はシナ＝昇竜　西＝邪悪

19　伝説↓事実＝百獣の王　シナ＝虎、欧州＝獅子（キリストに擬す）、日本＝イノシシ（獅子）

画題はシナ＝野獣　欧州＝家畜　日本＝馬・猿

20　画材は、シナ＝鶴（仙禽）・鶏・鴛鴦・鯉、欧州＝鷲・鳩（精霊）・魚はシナほどになし、日本＝概ねシナに則る

21　人事における伝説（神話）＝①帝王（天皇＝文明の開発者）　有史以前〜周代＝神農②老子↓神仙譚。ポセイドン（ギリシア）＝ネプチューン（ローマ）、河伯、海若（カイジャク＝海神ワタツミ）↓魑魅魍魎。老子＝正体不明＝神仙・不死術　女＝西王母もある。ギリシア＝アフローデ、アルテミス、日本＝八百万の神。だがアマテラス、スサノウ、手力雄（タジカラオウ）神以外、神画は少ない

22　道教は仏教との角逐で、劣性になったが、民心に浸潤、「淫祠」等を所轄し、実際の化力で優勢。ただし道・仏ともに世界創造神ではない。釈迦・菩薩・観音 vs キリスト・天使・聖母マリア

23　超俗。達磨＝純然たる人にして仏となる。寒山十得は最も平民的

24　東西とも、宗教画にして世間に属したる画。十哲、ソクラテス等、アレクサンダーとディオゲネス。対してシナは秦始皇・漢武等、征服者を描くこと少ない。功臣よりも忠臣を描くのは、朝が変われば、評価変わるため

25　欧州＝殉教者（政治的∧宗教的）　欧州＝母＝慈母（マリア）、シナ＝孟母・孝子（二十四孝）

26　シナ＝管鮑（ポウ）（＝管仲鮑叔）之友

27　シナ①陰徳・勤勉（＝学問＝読書の別名）　欧州＝公徳　②勇者、美人、シナ＝西施・楊貴妃、欧州＝クレオパトラ・マリー・アントワネット、日本＝日本武尊……小野小町

28　①画題に十門ある。道釈（宗教）・人物・宮室・蛮族・龍魚・山水・畜獣・花鳥・墨竹・蔬花門

②「美」そのものは存在しない。Aは美しいで、シナ＝花鳥風月（自然）、欧州＝裸体婦（人事）

③東西の美、人情の異なるにあらず、社会状態の異なるにある。日本＝浮世絵　自然美と人事美、いずれかは社会状態によって決まる

29　①画の優劣は、技能、地勢の影響あれど、臆断はなはだしい。パトロン、メジチ家（フィレンツエ）絵画を保護（フィッツ美術館）　②人事か自然かは、一律ではない。③ミケランジェロは宗教界＝第一権力者のため、宇宙第一の画題を選び、動もすれば剛健爽直に流れる

30　画院に画風＝閥ある。シナは古（格式）を尊ぶが、異端の説あり、日新月勢、特に絵画はひ

さしき保存に堪えない

31　最近、個性発揮に努めるあり。が、まま奇異に過ぎて理解不能　ex.格式派vs印象派＝マネー（写実）・モネー（外光）・ルノアール（刹那）

32　日本は、シナの南画そのまま、北画は雪舟派・狩野（折衷）派、浮世絵は印象派（三特徴有り）

33　日本は欧州の絵画がシナを経ずに直に入る　また欧州に浮世絵が影響与える

34　おおよそ、近世、西は東より進歩せりといえる。だが進歩の判断＝比較の「基準」とは何か？　進歩で失うものある　西画は切磋琢磨し、他から学ぶ

9　絵画及び音楽（1～3）

1　気韻生動＝絵画は光、音楽は音→韻 rhyme

2　光波と音波

3　視官＝絵画＝客観的分析的　聴官＝音楽＝主観的総合的

4　絵画の線条、音楽の曲節の異なれる、際限なし　両才を兼ね備えたもの、極少

5　絵画の「隆盛」、音楽に先んずる

6　耳と目、舌と鼻の関係と同じく、類を同じくす。絵画と音楽あいならびて（ほぼ互角に）発達

３　音楽

10　東楽と西楽（1〜13）

1　絵画＝断片なりと残る　音楽＝声音は一たび去れば戻らず（推測するは、未開種族の他なし）

2　オルフェスの琴＝万物を感動、孔子の礼楽＝シナ→数理的、心理的、社会的　ギリシアに劣らず、が技術伴わず

3　日本＝音楽を重視（古事記の雨の岩戸）→シナと別様の発達

4　歌・謡・唄・謳　ミューズ＝詩神・九女神（学芸一般）

5　音律＝シナ＝周（二十五弦瑟（シツ）　琴瑟相和）∧欧州

6　日本＝音楽＝神の言を伝える　シナ・朝鮮→途絶えて、独自、歌謡→琵琶歌→謡曲→浄瑠璃＝楽器の進歩＝東楽の要部

7　絵画（模写）と音楽（人工的）、がともに、幾何学的＝絵画、数学的＝音楽　沈思・想像的、が自然界に存在する

8　音階＝楽譜　数学的に案出　シナ＝十二律・六十律　欧州＝長音＝8　綴音＝6

9　欧州　作曲の巧妙、が聴衆の多く非感動

10　楽器＝管弦　シナ＝管（竹or鐘で律＝習慣を墨守）　西＝弦（語源＝トーン←トノス（ギ）＝引っ張る）

11 （*雪嶺の俗楽観（?.））孔子＝鄭（テイ）声淫（俗楽 vs 雅楽　私会 vs 公会）

*鄭衛（衛）之音＝テイエイのオン　鄭・衛は春秋時代の国の名。ともに音楽がみだらであったところから、みだらな音楽のことをいう。鄭声。〔呂氏春秋、本生〕＝非雅楽　が、鄭は小国、子産（宰相）、無抵抗と「淫靡」（↓悲哀）によって、強国に挟まれた鄭の平和と繁栄を、よく保った。（BC585?～BC522）

衛も同じ　楽しみて淫し、哀しみて傷る

12 ギリシア以来　俗楽あるが、楽しみて淫し、哀しみて傷る（悲絶哀絶）までに至らず

13 シナ　俗楽の悲絶哀絶に至らぬこと難しくない。「妙」にいたるの難し。（シナ独特の）誇張ではないか?

14 欧州　ローマ法王・キリスト教＝雅楽＝寺院の制定（悲しみて傷つけるありも、楽しんで淫するなし）↓教権と政権別れ↓王侯＝民謡を好む＝雅楽 vs 俗楽（鄭声に陥らない）↓雅俗＝オペラ

15 封建制＝朝廷・教権 vs 幕府・政権　能楽＝古楽に基づくも世態人情に応ず＝勢力ある武士（＝紳士）↓雅俗＝浄瑠璃（三味線）

16 シナ＝歌舞（熟語）ある。がその内容?　進歩は遅遅　日本＝シナより進歩あるといえないが、連続的。能＝武士↓浄瑠璃（三味線）＝平民

17 欧州＝中断・後退あるも、概ね進歩（社会・新技術）　オペラ（宗教）・女優を禁ず

18 楽器の進歩、重要

19　楽器の発達→楽人の地位上昇（ハイドン、モーツアルト）
20　シナ＝鐘（木鐸＝孔子）・太鼓　金鐸（軍事）　鐘鼓（音楽の別名）・声＝重要　瓦＝土器を打つ（酒器を叩く）が→管弦（＝糸竹＝音楽の別名）
21　管類三種＝欧州、物材・種類多＝木・管・風琴（オルガン）と多様、物質より技術を主、対してシナ（主として笛）に懸隔
22　欧＝真鍮の製法
23　楽器＝場所に応じる
24　弦類＝欧州三種＝発弾・弓擦・ピアノ　金属製作vsシナ＝発弾＝琴（琴瑟）・琵琶（西方より）
25　バイオリン＝器械的製作より天才的手腕（ストラヂヴアリ）に重きを置く、この逆がピアノ
26　日本＝簡単な琴（コト）（日本武尊？）、シナより伝来
27　声楽と器楽（*合奏）　シナ＝声楽で劣らず、琴は欧州のピアノ　だがシナにオーケストラ＝バイオリンはない
28　日本＝隋唐に倣うが、政治に乱されず、特殊の発達　能（弦非使用）・歌舞伎（三味を主）
29　優れた者は首府（文化の中心）に住む（曲節）
30　日本＝固有の音符（シナの12律に倣う）ある　謡・箏・三味線（→西洋音符にて記すが、過

不足ある、西洋人の耳に不規則に聞こえる）

31　能＝囃しは西洋人の耳を塞ぐ

32　奏する者あり、聴くもの（耳の習熟）ありて、音楽は伝わる（演奏）

33　シナと異なる。楽家と画家とつねに拮抗す　古画→浮世絵、古楽→浄瑠璃節（義太夫・常磐津・清元・長唄）

34　日本＝謡いつつ楽器を使用する天才ある

11　音楽および詩

1　ワグナー　音楽（楽器に発し）と詩（言葉に発し）の融合＝稀有

2　はじめ、詩＝謡うがため。だが詩才に比して謡才（楽才）の芳しからざる

3　詩＝韻文散文（広義）＝literature（科学に対し、言葉による）

4　詩

12　東詩と西詩（1〜13）

韻律　韻なければ詩となさず

1　四六駢儷体

*「駢儷」は語句を対にして並べること。漢文の文体の一つ。主に四字・六字の句を基本として対句を用いる華美な文体。漢・魏に起こり、六朝から唐にかけて流行し、韓愈・柳宗元が提唱した古文運動が定着するまで

は、文章の主流であった。日本では、奈良・平安時代に盛んに用いられた。（国語大）

2　シナの学者　古伝を守り、礼楽を尊重＝文学に文学をもって官吏に登用せし社会＝文学の一部として詩を作る　学者にして詩を作らざるは稀

3　（＊黙読）　シナ＝韻を重んじ、韻に制限さる　欧州＝音歩を整えるを第一

4　だが詩は耳に聴くよりも、目に観るものとなる　平仄・韻字を離れる

5　文＝あや＝装飾→詩（韻文）と散文との区別少なくなる

6　欧州　詩聖＝ホメロス・ダンテ・シェークスピア・ミルトン・ゲーテ・シラー＝規模大、作詩専門家あり　だが大作家や学者＝詩作せず

7　（＊文字）　シナ　思想の微細な分析を表し難し、が字数少なくして強き印象与える＝寒梅・月沈々

8　分類　欧州＝叙情・叙事・劇詩、シナ＝叙情詩（音律的にも）

9　西欧＝劇詩・小説、長編叙事詩に取って代わる

10　（＊詩と道徳）　シナと欧州　道徳的（宗教的）詩はむしろ数において、欧州が優る　ブラウニング、テニソン（?）、ロングフェロー

11　ギリシア＝周、ローマ（↓分裂を主）＝秦（↓統一を主）

12　民謡　ギリシア＝伝来の民謡を記憶・改作、ドイツも。シナの詩＝源泉一でない　周、楚、秦（統一）　首府＝文学の中心

13　叙事詩　長篇　最長篇＝インド（太古）＝ラーマーヤナ（バールミキ　BC3）・マハーバーラタ、その長さ＝イリアド・オデッセイ（ホメロス　BC8？　イオニア？）の8倍＝聖書と同じ

14　シナ＝楚辞（屈原　BC4〜3）＝抒情分子あるも、長いので叙事詩（詩形より離れ、散文化）

15　欧州の分類に従えば、シナの詩は概ね抒情詩

16　（＊劇詞）ギリシア　悲劇作家＝エスキュロス・ソフォクレス・……喜劇作家＝アリストファネス……反して、シナには一つとしてなし（「俳優」あるも、「学者」これを卑しむ）

17　キリスト教布教者＝劇場関係者に洗礼許さず、儒教＝俳優を卑しむ

18　（＊雪嶺　シナ、蛮族に侵されることはなはだしく猛烈ならず、と書くが、はたして総じてそうか？）

19　元曲（漢史・唐詩・宋文・「元曲」）　16世紀の劇詞、各国に盛ん＝先駆はマキャベリ（伊）、セルバンテス（西）、コルネーユ（仏）、シェークスピア（英）、ゲーテ（独）等々

20　（＊北と南）　元曲＝北曲（↓）と南曲（南部豊か）　欧州＝南↓北↓南

21　シェークスピア　ストラッドフォード生↓ロンドン↓（大陸に渡らず大陸を風靡）

22　パリ　芸術秀でずとも、遊楽客のため劇場を擁す　英国＝英語圏

23　（＊和歌）日本の詩＝独特・固有　古事記と万葉　短歌＝上流の遊楽の主

24　漢詩＝押韻　短歌＝押韻無し

25 （*ウタ） ウタ はじめ歌うのつらなりしも、意及び語に重きを置く 歌→詩（和歌）に

26 雅なる歌＝歌わず、俗なる歌＝歌う →物語を謡う＝ウタイ＝謡い→謡曲（足利の中頃に定型＝上流）→浄瑠璃（姫）＝下流

27 言掛り 掛詞＝言語の経済

28 （*劇） 寛政以前、日本と清との劇、類似あるか（?） 証明難し 近松の浄瑠璃 傀儡（人形劇）の源（?）

29 人形、歌舞伎役者に似せる 総じて劇はシナより進む

30 （*劇詩＝劇場と役者に制約ある） 浄瑠璃＝義経に扮する者、義経少しも騒がず、というがごとくある 目よりも耳に訴える＝叙事、近松・竹田出雲

31 歌舞伎 その支配、作者から役者に移る＝座付き作者

32 日本の劇詩＝島国 欧州＝分立・競争 だが歌舞伎＝日本（化粧）とオペラ＝欧州（歌唱）

33 ワグナー 絵画＝伊、音楽＝ベートーベン、詩＝ギリシア、近世劇詩＝シェークスピア→諸芸術の統合＝オペラ but一芸術の一部に熟さずあるか、欠陥顕わ→統合＝雑駁 or 困難、ほとんど不可能。部分の統合＝可 なぜか、絵画は独立して発達すべく、……分立と統合

34 シナや日本＝詩人、劇に無関係 大小とも、読書家に読まれる

35 日本＝歌人と詩人を区別 詩はシナを範

36 人間を芸術に使用するの多きに過ぎれば、あるいは芸術を離れ、現実とならずや

13　実用の美術
1　実用品と芸術品　差異は程度問題　建築・衣服・陶（英＝13c　シナより）冶
2　シナは明晰よりも含蓄（不透明）を、欧州は含蓄よりも明晰を好む　だが、日本はシナのガラス使用少による
3　実用と芸術＝相反かつ背中合わせ
4　実用＝知識・意志・生産・法政

2　「真」の術――「学術」の哲学　『学術上の東洋西洋』（上下巻　連載80回）

本書（『学術上の東洋西洋』上下）で論究の対象となるのは、数・天体・地・植物・医の六学術分野だ。一見、物理（＝力）学分野に思えるが、主題は、物理＝力学にはおさまらない。

雪嶺は、まず学術を学術以前（測定術＝動物の知識↓……暦時）と学術 scientia（数学↓……医学）に区別する。そして、東西比較を基軸にして、日本を接点に見据え、その変化（進化・停滞・退歩）を視野に置きつつ、人間（身体＝生命）の学＝医学の哲学まで展開する。

その展開プロセスは、「美」の術（哲学）で示したのと同じ行程（logic）といっていい。以下ただちに要略に入る。

《要録　「真」の術》

1 学術以前　測定術

1 動物の知識

1 雪嶺は、「比較と連続」で、（下等動物）自発反射→衝動本能→複雑化→＋認識→（人類）最も複雑＝歴史的・構造的に〔＊アリストテレス・ヘーゲルと同じ〕とらえ、人類＝経験で得た知識を後代に伝達することを以て、学術の進歩と科学の成立と論及

2 自然に存在する理法を解するにとどまる

3 認識の器官＝感官（五官＋頭脳）と経験（記憶・知恵・知識）。動物の知識は一代限りに対して、人間＝経験・蓄積・継承→学術

2 歴史の外

1 生物学・人類学・古物（考古）学は歴史の外

2 類人猿→人類＝火〔＊人類発生の指標は、今西グループによると、直立二足歩行＋（道具）＋言葉（→有節言語は最初の人類にない）＋家族（→部族）の形成）〕

3 世界「史」は、地域史の集合に過ぎない＝欧州（Powers）中心から各地・半開へ

3 歴史の初め

1 シナ、バビロン、エジプトは5000年。ただしシナは、後発で欧より1000年遅い。〔＊4に、世界史＝10000年以内。ギリシア＝神話（周）時代　ギリシアはバビロン・エジプトの影響を受け、先進するとある〕

2　アーリアンとチュラ（チュートン）の比較ある。チュートン・（古）ゲルマン
3　新陳代謝（後発・先進　＊ex.英と米、仏と独、欧と日の関係）と（東西）交渉

4　物質の成分

原基（元素）説＝地理説＝独断説
1　シナ＝水・火・木・金・土＝5行、ギリシア＝地・水・火・空気（＋精気）＝5元素、インド（仏教）＝地・水・火・風＝4大〔＊元素〕
2　海国と陸国＝空と水との区別、陸国では地に金（鉱物）や木（植物）が含まれるギリシアで空気のことは海上において、一刻も軽ろんじえない。重要なのは、ギリシアでは4元素〔＊木を入れない〕＝科学の歴史に与り、シナは5行〔＊空気を入れない〕＝普通の人事に適応する
3　陸国シナ＝植物（ホンゾウ）学の発達、海国ギリシア＝自然の理を訪ねる

5　非物質

1　手に取ることができないもの＝「超」物質を、ギリシア＝精気（空気＝触れることができない）とし、シナ＝気（物質・非物質にも無差別に使う）
2　エーテル↓プネウマ〔＊重訳　スピリット・ガイスト・神〕・プシケ〔＊ソウル・ゼーレ〕＝息
3　シナ（儒教）は非物質を認めたが、物質と非物質を区別する必要を想わなかった。欧（キリスト教）は生命・霊魂＝物質的より「遠ざかりて」と考え、その区別を明らかにする必要あり

とし、延長の有無→真物質・真非物質を決める＝想像・仮定

〔＊雪嶺「気は物質なるが如く、非物質なるが如く、而して変化して天地を成せりというは、エネルギーの活動に縁故なきにあらず。」とし、古代の粗笨なる学説と棄てるべきではない、とする〕

6　力

（体）力＋気（力）＝力（＝腕の筋肉の象形）

1　項羽は力は山を抜き、気は世を蓋うとある。力と気を別ちながら、併せ考える習慣

2　原因・結果の訪ねがたき＝ことごとく「気」に帰す＝「働きつつある」＝力〔＊アリストテレス＝エネルゲイア→キリスト教の神力＝シナの力のように、曖昧になる〕

3　人格的神＝空気を分析＝精気を仮定せざるをえず。だが「気力」の存在を認識できない

7　空間時間

1　時空の存在は認識できない。最も確実・普遍で不可知（＊時空は相即不離で、一切は時間のなかに消長する）

2　幾何学の法則を適用すると、先天的。だが最後の断案に到らず。時空は物質・力に関する解釈ほど進歩せず。「宇」＝四方上下、だが事実のうえでは時間を含む。往古来今＝宙（時間の広がり）で、天地は万物の逆旅、光陰は百代の過客

3　測定法は論理法と同じように思考に出ず。時空も測定法に他ならず

8　量及算

〔*多くを「語源」で説明〕

1　量る・数える（測定法）＝手と足の分業＝指算〔*10進法〕、算木（10本の竹）

2　シナ＝竹串、欧州＝砂盆

3　斗＝ひしゃくは升で量る↓度量衡（＝疑わしきを解決する）、ロゴス＝思慮＝計算する〔*ある部分を計算＝思慮すれば、さらに計算・思慮し得ざる部分が増加〕

9　数位

1　10位　シナは千千＝百万、万万＝億、億億＝兆　欧州＝十千＝万、百千＝百万、ミリオンミリオン＝ビリオン、ミリヨンミリヨンミリヨン＝トリリヨン

2　12位　シナ＝12支　ユダヤ＝12族12使徒　イギリス＝ダース（＝2／3／4／6で割れる）で、1年＝12月（2分3分4分）

3　3位＝初中終　7位＝1週7日

10　数号

1　筆算と器算、数字と記号、義字と音字

2　10進法はシナ・アラビア、同じ構造

3　ゼロの発見＝空位の記述記号ゼロ＝0は、10進法を容易にした（11＝101）。だが、知力の勝る所産かどうか？

11　形号　図形、図式

1　家屋・衣服……方（四角）・円＝天の円、地の方
2　幾何学……アングル・ジオメトリア（地図）、円を描くは最も簡単・正確
3　図式・図形

12　尺度　*scale; a gauge; a yardstick; a (linear [lineal]) measure
1　シナ＝度・量・衡（意義・区別が曖昧・実用的）は身体が標準　欧州は度量・衡
2　標準・（半）一定、尺＝足か手か？→戦争・徴税のため一定が必要で、1間＝3歩
3　メートル法＝赤道～極の距離の１０００万分の１＝１メートル（仏中心）

13　容積重量
1　線長＝器具～遠征　面積＝開墾～領土　容積・重量は延長に属する
2　普通、穀物・飲料の分量を量る。漢で２４００黍＝１合、ローマでグレーン、英でコーン、ラテンでグラム、欧州は飲料を量る多し。なぜか、重量では、穀物より飲料の方が正確＝平均量になる。重量は金銀貨幣（ポンド）
3　単位は10位・12位・16位（４×４　１斤＝16両＝１６０匁で、２分を主に、２／４／８分できる）→メートル法＝10進法＝精密・迅速を旨とする

14　暦時
1　時間の標準は太陽で、昼夜
2　１日＝12支。子～子（自ずと夏の昼夜と冬のとでは長さが異なる）、バビロンでは日の出～

日の出、ユダヤでは日没~日没＝24時間

3　1年12月、暦＝1年365日4分の1

2　数学

数学＝学・芸・術　scientia

15　数学の認識

1　学＝度・量・衡・暦・価で、経験あるものが知識を経験なきものに伝える。教える・学ぶ＝計算

2　シナは六芸（礼楽射御書教）・六書（楽なくして四書五経）で数が六芸の一つ。射＝兵＝数を重んじる（孫子）　ギリシアはピタゴラス→プラトンで、「算術・幾何学・音学・天文学・文典」＝「数学」＝もっとも枢要なる学科

3　科学としての数学。シナには幾何学の認識はない

16　幾何学

1　幾何（いくばく）＝数量の学で数学の一部、独立して算術・幾何学

シナ＝算術が主、幾何学（ゲオメトリ　翻訳語）は内容がともなわない。ギリシア＝算術より幾何学＝ユークリッド

2　プラトンは、諸学の階梯（てびき）・基礎とし、アカデメイア（学園）に「幾何学を知らざ

る者ここ（門）に入るべからず」とした。プラトンの独創ではなく、思想潮流だった。シナでは哲学と幾何学は相反する

3　シナと欧州の違いは何か？　地形にある。古代エジプト・ナイル川＝氾濫（恵み）が規則的で土木工事・測量↓ピラミッドの制作等可。ナイル＝恵みの源で、幾何学はエジプト↓ギリシア

対して、シナ黄河は外形似ているが、内実は、黄河＝氾濫（塗炭の苦しみ）＝不規則で、手のつけようがない

17　代数学

1　シナは易＝筮竹（ぜいちく）法で、代数の要素はあるが、起源ではない。７ｃにアルゴリズム（アラビアのアブ・ジャーファル）から発した

2　代数学はシナよりも日本で発展。関孝和（自由亭）〔＊筆算代数学・行列式論・正多角形理論などを開拓した。著書「発微算法」「括要算法」〕

3　数学は最も自由に能力を発揮し得る分野

18　数学家（1）シナ

1　才能の学（古人・若輩必ずしも劣らず）

2　九章算術〔＊孫栄健『古代中国数学「九章算術」を楽しむ本』（言視舎　２０１６）参照〕

晋の祖沖之＝円周率　３１４１６９２６　欧州に生まれたらアルキメデスにとって代わるこ

と可

3　シナの訳語　アリスマチック arithmetic 算術・マセマティック mathematics　シナは他から旺盛に採用、だが模倣で、消化せず・進歩なし。シナの数学が日本に入って発達

19　数学家（2）　日本

1　欽明・推古　百済から　大友村主（最初の数学者）、吉備真備（入唐）安倍晴明（雑占だが、数学の才あり）。だが通商絶え、真備以降は何の発達もなかった

「空海にして数学に達せし跡なきは何ぞ。」（＊雪嶺は、執拗に空海が数学を学ばなかった理由を問うている。然り。「真言」（シナ）は数学重視。数学は世襲　だが兵站・都市・城郭建設に数学必至）

2　毛利重能　軍人＝割り算の天下一　算法統宗（＊毛利重能の弟子には今村知商、吉田光由、高原吉種の3人あり、高原の弟子は関孝和、関の弟子が荒木村英であるから、村英のいうところはまず信用可）

吉田光由『塵劫記』に「或る師」に教えられる、とある

3　関孝和　師はいない。塵劫記を読み、天元一の理＝帰源整法　天才＝塵劫記を12日で読解す。

ライプニッツやニュートンの微積分と同質・同時代人

20　数学家（3）

1　参考書　シナと西洋　シナに欧書の翻訳↓吉宗（＊天文のため）重訳させる

2　安政4　蕃書調所↓文久3　開成所に数学局（洋算）をおく　神田孝平

3　数学教科書　アメリカ人（チャールズ・デービス）↓明治10に菊池大麓（ケンブリッジ大）

東大で数学　米→英→（学術の深さは）独→日本製教科書に体現

4　純粋数学＝哲学と異ならず　厳密な推理による〔＊ここ重要〕

3　天体（星）学

最も早く学として成立、国境に関係なし

21　天体

1　数学　計算は最も「天体」をこととする（星の数ほど多い）　天体は人の最も知りやすきもの＝気候（温熱・乾燥）・地形（遊牧・航海〔＊砂漠は「大洋」＝梅棹忠夫〕）

2　天体知識の進化　バビロン・エジプト→ギリシア（最適）　シナ＝この条件に合わず、知識を西から得る

22　天の観念

1　天の測り知り難き

2　シナ　高く穹形、これに日月星が付着　見るがまま（蒼穹・杞憂＝杞〔＊周代の国名〕の国人が蒼穹の物体であるとし、それが崩壊するを憂う〔＊杞憂〕＝列子）　だが部分的には、西域と同じくする＝天の表裏に水あり・九天

3　欧の分析推理　牽強付会に陥る。創世記　天＝穹状＝穹上の水・穹下の水＝堅固→荒唐無稽、だが一部の真理ある＝星の軌道（観測）ほとんど一定不変

4　神の住居＝天↓星の運行

23　天と地

1　初め天従地主＝地に限りなし↓天地対等　地＝天穹＝物体　天「円」地「方」↓天大地小↓
地円形（日の没する道はない＝日は地と別にある）　ターレス＝地円形

2　日大地小＝想像するに難し〔＊ピタゴラス（じつは、アリスタルコス）＝地動説（地が動くではなく、
日を円周する）は雪嶺の間違い〕↓星大地小＝コペルニクス

24　太陽

1　太陽崇拝＝一切の人事これに帰す。卍（仏教）・十（キリスト教）＝太陽の形象でBC12　拝火
教（ゾロアスター＝ツアラトゥストラ）

2　ゼウス、ピタル↓ジュピター↓アポロ＝ミトラス降誕祭（冬至＝太陽降誕祭〔＊ペルシア起源
の豊穣祭〕）↓キリスト降誕祭

3　シナには太陽に関する神話に乏しい

25　太陰

1　太陽崇拝　シナ＝日男月女（太陰の神話多）　日本＝日女月男　欧州＝日男月女、ロシア＝
日女月男

2　月　寂寥（セキリョウ）　月＝兎＝烏兎（太陽に三本足のカラス）、月に兎〔↓＊八咫烏（やたがらす）　古事記〕＝日月

3　ガリレオ　月に光なし　望遠鏡（器械・観察技術）の発達

26 星

1 星の位置変化を測る（知る）↓測るべからざる人生を測る　星を方向・季節の目標↓北極星が最も動かぬ星

2 北極星↓北斗七星＝大熊座〔*泰山北斗＝泰山と北斗七星。転じて、その道で最も世に仰ぎ尊ばれる人。泰斗〕欧州＝十二宮とシナ＝十二支は（動物名など）関連なきが、神々・人臣の「位」を星に置き換える＝星座

3 5星＝惑星　歳星（木星）・ケイ惑（火星）・鎮星（土星）・太白（金星）・辰星（水星）の総称。五緯〔*惑星〕＝（日月）火水木金土

27 星占

1 過去・現在のある現象を以て将来を推す　占卜＝科学的判断＝地上に永遠なるもの少ない、対して天上は（比較的）恒常（＝天文）光を発する＝光輝なるものを仰ぐ　人事の異変天上に現れる（この逆も）星占は蛮族の迷信にかぎってのことではない

2 シナの天文学＝大部分星占、欧州のアストロギー＝星学（ただし牽強付会ある）日月蝕＝凶事、彗星・大流星＝凶事、新星＝吉事、だが多くは気象変化に因

3 12月↓12宮＝12支＝月・日・方角その他なんであれ応用宿曜＝インド↓日本〔*宿曜「すくよう」は、二十八宿と七曜（日月五星）の併称。〕

28 星（*天文）学（1）

1　占星術　星学が占星学や気象学と分離・発展して、かえって盛んに。なぜか、知の拡大＝未知の拡大　天文は天体をさすだけではない。シナは日月＝天文、山川＝地文、言語＝人文

2　欧州　器械の発達によって、星学（天文学）astronomy と気象学 meteorology の分離

3　シナ＝雲（気象）、欧州＝星（星学）を詩文に入れる癖ある

29　星学（2）

1　天体観測　カルデア人（占星学者の別名）天体を観測するため、土木を起こす（チグラツ）→バベルの塔（伝説）シナ＝台を築く（元の司天台）

2　日本　天智＝新台、天武＝占星台　明・欧州交通→日本→江戸・天文台＝星学の大略に通じる。ただし、星学＝「正朔（暦）は統治権の表号（シンボル）」

日本〔＊雪嶺　吉宗が簡天儀を造りしは、奇異としているが、吉宗は暦法改正に、したがって星学革新に熱中した〕

3　星学＝広大　思想の進歩の先駆たること多し　地動説・星雲説→米州発見（＊の一因）

現在のところ、星学は宇宙学の初歩

30　星学家

星学家にして数学家ならざるは少ない　真の星学家はことごとく数学家

1　シナ　数学家＝財政・商業上の計算＝銭穀、星学家＝占卜　→梅文鼎（清朝期）科学的暦学

玄宗の時、一行　天才・新暦改造

2　日本　百済→シナ（吉備真備）　元禄　保井（渋川）春海〔＊囲碁〕＝天文方＝貞享暦は数学における関孝和と相対　西川如見・中根玄圭・高橋東岡・麻田剛立・間長涯（皆西洋暦に詳しい）→伊能忠敬　開成校に星学科できたが、江戸期との継承なし〔＊星学の内容説明ははなはだ簡にして粗　特に麻田の評価が疑問「春海以後、星学の進歩しながら、後これに匹敵すべき人物の出でず。」とある　だが麻田剛立は、ケプラーの第三法則を独自に「発見」〕

3　天動説　原型はピタゴラス→完成はプトレマイオス（１３００年間の権威）
地動説　コペルニクス（プトレマイオスに従うところ多い）→重力の法→ニュートン（万有引力）

4　地学

31　地の知識

天小地大→天地対等→天大地小　天を頂き地を履むは「共通の知覚」　つねに天・地の対照による　天文地理

1　地を以て天体を測るは、身（感官）を以て地を測るがごとし　測る「標準」はなにか？

2　計算的＝描写的知識、普遍的理法＝生活上の利害　シナ＝陸、中東＝地形の変化乏しく、山川で区別しにくく、星に注意　地中海〔＊日本の地中海は瀬戸内海　宮崎市定〕

32　土と水

シナ＝陸、欧州＝海を主
1　山に近きは山を知る　蛮族・質において優れる（＊野性の科学＝レヴィ・ストロース）
2　陸と海　陸は海に囲まれている　四海＝世界
3　海内　シナ＝四海の内＝西域も入る、日本＝海の内、ギリシア＝ホメロス＝海洋、ヘシオドス＝農耕

33　大陸及び島

日本とイギリス　島国の重要さ　イギリスなければ、欧州という必要もなし
1　大陸＝コンチネントの訳語（ランド）に当たる　州（洲）＝水を以て限りたる陸→海を以て限りたる州（中州）
2　ギリシア＝多島海
3　半島（島の知識　シナにない）＝三方海に囲まれた

34　海洋及び湖河

1　近海・遠海（遠洋）　地中海・紅海・北海　カスピ・アラル・死海〔＊塩水湖の説明なし〕
2　湾　メキシコ湾・カリブ海　海潮＝月の喘息（陰陽説）
3　（黄）河（上流より命名）・（揚子）江（下流より命名）　シナ＝河川にて地図を作る
4　日本　伝来の語に漢字を当てる　入り江＝湾、ト＝戸（瀬戸）

35　丘山の類

相互の関係性において規定（『(類従) 名義抄』11～12世紀、日本）

1　日月星＝神（住処）→山（神聖視）　断崖千尺（仰いで賛嘆）　まったく同じものなし　丘＝陵・阜・堆（マウンド）・岡

2　〔*「四瀆（シトク）（みぞ）とは長江・黄河・淮水（ワイスイ）・済水）〔*渓谷　a valley; a hollow;《文》a dale;《文》a vale; 峡谷　a ravine; a gorge;（スコットランドの）a glen;《文》a dell; a combe;《詩語》a dingle.〕　日本＝谷・無数の呼び方

36　平原の類

1　フィールド　ほとんど字義の穿鑿　田・木・林・砂（沙）〔*日本の砂漠　伊豆大島の裏砂漠＝三原山の噴火跡　厳密には砂漠ではない〕

37　地図

地図の必要　①争い　境界定め　特に海岸線＝航海　②往来　河

1　シナ　総じて地図ははなはだ粗

2　欧州　製図を以て聞こえ、経緯度使用　アナクシマンドロス・プトレマイオス（天動説）、だが中世に退歩＝版図 territory（戸籍・地図）

3　近世　大いに進む＝投射法　大航海時代＝植民地拡大（太陽と星で経緯度を定める）→海・陸図の精度増（カルタやマップ　陸海軍省の事業）

4　日本　海図の必要なし　伊能東河（忠敬）・高橋至時（シーボルト事件）の沿海図は寸描だ

け→日露戦争の勝利は海図にあり。陸図は完成なし

38　地誌

1　土地を領す　多少地理を調査しないわけにはいかない
カエサル（ローマ一統）→アウグストゥス（地誌編纂）→新世界の発見（民間より各地の地誌がでる）
夏の禹肯（うこう）＝シナ最古の地理誌→漢書地理志　史記に列伝（外国を列記）＝唐の括地志（官撰）　各王朝に膨大な官撰あり、特に清朝＝中央・地方志＝「大清一統志」・何秋濤（歴史地理）・ロシア国境の地歴史『北徼彙編（ほくきょういへん）』（6巻）

2　欧州　プリニウス博物誌（地理少ない）　近代＝地志は実用・ビジネス　自国を知るとともに他国を知らざるべからず

3　日本　風土記　江戸＝芳しくなく、せいぜい名所図会〔＊だが間宮林蔵、松浦武四郎を無視していいのか？〕

39　探検

地理学における発明発見　探検事業の成績いかん

1　始皇帝と漢の武帝対アレクサンドロスとカエサルは、自ら出征、異地を踏む　兵站の任に当たる者はまず地理に通じる必要ある　史記＝漢の武帝、張騫（ちょうけん）を大月氏に派遣（BC139）大国56を伝聞＝探検家らしき探検家

元　地理において思想一変　「中国＝世界」ではない

2　商旗は軍旗に従い、軍旗は探検に従う→学術のための探検＝量から質

3　日本　探検家＝近藤重蔵・間宮林蔵・高田屋嘉兵衛・銭屋五兵衛・大谷光瑞・橘惴超　〔*橘瑞超　1890～1968　浄土真宗本願寺派の僧侶。中央アジア探検家で知られる。名古屋に生まれ、幼名は曜弘。1908年、大谷探検隊の第2次中央アジア探検に野村栄三郎とともに派遣された。ウランバートル、トゥルファン（吐魯番）を経てカラホージョ近辺の遺跡を訪ねたあと、単独で楼蘭遺跡を探検。さらにカラコルム峠からカシミールに入った。著書『中亜探検』（1912）〕

40　地学家

*地学 earth sciences　地球を対象とする学問を総称して地学という。

1　ストラボン　〔*古代ローマ時代にはストラボンが17巻の地理書を書き（AD20）、プトレマイオスは気候帯を入れた最初の世界地図を作成した。中国では裴秀（はいしゅう）が「禹貢図（うこうず）」（223～271）を描き、日本では7～8世紀に風土記、国郡図がつくられた。〕

2　伊能忠敬

3　独立の科学（？）

5　博物学

「博物学は学術の分化せざりし時代の名称にして、今はただ便宜上にいうにとどまり」（AD168）

だが、遠からず消滅するとも思われない

41　博物の意義

張華（232〜300）＝博物志　プリニウス（23／24〜79）＝ヒストリア・ナチュラリス

1　自然誌 natural history

2　博物館学　自然と人文の区別なし　分類的研究＝博物館的知識 museologist「三才図会」

（*天文・地理・人物・動物・植物・器物、その他種々の物を図解して説明した書。106巻。明の王圻（おうき）撰。1607年）

3　博物は道徳に関係ない　鳥獣草木の名を識るを以て博物

42　鉱物

mineral　シナ＝金石（金と非金属）→黄金・白金（銀）・赤金（銅）＝貴金属

1　シナは欧州より戦乱多からず　製鉄・兵器の鋭きを要せず

2　日本　鋼（はがね）＝スチール　天正ころに南蛮鉄〔*内容上の叙述なし〕

43　精錬術

①器具　②特殊の趣味

1　アルケミー　黄金欲（錬金術）と生命欲（問題の焦点　不死薬で丹砂＝辰砂＝水銀）＝錬金・錬丹

2　牽強付会ながら、体系を組織し徹底せんことを求むる＝理知を尊び、知力を練り、経験を積

み、当面の目的を達せざるも、なんらかの利益を得るところあり。↓①迷信を事②研究を事新化合物新遊離を発見　化学の門を開く

3　シナ＝坩堝（かんか・るつぼ）日本＝蹈鞴（たたら）

〔＊最重要〕「鉱物は生物より絶対に分離せるにあらず」

44　生物

無生物↓生物＝五行より出で五行に帰る（木石　だが木は生命体、石にも気ある）

1　太古＝生物と無生物の区別難しい　二重存在＝万物盛衰＝《二重存在》

2　心＝生命・萬慮　シナ＝性命＝魂魄（こんぱく）

3　意識の有無　程度の問題

45　生物の研究

1　博物学の知識　実用＝医薬　本草↓＋玉石虫獣＝生命のため＝本草学　プリニウス『博物志（マテリア・メディカ）』（77）＝動物学を含まない

2　シナ　神農（古代伝説中の皇帝）本草（教）↓本草綱目＝進化順

スウェーデンのリンネ＝18世紀　ダーウィン＝19世紀の進化説＝猿↓人間＝「生活」に関係なし

46　植物の知識

＊学術の歴史　研究＝本流、関連の知識＝支流

1　植物研究の出発＝薬剤→効用を研究→本草（マテリア・メディカ）→薬草採取＋園芸・農業→（分業・弁識）名医・名薬

2　奇異草木採集＝冨貴なるもの（シナ）＝個人・散逸を免れない　欧州＝権力・個人→多数（公園）→知識を促す

47　植物の分類

1　「名前」をつける　分類（限定）　シナ＝日常の必要　欧州＝日常から（多少）離れる〔＊ここは説明がいる　雪嶺のように、自然＝陸と海の支配如何によるのか？　じゃあ、日本は？〕

2　博物志は、シナ　一括して百科全書的かたちで、植物の分類粗雑（清でも、五穀・薬・蔬菜・菓・花・木）

3　欧州＝リンネ　日本＝小野蘭山

48　植物の命名

1　禾本（かほん）・草本　シナ　禾＝人生に必要な穀類、欧州＝家畜にも必要

命名＝記号であり、それ以上のもの　一種の区・種別化

49　植物の形態

＊量（分類・命名）より質（形態　植物で根幹・枝葉・果実　外形）あるいは機能→演繹

1　経験的知識→根幹・枝葉・果実＝瓣・蕚・芯

50　動物の知識

1　原人　食＝生命保全のためよりも、味欲を満たすため＝美食　味を以て国を滅ぼす（美人傾国）易牙〔＊桓公に美味をと、自分の子を殺し、その肉を蒸してすすめた〕・大牢〔＊美食〕→珍味・蝸牛〔＊長寿薬〕

2　畜生　家畜→獣→鳥

3　昆虫　無害無益→美・愛〔＊養老孟司〕

51　動物の分類

1　進歩は、大別よりも細部に　アリストテレス＝二大別（赤血・無血色→脊椎・無脊椎）

2　シナの分類　外形にこだわるが徹底しない　有鱗＝魚・蛇　鯨＝魚〔魚＋京＝大〕＝東西同じ

52　動物の命名

＊つねに、植物に対応・比較で考察

1　ほとんど四惴（ずい）（＊恐れる）の話　麒麟・鳳凰〔＊フェニクス？〕・神亀・龍（形は大蛇、四足、角、長髭）〔＊まさに博物志〕

53　動物の形態

フィールドワークなき時代＝個体識別と長期観察に依拠〔＊日本サル学〕

〔＊ほとんどは、体・体内の部位にいたるまで「外形」を識るにとどまる

1　古代からの文献　肝・胆＝動物の体内の「部位」を識るところ少なし

2　昆虫の形態　識るところはなはだ多し

3　暗示の時期長し

54　博物学家（1）

*孔子をはじめ博覧強記と同じ

1　シナの博物学史　本流は本草学　陶弘景『神農本草』註・張華『博物志』時珍『本草綱目』等、文献とその略記

2　欧州　自然誌　ヒポクラテス（医薬）・アリストテレス（知識のための知識）16世紀までシナと欧州、時代を同じくする

55　博物学家（2）

1　日本　シナと同じ、輸入・留学・渡来

2　稲生若水（1738年『庶物類纂（内362巻）』）・阿部将翁（享保期・幕府薬園）・平賀源内（本草学）・小野蘭山（漢名・和名・方言＝日本のリンネ　本草学の絶頂）・宇田川榕庵（舎密）・牧野富太郎（真本草学＝植物学）・矢田部良吉（コーネル大学留学　東大教授）

3　動物学　1878年モールス（ダーウィン流・人猿同祖説（*東大教授））

4　欧州　原理考究　知識欲を満たす　過去の博物学の大家は無用

6　医学

56　医学の意義

1　博物学と同じく、「生存」の必要と知識欲の満足から起こるが、「薬草」採集で、目的は同じ。だが「知識のために知識」を求めるに到り、両者は何ら関係なきように見える。本草学は医学の1部だが、博物学（物理・化学）の1部が医学ともいえる。

2　医と酒（＊酉部（サカツボ））、医（坐）と酒（酒を飲み精神の高揚せるは、座の祈りて人を神（鬼神）に接せしむるに同じ＝神秘的）→僧医同一→医＝薬剤・手術的と僧＝心理的医療に分離

3　ギリシア　世界の縮図　医三派＝独断（ヒポクラテス出て聖医　その権威を借り、薬剤よりも食事）・経験・折衷

4　近世以前　シナと欧州に優劣差小さい→近世　進歩と分業、だがその範囲は限らない→群集心理、だが日常・研究の便利のため、範囲を限定

57　病と療

1　生命　病→自癒（自然的）・治療（意識的）＝回復能力

2　健康＝理想・類型（タイプ）・個人　病・疾・患＝自然作用に従い人工を加えるほかない自然的治癒力なくんば、人工的治療の進歩大なるも、何ほどの効果あるべきにあらず

58　病の原因

1　秩序（＝自然・社会）の乱れ＝病＝流行

2　節（＝適度・調和）を得る

3　虫　黴菌〔*ウィルス無し〕

59　病の診断

*雪嶺は、あくまで文献（『黄帝素門』シナ最古の医書）提示。学説・文献史

1　生死・病の覚知＝診断　体温・呼吸・脈拍（シナ＝脈、欧州＝腺＝液色）・舌

2　機器の進歩　正確さの拡大

60　生理解剖（1）

1　体内を見る　目を通じて、殺傷・鳥獣の料理→食人料理（醢　子路）・ミイラ製造

2　身体（内）の構造　解剖（欧州＝紀元後、人体解剖禁止　13世紀、解剖の知識なく外科治療禁止　シナ＝儒教が解剖を禁じる　孝経「身体髪膚、……」）・鍼灸（シナ　365気穴）・ミイラ（バビロン）

61　生理解剖（2）

1　五臓六腑　肺・心・脾・肝・腎、大腸・小腸・胃・胆・膀胱・三焦（消化・吸収・排泄）

2　精神の座　心臓あるいは「頭」（脳を含むが主として目・耳・鼻・口）心肝（真心）心胆

日本　儒教（解剖禁・嫌　シナの医書に依拠するのみ）

17世紀　ヘルモント＝化学的医療のはしり

62　生理解剖（3）

1　欧州の影響　解剖　1754山脇東洋（獺→人体解剖）→1771杉田玄白（蘭学事始）解

剖＝腑分け者＝穢多　蘭書＝図書に知るところを実物と対照
2　内臓の形状→作用の知識＝生理学に進む　明治期医学は西欧に追いつこう（対等を期する）としている　後進国

63　衛生（1）

*予防
1　個人（*公衆）衛生＝養生・摂生・養形〔*肉体を養う〕
2　シナ　養生論＝節欲・導引（内臓の運動＝善導）・丹（仙）薬に帰着　日本もこれに倣う　養生訓＝身を損なうもの＝内欲と外邪
3　欧州　導引〔*道家の養生法　深呼吸して大気を体内に入れる〕、に対し体操（筋骨の強化）

64　衛生（2）

1　公衆衛生　祭祀＝神の前＝清潔をこととする（特に伝染病＝疫病神に対して）　斎戒沐浴（purify oneself）　孔子＝沐浴而朝
2　水　井田＝囲田（法）〔*孟子等の儒者によって理想化された土地制度　1里（約400m）四方（約17ha）の田を井字形に9等分　周囲の8区画を8家に与え、中央の1区画を公田として共同耕作の上、その収穫を納めさせたもの。〕　1井戸＝8家　井・天水・自然泉（優良）　流水
3　日本　比較して清潔　砂塵少なく、水清い　乞食でも夏に河で身を清む　上水下水の弁別＝江戸＝水道（井頭池＝神田上水の源　玉川上水）

4　ギリシア・ローマ　上下水道→キリスト教が障害＝伝染病の猖獗

65　治療（1）

＊治療（65〜73節）＝人為で回復

1　多紀元昕（モトヤス）（1806〜57）『観衆方要補』30巻　幕末、欧州に対応する

66　治療（2）

＊内科1　薬草（herb ハーブ）

1　薬　草根木皮＝万能薬＝甘草（カンゾウ）の根・大黄（根）・人参（人の形に似ている　効能）　毒草も薬

2　アンゼリカ〔＊アシタバも同属〕　機那（＊キナーゼ　ペルー）・アヘン（インド）

67　治療（3）

＊内科2　薬石　アルケミー＝錬金術

1　湯薬＝散丸　桂枝湯（葛根湯から）『傷寒論』の最初に出てくる　太陽病（発汗）　湯醴（トウレイ）＝甘酒

2　煎薬

3　温石（オンジャク）　湯たんぽ　温泉（海水浴）

68　治療（4）

＊外科1

1　内科の及ばないところ、外科で、しかも鍼・灸・按摩・膏薬＝金＋咸（感）熱で刺激　鍼・

灸ともに

69　治療（5）

＊外科2

1　麻痺・切開（「華佗」＝曹操の侍医）〔＊雪嶺は、魏志の叙述、華ダが「麻酔剤」（麻沸散）を用い「切開機器」を用いた、と推断。が疑問も。麻酔用の麻は、印度北から西アジア産（印度大麻＝マリファナ）、短刀（鋭刀）はあったか？　西域から麻剤・利刀〕

2　ハシシン（大麻　極楽園）→アサシン（暗殺者）

3　日本　麻酔剤の使用法知らず＝華岡青洲＝華ダの術を継ぐというべき

70　治療（6）

＊外科→耳目口歯→咽喉・眼・耳鼻・歯

1　シーボルト（蘭人と称す）　弟子＝眼科医（＊高良斎＝日本眼科医の父、土生玄碩）

2　現在の眼科・耳鼻咽喉科は、ほとんどことごとく欧州の方法を採用

71　治療（7）

＊歳・性にて分かれる　この遅れは外科の遅れに因る

1　婦人科・小児科　需要にて分かれる
扁鵲（へんじゃく）（古代中国、とくに漢以前の中国における、伝説的な名医）　帯下医（婦人科）・小児医・老人医（耳目痺医　痺＝淋病）　老人科は消滅

2　産婦人科としない理由　産＝婦人特有　分娩は最も自然なもの　難産では成り行きに任すほかない　ほとんど産婆＝技術・地位が低い↓女医（19世紀に）

72　治療（8）

*病名↓治療↓経過

1　傷寒（張仲景『傷寒論』後漢書）＝「傷寒」とはなんの病か？　熱性の伝染病（広義）～腸チフス（狭義）＝発熱↓悪寒＝typhoid タイファス＝発疹チフス

中風＝風邪　太陽病

2　早期発見・治療

73　医学家（1）

*6節　医者＝知識と手練＝理論と技能の関係　*以下、中国医学誌大略の観あり

1　素問（正史にない）↓周（*「扁鵲（へんじゃく）」史記）＝「ヒポクラテス、魏　張仲景・華ダ・ガレヌス」

〔*ヒポクラテス　孔子とソクラテス（プラトン）〕

74　医学家（2）

〔*倉公　淳于意（じゅんうい）〕（紀元前215年～没年不詳）は、前漢初期の人

1　倉公（前漢）・ケルスス

2　華ダ（人物を以て知られ、外科〔*雪嶺は、外科史における唯一のオアシスと評す〕　張仲景

75　医学家（3）

＊医書と術の伝承
1　書残りて術残らず　華ダの外科術（絶後）→唐以降は注解の精細→煩瑣　医師というより道士
2　帝等、しきりに招くが、応ぜず
3　扁鵲の医書を考究しても、医術に精通はおぼつかない
4　（宋・）金・元　医学・術振興　名医陸続　北狄と接するところ医学盛ん
76　医学家（4）
1　医の近世史は、日本がシナに代わり担当。家学（2家）＝和氣清磨・広世と丹波康頼両分
太政官府＝医博士、典薬頭
2　明に留学　曲直瀬道三・長田徳本・名古屋玄医
77　医学家（5）
＊幕末＝蘭学
1　日本の医術＝シナより入り、その域を出たが、一歩に過ぎない
2　桂川（出島の医師に親しい医師の門人）→甫周＝蘭方外科医→蘭方内科にも効を見る　解剖
3　蘭医＝蘭書・訳書で学び得たる治療法を適用するを専らとし、特別の研究なし
4　蘭（学）→独（学）
78　医学家（6）

1　旧幕の事業を継続　医学＝蘭語→英・独語→（独仏戦争）独語
2　洋行　医学上の能力を証明する主要条件
3　外人教授→明治10後半〜20年　日本人教授　北里柴三郎＝伝染病研究所
4　旧医学　「人」の病　「獣」の病

79　総括

1　医学　基礎医学＝解剖・生理＝物理・化学の法則に準拠するか否か＝科学と純科学
2　生命と精神　科学法則に準拠して説明可、不可
3　仮説に依拠　一理論
4　因習の名称
5　シナ　物理知識の進まないのは、人物（才能）の問題ではなく、社会が技術活用を必要としない
6　結語＝西洋史のギリシアとイギリス、東洋史の周と日本に着目

3　**「善」の術――「政経」の哲学　『東洋教政対西洋教政』**（上下巻　連載120回）

《要録「善」の術》

序　教政とは

1　教政の意義〔*重要〕

1　真・善・美＝自然・精神（法）・美の学（sciences）

2　学術（広義）は一切の知識を包括する。（狭義）科学・準科学をさすが、境界等「意義曖昧」。しかし重力論と良心論、電気論と租税論、（比較するに）いずれが科学的かは、多数は判断するに苦しまない。前者は「実証」で示す事ができる

3　実証は自然界に関すること。精神科学は自然科学（実証）の研究を認めるほかに、別に研究が必要

4　精神科学＝個人・団体＝「目的」を懐く

5　精神科学＝教的（主は倫理と教育）・政的（主は法律と政治）、中間に宗教＝目的は人を治める　違いは「制裁」（良心の呵責か体刑・罰金）

6　自然科学より、学問と実地とに、乖離ある。学識と実知識は別。政治学者の常識なくして、政治の機微に通じる

2　教の起源

1　教は家族にはじまる。本能（模倣）＝父母の子→長者の幼者

2　対自（自己）・対家族（対）・対社会（共同）関係

3　２５００年前に「大学」と「国家」＝理想を過去におく＝朱熹　プラトン（「レパプリカ respublica」＝国家）と同じく、明徳を明らかにし、至善に到る　アリストテレス＝格物致知（知り得るかぎりを知らんとする）　哲学→分科

1　道徳

3　哲学的

1　単純な社会＝すべてを学び・知り・教えること、あるいは体系的に統合すること、可能

2　太平洋・インド洋（哲学的・宗教的）・大西洋に面する地＝世界史↓＋米州が文明化

3　3区分（地帯）の主なる事情　風土（地勢）の違い（人種ではない）　極端は印度より極端を考え、その中間を分析し列挙する事、世界独歩

4　「道」と「理」

1　シナ　道教（多く人事＝人道）と儒教（自然の玉中＝天然理＝物の脈理）「かつて人理というものなし」↓「道理」＝人道に理あり　区別は、便利上のもの

2　日本　道理＝主として人事＝条理（筋道）

3　欧州　道・理の区別、シナに異ならず　道＝way（方便＝目的地に達するまで）と理＝rule　天理・地理・人理（がキリスト教＝人事をもってすべてを律する）

自然の理を知るは人間の理（知）↓「道をもって理を併せ、理をもって道を併す」

5　「道」と「徳」

1　道理は道徳より「いくぶんか理路」＝道義＝道徳は有史「以前」に起こり、孔子の時「普通」

2　道＝手段、徳＝目的と区別できるが、「大差」ない＝目的と手段は相対的
「徳」＝手段なる「道」の連鎖　徳＝真心＝（得）＝功利主義に通じる↓我が道・他者の道
3　モラリスとヴィルトゥス moralis/virtus　道徳と同じではない／いささか異なる＝道徳的徳
日本　道徳と道理の区別をせず、単純な「徳」を余り使用しない

6　「徳」の分類
1　群衆に害するものは消滅、群衆に益するものは残る＝徳（一徳／三徳／六徳）
孔子の仁、孟子の仁・義あるは仁義礼智＝孔孟の創作ではなく、世に行われおりしものに重きを置く↓＋信＝五徳
2　欧州に「仁」に相当する無し。なぜか？　孔子、魯に生れ、魯の歴史を重んじ、ひいては周の歴史を重んじる＝慈悲
対して、アテネ、スパルタやペルシャと戦う＝「勇」を尊ぶ

7　至善及中庸
1　至善　孔子、君＝仁、臣＝敬、子＝孝、親＝慈、交際＝信　孔子は「仁」を大に主張
2　中庸　達徳＝知・仁・勇＝世の重んじるに従う＝この順位は孔子も同じ
3　ギリシア　ビルトス＝勇・知（仁はない　争乱の盛んなりしによる）
4　社会複雑なるにしたがって、至善の複雑（複数・相対）化＝善悪の過不足・相対
5　アリストテレス＝中庸論　極端を避けよ　だがいかなるところが中間か、不明、「理知」で

決る→カント以降、両端の結合＝対立物の統一

8 道徳の質

1 善悪の選択＝人・民族・時代ごとにいくぶん違う。だが道徳が定まると、ある期間持続→五倫（シナ　五倫＝「親・義・別・序・信」より五常＝「仁義礼智信」）五戒・十戒（印度・ユダヤ　禁＝殺生・偸盗・姦淫・妄語　敬父母）

2 忠君＝君臣の定まりたるところにある　孝＝世の治乱と関係ない　日本＝忠孝をもってほとんど道徳の全体とす〔＊注目〕

9 普遍的道徳

1 鳥獣にも五倫＝群居

2 弱者と強者の態度＝己の欲せざるところ、人に施すなかれ　忠恕（どちらを重んじるか　孔子、場に応じて）

3 己の欲するところ、人に施せ　キリスト→カント（の道徳律）＝究極の抽象

10 愛国的道徳

1 パトリオットは、明治になってから　愛国＝古代＝民が君に、のち＝君民等しく

2 父国＝祖国　母国＝愛情の念　シナ＝（国家なく）天下　敵国＝夷狄、非我君

3 シナに愛国心の語なき　日本独立国

11 国際的道徳

1　分立＝国際的関係　春秋時代（孔子）＝「礼」が重要

2　道徳は弱者が力をえるに及んで普及する

12　理想の世

1　孟子＝覇道ではなく王道　孔子＝周の堯舜を「祖述」するのは、周＝「最近」だから

＊日本紀の最新＝「はじめ」〔＊だが、何を以て「最新」とするか？　日本紀＝壬申の乱・持統＝天皇・藤原不比等（編纂＝歴史）〕

2　老荘＝限界を去り↓単純＝天地を唯心的に

3　西洋＝原点（回帰）か未来（永劫）か？

2　倫理

13　倫理説（上）

1　道徳（より多く行）↓倫理（より多く理論）

2　ギリシア＝春秋　ソクラテス（批判）対アリストファネス（告発）　孔子（穏健）対孟子（苛烈）　孟子（競争）対墨子（協和）

3　ソクラテス（旧習＝伝統破壊）対孔子（旧習＝伝統保存）

14　倫理説（中）

1　孟子＝性善説　荀子＝「性悪説」（絶えざる努力を要す）　史記＝孟荀を並べ、性の善悪をい

わず

2 徂徠＝孟旬を並べ称す（↓折衷？）　官学＝徂徠を排す

3 性（＝理）善　情悪〔＊カント＝理性・善　感性（自然）・善悪無し〕

15 倫理説（下）

1 性善説優勢　だが必ず性悪説残る

2 仁斎＝性善説　徂徠＝（純然たる）性悪説にあらず（性善・悪を論ずるに力をいたさず）

3 安井息軒＝孟軻のとき「天下大乱、子弑其父」　情況次第＝孟と荀を摂り宋儒を排す

4 かくして欧米の倫理説を聞きても、新たなるを覚えず↓欧米の修身書を摂る必要なかった

5 江戸期　和の儒＝宗教的分子（要素）を排す

16 倫理と教育

1 孟子＝「天下に英才をえてこれを教育す」　礼（兵事）＝六芸＝礼・楽・射・御（車）・書・数か　六経＝詩・書・礼・楽・易・春秋か　↓漢↓宋明期＝主として、読書

2 六芸の書は、六書（倫理を離れる）に同じではない

3 プラトン＝シナの大学と同じ（＊？〈幾何学を学ばざる者この門を入るべからず〉）

4 科学の発達↓倫理の重要性＝ハックスレイ　スペンサー

3 教育

17　教育の傾向

1　社会の二大別＝文・精神・静思・文明・アテネ・ギリシア　武・物質・活動・富国強兵・スパルタ・ローマ〔＊文明と富国強兵は相即ならずや？〕　周公vs太公望・齊の管仲＝富国強兵・治安→齊桓公＝覇　以降覇を求める続出＝富国より強兵＝強兵のために手段を講じる→王道（孔子＝教育＝文明主義＝文・寛）vs覇道（実利主義＝武・孟）

2　教育＝活動より遊離＝六書にて学ぶ　日本＝封建＝覇道→（むしろ）礼・楽・射・御（車）・書・数を重視

3　シナ＝文武両道名のみ　日本・旧幕の儒者＝両道あり　欧州＝アテネ・スパルタ　ギリシア・ローマ　学者は典籍を主とす　古典はシナの儒教に相当

18　最初の体育心育

1　動物・生存競争→体育（体儀＝体育　音楽＝心育）　東西とも礼儀と体操に関連→社会秩序の維持

2　音楽と詩　暗唱→知識獲得→伝播

3　シナ（周）＝広大＝戦争・非常（移動）で「平和」可＝音楽、西欧＝狭小＝戦争・常態＝体育＝ホメロスの詩＝全編戦争史（＊旧約＝戦争史）

19　書籍

1　官業＝書籍と不離　教育＝講書読書

2 シナ＝形字（竹・筆→紙）欧＝音字（粘土・針）

3 句読点＝読者用　日本＝欧を参照

20 経典

*a basic text; a manual; a bible

1 ①ひさしく尊重②当代の模範

2 六経→五経（博士　孟子を除く）四書（大学・中庸・論語・孟子）五経（易・詩・書経・礼記・春秋）

3 仏教の「経」＝諸子「百家」の如く　日本＝経＝仏経

4 欧＝圧倒的に、ビブリア＝バイブル（旧約）→キリスト（耶蘇）クラッシック＝ローマで第一級

21 史伝

1 シナ＝歴史＝政府事業

2 （左丘明　不詳）春秋（左）伝＝編年体＝中心は人の動作（伝記）→司馬遷＝伝記集＝正史（紀伝体）→司馬光＝資治通鑑＝編年体

3 ホメロス（詩）＝歴史　ヘロドトス＝司祭なし、ツキヂデス＝ギリシア第一の史家

4 （司）馬（遷と）（班）固＝プルタルコス

22 他の書籍

1 「子」と「集」＝子（儒家・兵家・道家などの諸子）・集（詩文・叢書など上記三部以外のすべて）
2 ローマ帝国の学問　三道＝文・論・修辞法、四道＝数・音・幾何・天文学
3 日本　関孝和・安井（渋川）春海・稲生若水・小野蘭山・山脇東洋　知識をシナにえてシナに勝る

23 子弟
1 先生・弟子　父子に似ているが、違う　子弟＝個人関係↓＋学校（＝制度＝教師・生徒）
2 アレクサンダー　師・アリストテレス＝人として学ぶべきものを教える

24 学校
1 シナ　学校＝養＋教＝養育院＝（君主）余力を民（幼老）の幸福
官吏＝才能＋知識　大学＋小学　官学↓私学（「下帷(イ)」）＝塾を開いて子弟を教える
官学＝試験のため、私学＝学問のため
2 ギリシア＝養老よりも勇士養成　蛮族侵入にて寺・修道院↓大学＝ウニベシタス（団体）＝私学主体
3 日本＝大宝令＝官学↓……私学　徳川（藩）＝林家＝官学＋私学　明治＝官学↓＋私学

25 教育説（上）
1 シナ＝国民教育＝天子と庶人を一列　修身＝教育の根本　だが孟子＝天下の英才をえて

2　教育＝「士」（少人数）を造る　大略、粗↓精　格物致知正心誠意修身斉家治国平天下
3　欧＝士（＝紳士）は官吏にかぎらず

26　教育説（中）
1　千字文＝字を教えるのに便利＝教科書　だが初学者にふさわしくない内容（胎教）
2　欧＝キリスト教＝古典を暗記（幼児7歳にしてキケロを読み他の一切を読まず）
3　シナ近世＝機械工芸の精巧は欧から入ったが、思想上に影響なし

27　教育説（下）
1　日本　三韓伝来＝仮名↓自国の文法に転換を要す＝訓点　だが熟達＝読解、訓点無視＝白読
（*素読）↓徂徠　白読＝正則、訓読＝変則
2　多読説　少読説　無読説　王陽明＝精読
3　貝原益軒＝童子訓＝解易＝コメニウス
林子平＝父兄訓（両親の教育必要）＝ルツソー　石田梅岩
4　日本がシナと異なる＝文武両道

28　教育と宗教
（*宗教につき国情違う）　外国の尊信する神＝愛国の精神に反する
1　明治23年（教育勅語）以降　キリスト教＝排他的
2　シナ＝教育と宗教の区別知らず　韓愈＝儒は老仏にまさる宗教（道を説く）

3　日本　仏教＝宗教、儒教＝非宗教　だが宗教〔*典型〕＝キリスト教のごとき

4　宗教

29　宗教の範囲

1　現代宗教の如き、東西に上・中世、とくに東洋には認めざる　日本＝宗旨（仏教の一派）＝届けし宗旨＝ただし後世＝仏教の乱れ・天主教の入来以降

2　宗教＝教　仏道→仏教　仏門

3　仏教＝哲学多く、キリスト経＝哲学少なし＝神秘

30　霊魂

1　魂・魄　霊魂＝ソウル（漢訳語）＝無形　いかに認識可か？　原人と開化人に多くの差なき

2　霊魂不滅＝①追慕②人情は知識より変化せず③認識ではない④二（三）重存在

31　神

1　ヂウ・ゴッド＝（重訳）神→①鬼神＝霊魂＝神　②鬼神＝人身→死後　気＝神、盛神＝魄、盛鬼＝鬼神

2　神（座＝階級）①主宰者　天上＝「創造」者　地上＝支配者＝「造物」（*創作＝制作）者

32　神と聖

1　現人神＝中間者を求める。　神→人、人→神

2　聖人　雑（少）なし→＝孔子

3　儒＝聖人　道教＝聖・至・神・真人　仏陀＝神と人の中間＝覚者＝菩薩

4　預言者＝ナビ（ユダヤ）＝プロフェテス（ギリシア）＝聖賢（シナ）→聖人・クリスト＝メシア

33　教義（1）　一世二世三世

1　覚＝悟　覚者、先覚（知識に準備ある）に従う→大覚（覚vs夢）　屈原＝「世挙げてみな濁我一人清」

*知らざるを知らずとす

2　儒教＝現世重視（一世も知らずして……）　キリスト教＝二世、仏教三世

3　生前の過去未来＝現在の連続＝輪廻説＝生変わり死に変わり

34　教義（2）　一世二世三世と禍福

1　因果説＝儒（道・仏も）天の賞罰を信じるが、その賞罰の理由、明らかでない

2　現世の福禍を念とす。戦役に臨み祈禱するは、戦勝・非戦死のため。ただし過去→現世→未来・末代も入る

3　キリスト教＝原罪説＝祖先に重きを置く　新・旧で「原罪」の意が異なる

35　教義（3）　安心及び希望

東洋は因果説、希望（将来あるを）、西洋は原罪説、安心（現状に満足）を重視

1　東洋、進歩の速度遅い。西洋、比較的速い
2　明日に道を聞かば、……安心立命
3　安心をもっとも強調＝浄土門＝弥陀に帰命（＝南無）↓仏教＝現世に安んじ、死後の生命を思わない

36　教義（4）　自力他力
1　浄土門の言説に係る　自力宗＝他力の浅薄を罵るが、あえて他力を非とせず。自力で通すこと不能
2　他力宗＝攻撃的、他力なるを誇り、自力宗を攻撃↓卑近を笑う者少ない
3　ギリシア哲学＝自力↓ユダヤ・キリスト教＝他力専一＝取り扱うものを明断↓中世に混和
4　↓自分のものは自分のもの、神のものは神のもの

37　教義（5）　偶像
1　宗教＝偶像崇拝＝可視　哲学と異なる
2　シナの「木主」（*位牌）＝神主　仏教＝金色の仏像＝偶像
3　キリスト教＝ユダヤの偶像排斥を受け継ぐ↓三位一体の偶像（877年）、イスラム＝排偶像、がsign＝文字、模様を使用が偶像崇拝に
*偶像破壊者（イコノクラスト）が偶像崇拝者（イコノラートル）に変じる

38　教義（6）　神秘

1 即身成仏＝奇術＝捏造　空海
2 奇術＝西域→東方シナ、西方欧州
3 静寂教＝沈思黙考→スピノザ、エマーソン→禅宗

39 儀式（1）礼拝場
1 礼拝＝宗教に不可避＝最初の儀式
2 天を円丘、地を方丘に祀る（礼記）、がシナ＝天地は屋外、祖先は屋内　日本＝皇統連綿・天地も祖先の別なし
3 寺院　日本＝神仏の住居にして、僧・神主の住居　キリスト教＝信者の礼拝場

40 儀式（2）祭礼
1 宗教的、政治的　2 祭礼日（誕生＝仏生会）安息日　3 キリスト・マリア　釈迦・観音

41 儀式（5）供物
1 供物は人身を極とする　ex.イサク　2 殺生を禁じる　3 香華→香「香華伎楽、常以供養」（法華経）＝東西普く

42 儀式（4）器物
1 古代の遺風に則る。ex.神道の「カワラケ」（土器）俎豆（＊そとう　中国古代の祭器の名。「俎」は儀式のときに肉をのせるまないた、「豆」（象形）は食物を盛るたかつきでいずれも木製。転じて、礼法

のこと　漢字源〕

2　焼香、灯火　3　杖（西洋＝畜を追う）、払子（ほっす）（昆虫を払う　？）　数珠＝念珠（百八の煩悩）＝首飾り

3　器物の違いに、異教排斥と接近の歴史を見る

43　儀式（5）　工芸

1　普通にいわゆる宗教の盛衰は主として外観に存し、どこまでも土工を起し美術を加えるかに徴す　とくに建築・彫刻、書（仏教）・画＝空海・運慶・鳥羽僧正・雪舟……

2　音楽　神の御心を問う＝心琴（に触れる）「コト」＝事・言・琴

3　往時、教祖＝ほとんど全知全能＝空海（土工）　ただし宗教が工芸の発達に寄与したとはいえ、宗教なくんば工芸の発達なきとはいわれない

44　儀式（6）　文学

1　最重要な要素　祝詞（ノリト）＝神道＝美文　神の心を動かす　仏教に同化されなかった要素

2　仏教＝日本でほとんど文権を握る　空海＝三教に長じ、文学を以て仏教の領分とす　梵語・漢語の不可解→和讃＝源信→親鸞→蓮如　朗唱＝仏教文学の日本化

3　宗教文学　古事記、ホメロス、聖書

45　宗教職（1）　職名

*孔子の志＝執権者に教え、ひいては広く民衆に教えるにあるも、結局、年少者に知識を与えるに終わる。

宗教家というより、教師

*雪嶺は、柳田や折口を見ていない。本居から入る。　西洋と東洋＝進歩過程の同時並行

1　神道　神主＝天皇　神孫・現人神　仏教＝僧・坊主・法師　主宰神＝釈迦とキリスト

2　支那＝僧はみな皇帝に従う　ローマ＝皇帝は法王の命を奉じる

3　日本＝仏教＝ひさしく隆盛を続けながら、つねに神道の下にある

46　宗教職（2）　支那と欧州

1　仏教の入支那とキリスト教の入ローマは同時期、竺三蘭・攝摩騰が最初に訳した漢訳経典（四十二章経）　ペテロ・パウロ（ヘブライ語をギリシア語訳）

2　支那に法王なるものなし。ただし、大僧正と法王は名（ときに実）において大差なし

3　支那＝解釈を新たにするに熱心　ただしその證券（*権威や典拠）は、インドに求めた。（*日本も同じ）　天台宗（法華経）　龍樹（インド）⇓慧文↓恵思↓智ギ（天台山）　真言宗

47　宗教職（3）　日本と英国

1　仏教とキリスト教　英日ともに、末流、しかし隆盛

2　日　法皇＝元天皇、法王＝弓削道鏡、いずれも政治的存在

日本の宗派の簡単な発展経緯　〔*ただし、親鸞の意義は？〕

3　信仰の自由　英国と同じ　無神論でもいい

48　宗教と政治

*宗教　来歴＝祖先の霊魂と人生の帰趣（帰着点）、規律

1　マツリゴト＝祭事＝政（二大勢力）　孔子＝俎豆（祭事　ソトウ）を事とする　イエス＝カエサルのものはカエサルに、神の……

2　時勢のいかんで、孔子＝素王、キリスト＝ユダヤ王とされる

3　分離しても、君主は神の命（名）において、民衆もおのれの権とする神権↓分業＝官吏の数、僧侶よりはるかに多い

5　政治

49　政治の起源

1　政事＝政の事件〔*ケース〕ではない　政全般を指す

2　政＝正　レグル〔*斉藤英和　＝正義 justice（wrong に対し）righ（vice に対し）virtue〕

3　政の起源（の類推）ブッシュメン（種族）、食・性欲（昆虫＝団体生活）↓適者生存（を雪嶺はとる）

50　国家（1）　家と国

比較　周とギリシア↓（変遷）秦漢とローマ　だが陸国 vs 海国

古代アッシリア　ローリンソン（ヘンリー　バビロニア語）、スミス（スミス G. Smith　アッ

シリア語）

1 秦・ローマ　国民＝氏族よりも権力者の命に従う　周＝封建（氏族の割拠）、秦（帝国）＝郡県

2 国家＝家族、部族　同族結婚の禁〔＊近親相姦の禁との関係？〕

3 国家、か？　否か？　基準は難しい

51 国家（2）国と列国

1 クニ＝日本国内　地方（幾許か国家の意義を含む）　国外＝文字通り「国家」

2 地理的、政治的で意味内容が異なる　ただし、支那は天下＝国（支那）。その支那が「外国」を意識したのは、仏教伝来以後のインド　ただし、争闘なし（地理的条件で）

日本「列国」の観念あり、三国＝唐・天竺・日本＝万国

3 列国間の争闘→協約（ある種の万国法）

52 政体（1）王覇と三政体

1 孟子＝王覇＝王道と覇道　孔子＝典型＝王・周〔＊覇・秦〕、必ず君主（形式にせよ）ある

2 モナルコス（独裁政体）アリストス（善人政体）、デモクラキア（人民政体）→だが王道＝立憲君主政体に近く、立憲君主政体は一般に三政体の混合　孟子＝民意に反する君主は、君にして君主にあらず（ただし、皇帝はなかった、プラトンのレプブリカ同様、想像的希望＝空想）〔＊日本＝王→天皇（王中の王）〕

3　王道と覇道を、抽象的にも、具体的にも区別するのは困難。ただし、支那に民主政体や群衆政体の伝統がなかった

53
政体（2）　共和政体

1　雪嶺は、支那にも「共和」（複数の君主連合）政治があった（のではないか）と、かなり執拗に、昭・周公「相行政＝共和」を述べる

2　孔子　君臣の関係なくして「国」（政治）ありとす　周に共和制の萌芽、ギリシアローマに共和政体あって、すぐ帝政に移る。東西の差異は、質ならず量だ

3　民主⇓無政府（暴力によって統一）or寡頭（↓君主）　ex.英＝君主↓共和（クロムエル）↓君主　米＝英（植民地）↓共和制　仏＝（英米革命の影響を受け）君↓共和↓君↓共和
周・ギリシアローマの共和は、寡頭（民主的といわれても）

＊雪嶺は、共和制（アメリカ）に「よく戦うべきやは疑いなきにあらず」という

4　支那は、いまや、適当なる君主なくして寡頭的共和政体たらざるをえず

54
君と臣と民

1　五倫　父子と君臣の関係？　臣＝官吏or人民？　君（命令するもの）↓王↓皇

2　日本＝民↓百姓　支那＝君臣↓君・官↓君・人民（完全には移行しない）

55
人民の階級（1）　上流と下流

1　インド＝ブラマナ（浄行）、クシアトリア（武）、ヴェイシャ（商）、スドラ（農・奴）　支那

＝四民＝士農工商　士＝君主・文武官　奴隷＝奴卑（大略、罪人、捕虜）↓アメリカ＝政府さえ奴隷（売買）↓奴隷解放↓人は平等

2　士農工商＝職業上の階級、権力上のものではない、富貴、貧賤

3　ギリシア＝プレブス（平民）とパトリキア（貴族）の対立（?）（プレブスは平民＝兵士か?）＊武士階級（専業）の成立

56　人民の階級（2）中流

＊中上・下流との区別曖昧。だがその動向いかんが、趨勢を決める

1　上流の衰える、労心して労力せず、労心＝読書して、実務しない↓読書、それも古典、それも脚注（＊を頼りに）

2　中流＝「進氏」（科挙試験の合格者）以上、だが世襲的階級ではなく、読書子を意味する＝もっとも労心労力する階級、区別は漠然とした世評で、農商工の上を含む

3　日本＝米国軍艦以降、小禄および無禄（雇用）のものがことに当たる。明治2　士族・卒↓華（1万石以上）・士族・平民（公山県は足軽、公伊藤は足軽以下）↓禄の廃止後、士族の滅亡

4　欧州　中流＝国家社会にもっとも力を伸ばす（＊第三階級）だが、下流階級の台頭＝米　貴族階級無し（階級移動いちじるしい）

57　政府（1）首長

1　政府は首長の付属物　首長なき政府は機能しない、だが補佐を要す↓実権が移る
2　「歴史」は国家形成の後
3　日本＝蘇我↓藤原↓平氏
4　欧州＝三頭政治　仏・米＝大統領制　日＝参議制

58　政府（2）補佐

1　平氏＝氏族＝重盛・宗盛、源氏＝外戚＝北条（平氏の如し＝氏族を頼る）だが、足利・新田

信長＝20州↓秀吉＝事実上の首長、秀吉＝家康・利家
2　支那　漢・劉邦＝高祖　蕭何（丞相）・張良・韓信の三傑、秦＝丞相（首相）
3　カエサル＝ほとんどおのれ一代にして事を為す、独・仏・英の歴状＝首長は形式的

59　政府（3）官職

創業（臨時・家令）↓守勢＝秩序永続＝官職　歴史＝名と実の変遷
1　鎌倉幕府の官職　政所＝太政官、執権＝太政大臣……↓徳川　幕府＝形式整備、各藩＝自治

江戸町奉行＝知事と警視総監　秦・漢＝制度を定めるとき、議を凝らした
2　ギリシア・ローマ↓列国分立＝国情異なる↓ナポレオン＝新成＝改編と踏襲＝いかなる国家

も欠かせえない官職ある（内政・財政・軍政・警察）
3　日本の官職の変遷　独立（支那に準拠）↓鎌倉から700年（支那を参考にせず）↓明治＝

江戸を踏襲・王朝期の官名を使用・欧州の制度参照、だが竹に木を継ぐが如き跡なし、新名称は「外務省」　宮内・大蔵・文部省は、王朝時代のまま　支那＝最新の名称（日本と欧州に依拠）

60　政府（4）　中央と地方

1　ローマは統一して分裂しやすく（分裂すれば統一なく）、秦漢は統一して分裂しがたし（分裂しても秦漢に復す）

2　支那＝中央・地方関係は、総じて安定し、新旧のくりかえし＝中央集権を常則にするも、おうおう地方分権のすこぶる行われるある　中央↓地方＝左遷　しかし有能な若年＝地方↓中央

3　東洋に地方自治の機関なく、西洋にあるとは、程度上のこと

〈下巻〉

61　経綸

*天下をおさめること

1　君臣ともに、ただ聖人の知徳ありてはじめてよくすべく　ex.伊尹（いいん）や孔明は君臣を超越して君に仕えた　だがあくまで補佐＝「王佐之才」（＝君主だけが経綸すること可）

2　創業（君主）＝経綸に及ばず＝秦始皇帝　唐太宗（・清康熙・乾隆）＝最経綸の才　幕末の日本＝王佐之才続出

3　欧州　哲人首長　ギリシア＝ペリクレス、ローマ＝マルクス・アウレリウス、ナポレオン、君主が経綸に最好便なる位置→今日における政治家は、４００年来（近代）の産物＝ポロチシャン→ステーツマン（悪しき意味）

62　監視

1　周＝地方分権　が、都市を国家の主成分とするかぎり政治の監視は誹謗のもと→秦の統一後＝諫（かん）大夫を置く　*支那で、諫を入れるが一の美徳（下10）、だが、3年やったが、効果少ない

*あくまでも監視

2　宰相と諫官　欧州＝憲政国の大臣と議会→行政と立法＝君主の足らざるところを補う

3　三権分立＝行政・立法・裁判＝同一機関にすれば、専横の嫌いある

63　実務

1　特別の事情なければ、「実権」は「実務」に与るものの手に落ちる

2　幕末　実務は下士足軽＝実権を握る→征韓論破裂後＝三条太政大臣＞島津左大臣＞岩倉右大臣＞大久保参議＞伊藤・大隈参議

3　侍中＝蔵人の唐名、宰相に同じ　上下壅隔（ようかく）を避ける

4　明6　民選議院設立建白書　日本＝皇国＝政権の帝室にあるを否認するを欲せず、また文明国の政体として政権の人民にあるを否認するを欲せず、支那の宰相を弾劾するの意において政

権の独り有司に帰するを断言せるなり（下21）

64 定範（1）

1 天変・人言・祖宗法＝三畏れ　孔子篇（伝）の書教（尚書）＝政治思想の根底

2 人言＝秦の統一（帝国）以降、民の言知るあたわざる、聞かんと欲するも聞くをえず

3 欧州＝治者と被治者に判然区別せず。予め政治上の権能定める。秦以前の支那も類似

*孟子、「義」を強調するが、権利義務を併せいえるごとし＝一方の権利は他方の義務

65 定範（2）

1 「憲」（憲法、憲政、立憲）、政治の良否を決めるにあらず、欧語の訳（constitution）にすぎない

2 善＝賞、悪＝罰　君主も免れえない　太子の憲法＝太子の一家言、貞永式目に「憲法」あり＝当時守るべき大体を挙げて漏らさず

3 清朝＝比較的変乱少なし＝大清会典（一切の法式網羅）を遵守　150年、日本と対峙

66 登庸黜免（ちゅつめん）〔*お払い箱〕

*人材登用　political affairs

1 支那　功名心あるものは、一官を得ようと＝人生の栄辱にかかわる　*「選挙」＝官吏登庸＝「詞章試験」

2 日本　唐制度→何らいうに足らざる状態→徳川期＝一統学問吟味・仕官→明治＝全廃→明治

18年「選敘の事」・「文官任用令」（欧州制度に因る）＝仕進は試験＝学術試験と普通試験＝学術試験に初等・高等＝吏務にもっとも必要なるは知識↓31年・分限令（上官の愛憎にて罷免するを制限　即罷免ではなく、休職等）＝支那（昔の日本）と日本「選挙」の意味異なる＝多数にて若干を選択する（かつては執権者の掌るところ）

3　試験に弊害多く、大才を逸する恐れあるが、まったく試験なきに優る

4　政務官と事務官の区別

67　栄典（1）五爵

1　「公」＝字義において政府関係を意味し、天子に次ぐ

2　シナにはじまる＝王・公侯伯子男　*日本＝皇統ある、因って爵位はシナによらず、明治17年五爵＝欧州に倣い、名はシナに借りる

3　欧州の爵位、封建時代に基づく　*仏革命前、貴族8万戸、米、シナ、露、貴族廃す

68　栄典（2）勲章

*欧州＝メダル↓シナ＝勲章↓明治8＝シナ

1　像と文字（金石に鋳刻＝大功）　小功小労＝大は国または宝物、小は衣服または菓子↓判然たる等級↓家紋＝皇室＝菊（と桐＝徳川）

2　メダル＝銭（の表）

3　後、たんなる頌章・徳表もしくは感謝状になる

69　俸給

*俸禄（政府関係者）と給金（産業関係者）↓俸給

1　士の生計は禄から　が禄をえるは難しい

2　唐＝貨幣潤沢、官吏銭を賞与、田地も銭で計算、商売の銭をえるのと大差なし

3　日本＝大宝令の職分伝（下61）太上大人40町、……大判事2町、……大国守2超段、↓徳川期＝石高、銭ではなく穀＝利よりも名を＝俸禄↓廃藩置県＝俸給

70　政治運動（1）聖人と英雄、対君と対民

1　政治本能（衝動）＝政治癖＝知見よりも圧力の強き人物　*悪政府が無政府に優る

2　シナ＝聖人（崇拝）＝仁政＝堯舜、欧州＝英雄（崇拝）＝ノア、アブラハム

3　周＝ギリシア、齊（対秦）＝マケドニア、秦＝ローマ

4　雄弁　シナ＝対君、欧州＝対民

71　政治運動（2）外戚・宦官・政党

*君主に接近するは競争の焦点

1　創業者と後継者の違い＝統御（適材適所）の才の有無　*后妃とその一党の統御むずかしい

2　宦官＝夫人に近く、君主に近い

3　君主党、小人党　*人を、あるいは主義（理）を立てて党を立てる

4　日本　尊皇攘夷対佐幕開港＝主義を以て党とす

72　政党と人

1　シナ＝外と事を構えず、内治をもっぱらにする　が、一姓のあいだに英主・名君を数える、希なり

2　宋＝契丹に一部を占められ→全部を蒙古→明→満洲（清）→中華民国（漢）、だが一統を以て常則

3　ローマ倒れて列国分立、内政と外交に能力を表す＝リシェリユー、ビスマルク

4　日本＝外敵に対して敏感・興奮　元寇、明伐、攘夷、*近世欧州の政治家は、日本に比すべし

73　政治と法律

*政治と人　政治と法律

1　近代（欧米と交通）＝医術・兵術＋法律が入ってくる→法律学＝政治学・文学→法学→政治学

2　三権分立＝立憲政治に必須だが議論によって截然・究明するのは難しい

3　司法権を別つ→ますます立法権を重んじる　だが英国＝三権分立を重んじるが、「正義」の燃圧期に因ってではなく、世界に利害を争う際、法律の公正より貴きものなきを知る

6　法律

74　法律の認識

*三権分立＝18末〜19世紀
1　まず行政（政治の一切）権の制限
2　民衆は、法律の大略さえ知らない。だが「生命財産の安固」を感じる（→弁護士）
3　「民にこれに由らしむべし、知らしむべからず」　子曰。民可使由之。不可使知之。（泰伯第八9）のまことに丁寧な解説（法律問題）〔*宮崎市定は「大衆からは、その政治に対する信頼を贏ちえることはできるが、そのひとりひとりに政治の内容を知って貰うことはむつかしい」と訳す（論語の新研究）〕

75　法律の語源
1　法と律＝同義　法＝律＝音楽上に使われる＝百法・罰　シナ民族、蛮族に征せられて、同一化しないのは、単字で、発音＝律（音楽）を異にするから。孔子＝楽を重要視

76　法律の起源（1）
*人類学＝「社会」＝団体生活の考究　個体（知・体）の優劣と団体の優劣、比例せず
1　蛮族・類人猿調査（社会学）　ダーウィン　蜂・蟻＝団体に近き　鳥獣＝性情（nature）の近き
2　家畜　一定の規律（＊discipline; order）　一犬虚に吠えて、万犬実を伝える、馬、牛、豚
3　団体生活＝サル　フィールドワーク、雀、昆虫＝「皆かくせざる能わず」　ハルトマン（ヘーゲル・ショウペンハウアー・シェリングの統合＝無意識の哲学「斯く成るべくして斯く成れ来

たりしなり」（*今西「なるべくしてなった」）

法律の起源は「本能」（無意識）

77 法律の起源（2）

団体生活において、蟻蜂∨ブッシュマン＝知能劣等ならず　*古いを以て、起源とすべからず

1 鳥獣（人間も）の三禁事　団体中にて①殺さず、②欺かず、③姦淫せず＝本能

2 人類　治者・被治者の区別　*だが、雪嶺には「言語」哲学無し→国家＝法律あり→他の国家との関係＝「国際」法　ローマ法典、ゲルマン法

3 〔*人間（団体）三大禁事（*タブー）は雪嶺にはない　①殺人、②家族＝近親相姦（一夫一婦）、③人肉食、これを守ったものが、生き残った〕

78 史初の法律

1 口碑→文献　日本紀　盟神探湯（くかたち）＝刑法

2 シナをはじめ、極東諸国、日本（書）を参照　なぜか、「秦火」の類

3 刑罰にかならず執権者あり　イリアドとオデッセイ＝テミス（*Themis　復讐の女神）

4 記録上、太古伝説の明白なるは、日本とギリシア

79 制裁 sanctions

1 法律のあるところ制裁あり＝制裁は明晰＝賞罰を執行＝法律的制裁

2 孔子　春秋＝勧善懲悪が歴代の天子を拘束＝有識者が国事を判断する唯一の標準→徳川期

3　刑罰に選択の余地無し、褒賞に余地あり　*制裁の範囲は広い

80　法律の出所

*成文法と不文法

1　成文法＝明白に法律と認むべきは、文字を以て掲示

2　日本＝貞永式目＝700年間　だが、成文法は法律関係の一部分

3　経典や風俗習慣にて法の不備を補う　裁判官の見識＝赤穂事件（儒）や、仏の離婚の禁止（旧教）　大岡裁判や英の衡平法↓範例を参考

81　法典編纂（1）

1　編纂は文字とともにはじまる。シナ　刑名家＝法文の万能＝道徳的見地・政治的実際と抵排（*抵抗排斥）

秦皇＝獄律令法を重んじる（*汗牛充棟、散乱湮滅）↓漢＝粛何（相国　*事典になし）＝三章（殺人・傷害・盗み）に簡略、繁密の弊を避ける⇓苛烈誅殺の項羽に「対抗」

2　晋（文帝　BC2）とローマ（ユスチニアヌス　AD6＝ローマ法大全）＝法典整備

3　儒＝刑名家を排斥しつつ、自ら法典編纂を担当

82　法典編纂（2）

1　晋（三国合一　AD280〜）＝漢に典拠するも、実際（行政上のこと）をむねとする

2　乱世↓新政府＝法簡略⇓整備　死罪＝極刑、晋＝「梟」・「斬」・「棄市」（市に曝す）↓隋＝

斬と絞　北＝力を持って統一、南＝統一と平和

3　ローマ→列国分立＝自国遺習

83　法典編纂（3）

1　前を繰り返す

2　シナ＝刑法→律＝刑法、令＝行政法　ローマ＝民法

3　君位を危うくするを罰し、ひいては一般に下の上を侵すを罰せんとする

84　法典編纂（4）

1　隋＝律令（＋格式）→唐＝律令格式（→日本）　李氏（帝室）だけでなく、天下を治めるために李氏あり、が空理に馳せて実質に乏し

2　宋＝論理をただし、微に入り細を穿つ＝律令→勅令＝北を遼に任せ、国力増進と内乱に窮⇓明　行政法に重きを置く＝「大明会典」（だが成立は盛運期を過ぎ、衰運期）⇓清朝（明より会典に重きを置く）＝「大清会典」、が「会典」になきこと行うべからず→革命＝会典改変

3　欧州　帝国分裂後は、各国法（民族固有の習慣によって）＝権力者の圧抑を防ぐため、公法に留意、私法を守るためにも

85　法典編纂（5）

*日本の歴史　三転説は、大正期に「定説」になっていたのか？

1　日本　シナとの関係は、ローマにおける英と似ているが、終始独立（だが大陸の長所を採る）
2　法典編纂①大宝～５００年　②関東奥羽の人口増加　泰時＝貞永～７００年、だが名義は朝廷　③明治
3　名と実　天皇と執権　問題は、「天皇御謀叛」の文字

86　法典編纂（６）
1　明治＝復古と維新（世界の大勢に順応）
2　明13　刑法と治罪法、が仏民法（江藤新平・山田顕義　ナポレオン法典）と明清法の連合
3　条約改正の前に、法典整備

87　刑法（１）　罪と犯罪
1　刑法＝ひとり古代より行われてきたのが刑法、法律＝定則
2　古事記伝＝罪＝都美〔*罪類凡て都美は、都々美の切まりたる言にて、古語に、都々美那久、又都々麻波受など云る都々美と一にて、諸の凶事を云〕
犯罪・刑罰と宗教上の罪＝罪業
3　罪⇓犯罪

88　刑法（２）　刑法と刑罰と処罰
*欧州（ローマ）は民法主体➡近世に刑法に意を用いる＝18世紀以降⇓19世紀以降

1　晋代＝罪刑法定主義　正文・名例（秦→漢→晋）＝意外と早い　肉刑＋金（カネないと宮刑＝去勢と幽閉）＋治獄の吏　司馬遷・宮刑　三族の誅⇓司法の独立無し

2　ただし三族の誅を、単純視不可　「三族」の名において反抗者を伐つ　実際は行政上の処分＝権力争奪に熱中

3　江藤新平に対する宣告刑＝明治刑法史の汚点

89　刑法（3）　最大罪および最大刑

1　最大罪＝不孝・不忠を最大罪となす語なきは、言語ではなく事実を以て戒め、何人も違反できないからだ

2　漢の「法三章」＝「殺人者＝死、傷人及び盗＝抵罪」＝もっぱら人民の生命財産にもっとも重きを置く

3　権力闘争＝政府に反抗するは強盗の類　官軍・賊軍　江藤や西郷、クロムウェルやワシントン⇓のち名誉回復

90　刑法（4）　犯罪の概念

1　シナ＝歴代の法を改定　日本＝明治期に欧州を参照し、刑法を編成　欧州＝ギリシアに準拠、だが近世、12世紀に概念を明晰にせんとする

2　犯罪＝責を負う能力あるものにかぎる＝年齢と心神喪失　性善＝寛容、性悪＝峻厳

3　法の前に平等　が、多少の不平等たらざるをえず　法の欠陥、貧富の差、世論etc.

91　刑法（5）　刑罰の種類（1）

1　事実　個体および社会的「復讐」＝生命刑・身体刑　生命をめぐる争奪↓絞首刑・斬首↓自裁　シナ＝蒸（文王）・醢（子路）　火刑・磔（公衆の面前で）＝最上の極刑

92　刑法（6）　刑罰の種類（2）

1　シナ＝官刑（死刑に次ぐ最高刑）

2　去勢＝生殖力を殺ぐ（奴隷の一部）（西欧にもとこれなし↓）東ローマで東方に倣う⇓シナ＝宦官の養成

3　官刑に次ぐ　足切り、↓鼻切り↓黥

93　刑法（7）　刑罰の種類（3）

1　五刑↓九刑（＋流・濤・鞭・撲）↓隋唐　五刑＝死・流（距離）・徒（期間）・杖・笞

2　獄舎　牢＝犬馬牛小屋↓自由の制限

3　死刑存廃　日本＝345年間（弘仁2〜久寿2）死刑廃止　問題は、生・死にかかわる

4　自由刑＝時間空間を差別、財産刑＝金の分量

5　名誉刑　名誉は各人にて異なる

94　刑法と民法

1　シナ　義＝実質は正道＝人事における理＝裁判は理をえるを旨とする

2　権利・義務　欧州　法＝権利（法律の下に権利を確実にする）　シナ　忠義＝義務　but法律

上は義務もなければ権利もない
3　裁判は法官の判断　欧州＝国家権力無限、が個人の生命財産名誉は妄りに毀損すべきでなく、民心を失しなう　対してシナは係争しない＝「健訟」として卑しむ↓民法＝刑法の付属

95　裁判（1）
シナに刑法、ローマに民法の主あるは、ともに「法よりも人」の時代による
*裁判（御伽草子のネタ）子を争う二母の訴え　ソロモン、シナ、大岡裁判
1　法官＝概ね直覚にて判断、民衆、これを疑うときは、「法文」に照らさざるをえず

96　裁判（2）
1　独裁君主の実　始皇帝＝君主の親裁↓二世＝自ら処置せず、丞相等の責にす
2　一般人民は裁判の公正こそを望む
3　未決時＝拷問　欧州＝拷問具のすこぶる備わる、ニュールンベルク拷問室、ロンドン塔、裁判の公正の欠けるを証す
4　英国　商業盛ん↓裁判のよろしき＝大法官の地位も俸給も官吏中最高
5　重要なるは、「常識」にて判断するにたる裁判　これ東西・日ともに変わらず　司法省に法学校＝試験の重要科目・漢学　だが刑法粗雑・民法欠乏とあるも、裁判官（常識あれば）幼稚ならず

97　法律の異例（1）　大赦特赦減刑

大権に属し、刑の変ずる余地あるを前提
1　法の公正、過誤なきを期すが、法官の判決、法律に欠陥、適用に過誤なきにつき、弱点ある。過罰、軽罰の誹り免れない。時の便宜によって、大赦（刑罰の寛厳を調節）の要ある。が、赦を玩弄するある
2　帝国憲法発布、「天皇は大赦特赦減刑及び復権を命じる」「司法権は天皇の名によって裁判所これを行う」
3　罪に宗教的と法律上の罪　善行を積んで、大赦等を認められるべきものとする

98　法律の異例（2）　債権債務の破棄
1　天下＝革命の名において、「権利を侵す」　王安石＝徳政（所有権、債券を移す）→建武の中興、足利＝徳政を連発（義政・10数回）
2　織豊→徳川＝権利義務を確実にする→定信＝寛政期に徳政（6年前の債権無効）⇒外債に頼る　幕府が薩長と戦うべきやいなや＝仏に募債すべきか否かの問題
3　革命＝貧富の・債権の有無を補足する　＊だが、私有権の否定がどこに向かうのかの思考は、雪嶺にない

99　政法と経済
1　戦時においてさえ政治と財政経済をもっとも重んじる　漢
2　司馬遷の貨殖列伝＝利を求めつつ利を斥ける＝財政経済に重きを置く方法　だがシナでは孟

子のようにこれに反対

3　小栗上野　明治政府の財政に当たれば、手腕発揮したり

100　二系統

1　秩序維持＝上下関係　明々白々　上下はシナで最もはやく制作した文字に属す↓上中下　世界においてもっとも普通は富貴

2　上下　分業からはじまる↓周代　平和時＝理想　王道と覇道の区別　貴賤は「貨幣」の通用するとき現れる（賤＝戈で貝＝貨幣を切る＝小さい）

3　（*重要）団体の意識せる＝政治（脳＝中枢神経）、意識せざる＝経済（内臓）

7　経済

101　経済の観念

1　本来公義　杜甫＝「経世済民」、太宰春台＝「凡そ天下を治るを経済という」（経済録）

2　訳語＝ポリチカル・エコノミー↓エコノミックス

3　ギリシア＝兵を、ローマ＝ますます兵を重んじる、シナと異なる　*孔子とソクラテス（従軍）

4　孫子「作戦」＝戦時に敵軍を破るよりも、財政経済について説くところ最も多し＝粛何＞韓信　百戦百勝より、戦わずして勝つ

5　*「利国」　富国強兵＝富国強兵を意味すれど、国富めば兵強く、先ず国を富まさんとするに努める⇓エ

1　哲学論…………176

コノミックス＝「貨学」なりとて大過なし↓エコノミー＝貨殖・殖貨

102 財貨

1 「物」＝「勿」（旗）を掲げた「牛」（車） 市場にもちこまれた物品（貨物）

2 日本 廃藩置県前に「財貨」に適当な語なし

3 田畜↓特別の人の所用↓富（専有） 貨↓貝（主として・普くあって便利 ＊宝のこと。古代には
きれいな貝を装飾や賞品、貨幣のかわりに用いたことから。「宝貝」）

4 シナ 金銀銅の産出少なかった

103 貨幣（1） 上古

1 貝↓銭↓貨幣＝通貨（currency; current money）＝買う

2 羊 美＝大＋羊（別品↓別嬪）＝羊によって物品交換 「義」＝自他の所有を明確にする＝
「宜」（ぎ、むべなる）

3 貝＝石器時代＝賤、↓銭＝青銅時代↓（金）銭＝貨幣（の総称）

104 貨幣（2） 金属

1 自然産 金↓銀↓銅、普く産出＝金銀＝対偶＝男女・日月

2 秦代 銅の不足で武器＝銅↓鉄（銕（えびす）〔＝外国産〕↓鉄）

3 元素 印欧＝4・地水火風 シナ＝5・木火土金水（シナ 純粋の研究好まず、生活の必要
＝修身齊家治国平天下の見地）より事理を推演↓ひとりシナは銅を貴金属

105 貨幣（3） 黄金

1 シナ＝漠然と重んじ、宝石より貴石　欧州＝価値を認めて重んず、貴石より宝石

2 シナ＝宝玉を求めるが黄金熱はない　依って貨幣＝銅　欧州＝黄金・宝石を求める＝金貨本位→黄金狂時代＝錬金術・コロンブス・サンフランシスコ（ゴールドラッシュ）

106 貨幣（4） 鋳造

1 貨幣の概念　政府が鋳造（保証）してより

2 シナ　銅鉄両本位（シナ・骨董趣味＝贋造銭希ならざる）　欧州＝金銀両本位

3 シナ　政府の政治難＝財政難＝鋳貨難　日本　シナを模倣、輸入＝銅銭を使用しつつ、貨幣は金銀貨を意味するがごとく考えた　江戸＝金座銀座、が贋造絶えず、また欧米に接するや、つねに欺かれる

107 貨幣（5） 紙幣（1）

1 紙幣　シナ（唐）の発見（政府の財政基礎を望む欧州の驚嘆）　だがシナも日本も政府と財政の関係を知らず、依って財政の整備、はなはだ希　宋（財政困難）→金・元・明（の滅亡）

2 シナの紙幣　1.政府の命令に従順　2.銅銭は携帯に不便　3.特殊の文字ある紙を信用、4.商業＝自治的　*政府は畏敬すべきにして、信頼するに足らず

108 貨幣（6） 紙幣（2）

1 宋　敵対国のもっとも求む物、貨幣→貨幣不足→紙幣発行→元　事業広域拡大＝金…鉄貨幣

不足、紙幣にて80年維持↓明銅鉄貨を潤沢にしようとしたが、商貨、旧習に戻り、しばしば紙幣発行制限

2　1.日本　建武元年＝楮（ちょ＝こうぞ）弊発行　2.寛文、元禄＝藩札、だが幕府は発行せず、もし紙幣乱発せば、より早く倒れただろう　3.２６０余藩中、藩札発行なき数10藩にすぎず。4.明治４　廃藩置県＝藩札を政府紙幣に＝１７５０余万円（＊政府、混乱・衰滅に瀕しなかったのは、区域の狭小による、と雪嶺記すが、そうか?）

3　兌換制度の必須　政府と経済の安定にとって

109

生産

1　経済学より知生 or 治産学のほうが適切

2　生産　農・虞（ぐ）・工・商　虞＝＊周代、山林や沼沢を管理し狩猟のことをつかさどった役目の官。〔書経・舜典〕↓森林尽きて、何の職域か、不明になる

3　どの職業に就くも、「富」は「奇」（「投機」）を以て得るべき

110

穀価調節

1　分業進み、豊凶にて農産物の価格変動＝農と工商の利害相反↓穀価調整、農工商調和、以て国富強（漢書殖貨志）

2　常平倉　政府の価格調整　が、のち、とくに宋代に「最も議論に長じ、実行に単なる時代」

3　太宰春台『経済録』＝士農対工商↓貨幣＝農対士工商、が欧州　封建代＝士（禄）農対

……↓封建後＝地主対士農、俸給者対工商に組みする

111 官営専売

1　上古より、官営　塩鉄、銅＝貨幣鋳造（政府）、酒蔵（官業）⇓存廃の運動絶えず　茶（徳宗＝光祥帝＝清の11代に）官営＝官吏の官業は迂遠かつ冗費多し

2　（雪嶺は、官営を是とする？）明治＝欧州に倣い、塩・煙草＝専売、郵便、電信、鉄道

3　官営　政府の収入＝国富のため（＊？）スペンサー対ビスマルク（＊まだ社会＝共産主義が現勢となっていなかった時代）

112 需要供給

1　計然　史記の貨殖伝＝当面の利益とは関係なく、後の騰落を考え投機・勇猛果敢を事とする
〔＊食糧備蓄の調整により食糧価格を統制しようとした経済家、平準法の前駆〕

2　需要供給はつねに平行するに傾き（＝自然）、ただ種々の事情加わりて変動の絶えることなし（＝人為）vs漢書（班固）の貨殖伝　遷＝自由・自然変動⇓（シナ経済の一変）班固＝官営隆盛＝経済の原理

113 兌換

1　宋代に経済界の通用語＝「兌」＝手形・紙幣を現金に換える↓「兌換」＝交換、狭義＝日本、両替（木↓紙券）

2　日本「札」「手形」「切手」、言葉も実態もシナと関係なし。組合を作り、行司役を決める

（役人の後見で）。商業上の必要（徳川期、政治も経済も、そして学芸も、シナの影響を受けなかった）

３　大坂＝商業の中心（銀本位）、参勤交代＝江戸（金本位）

114　租税（１）

１　貢賦＝貝、租税＝禾（か）（日本でも）、「貢」＝被征服者（のち民衆）の献上物、「賦」＝軍隊に関係〔＊雪嶺は、黄帝（覇道）はもとより堯舜（理想的君主＝王道）も、伝説上の人物、孔孟の想像の産物〕

２　貢→助（９分の１　公田）→徴→租→

115　租税（２）

１　「初税畝」＝初穂「税」（＝贈答）はじめ、贈、遺→税（征服者に迫られる）、のち、名を寄付、実を徴発

２　漢代　租税＝常語、田賦に最も重きを置く

３　力役の徴発＝戦時（義務）と平時の区別

４　唐代＝租庸調（工業品、絹布）の確立

116　租税（３）

１　シナ　租税、有史いらい、主は田畝、商工業発達しないところも同じ。「私田」は占有地＝ここに税（＝生産は人力の変形に過ぎない）　＊この点重要　土地所有に重きを置かない→王莽（前

漢↓後漢）や王安石（宋代）の失敗
2　私有（占有）禁止に対し終局反対＝民衆の恨み↓対土地から対収穫物に対する課税（租税）
3　*アジア的生産＝所有様式（？）　雪嶺＝土地所有に否定的（↓司馬遼太郎）

117 租税（4）

1　租庸調の「変調」＝塩鉄国有（漢武帝）、土地国有（王莽）、両税法（2期に分け徴収　唐徳宗）、新法（宋神宗・王安石）
2　唐代＝最も周辺国に影響を与えた↓唐の租税法は模範的に日本の租税法として定着
3　唐　租庸調を決め、両税法（＊夏・秋2度税・銭納）にて骨抜きにする。後代これに倣う

118 租税（5）

1　連続的変動が（幾許か）痙攣的変動に優る　日本＝封建代＝租庸調のうち単に租が行われ（商業の発達）庸＝賃銭、調＝代価、租も金納（個人の財産の増加により）↓個人の生命と財産（至上のもの）
2　シナ　日本のように王朝↓封建（激変）なし〔*梅棹〕
3　市場経済＝「量入制出」（入るを量って出ずるを制するの原則）、財政では「量出制入」（出ずるを量って入るを制するの原則）に基いて運営

8　人物

119　教政関係の人物（1）
1　教政は群衆を対象、群衆を離れて政教なし。教政家は群衆の必要にて出る、群衆の一分子
120　教政関係の人物（2）
1　東洋の西洋に識られたる教家＝孔子（＝キリストorソクラテス）、ジンギスカン、フビライ、or秀吉（太閤）
2　孔子・釈迦vsソクラテス・キリスト
3　始皇帝vsカイザー
4　小栗忠順、福沢諭吉
5　社会ありて、スパルタのごとく芸術、学術なきも、教政なきはなし＝生命財産を安固にする能わず。だが教政は生活そのものではない。生活の根底は生活それ自らにある

4　**「人類生活」の術——「人類学」の哲学　『人類生活の状態』**（上下巻　連載115回）

《要録　「人類生活」の術》

*1　もっとも広大かつ包括的（同時に曖昧・雑駁・具体）な学的領域＝人類学＝自然・社会人類学＝人間学anthropology＝自然・社会・人間哲学＝文系・理系（humanities or sciences）の領域を包括する学（ヒューマニティーズ）（東大）教養学（部）これこそ雪嶺の学（哲学）の真骨頂

*2　東西（文化史）比較、進んで日本（の歴史）について述べる

*3　人類、マレー原産（ジャワ原人）という立場
*4　産地、生産法、料理法、食味等々に至るまで俎上にあげる（→比較人類学）
*5　雪嶺は、本綱、三才図会、和漢三才、論語等々、漢籍を駆使。邦語文献は僅少、ただし筆者（鷲田）は漢籍読解にははなはだ不案内なこと、諒とされたい
*6　1節（全115節）、約20枚弱

序　「生活」とは

1　生活とは？　生命体の活動全般
1　「生活」はまず、狭くいえば「衣食住その他生存に直接関係あることに帰す。」
2　「生活」の語を使用し、生活は人のもっとも熟知するところにして、その何たるかを理解することはなはだ難し。つまり、「生活」の自己意識＝哲学である
3　まず「生物学」で「生活」を説明。〔*飯島『動物学摘要』に準拠。〕
〔*飯島魁　いいじまいさお（1861～1921）動物学者。遠江国（静岡県）浜松に生まれ、東京開成学校を経て、1881年（明治14）東京大学理学部生物学科を卒業。82～85年ドイツのライプツィヒ大学に留学、ロイカルトのもとで動物学、寄生虫学を修め、ウズムシ類の研究や単生吸虫の生殖腸管の発見などの業績を残した。帰国後86年、26歳で帝国大学の教授となり、動物学と寄生虫学の講義を受け持つ。その研究は、カイメン類、ウズムシ類、寄生虫類、ヒル類、鳥類など広範囲にわたり、寄生虫では広節裂頭条虫の幼虫をマ

スにみつけ、自体感染によりマスが中間宿主になることを明らかにしたり、大複殖門条虫の人体寄生第一例の発見などの業績がある。日本における近代動物学の基礎を築き、五島清太郎など優秀な門下生が輩出した。『人体寄生動物編』（1888）、『動物学提要』（1918）〔大正7　1000頁を超える、明治・大正期の動物学を総括したもので、長く必読の教科書とされ、日本における動物学の普及に貢献した。〕などの著書がある。

〈町田昌昭〉大日本全書〕

4　「生活」を、客観的には原形質（細胞の生きた部分を構成する基礎的な物質系の総称。細胞質と核から成る）の五機能（原形質のもっとも顕著なる生活の特性、伸縮性、感受性、物質代謝、成長、生殖）、主観的には意識。重要なのは、無意識→意識（無意識にも意識がある）で説明すること

2　原始状態　原人と猿人類の差（区別）　ハックスレ（＝差の僅少）を批判。雪嶺は（生活）「手段」（→器械）の存在、手の自立、→知力（脳量の差）

3　人類＝生物の一部　生活＝生命活動＝自己保存・人類保存活動

4　進化すれば、自己保存の断念＝自死→目的と無目的の相関→労力と努力（＝身体の必要）がなくても努力する。種族保存の断念＝独身へと傾く

5　行為の目的、問題は、無意識の動機（衝動）が有意識を制することにある。生命存在＝新陳代謝活動＝自己保存に食物が、種族保存に生殖が必要

6　労力と努力　「努力ならざる労力あり、労力ならざる努力なし。」　生物＝環境に適・不適＝生存の適・不適　人間＝脳の大きさ→努力・適応＝人工→「際限なく欲望を増し」

7　人類の繁殖　人種＝変種

1　＊人類はなにをもって人類になったか？（要の中心）の考察はない。雪嶺では「脳の発達」（類人猿に3〜4倍）

2　東洋区に人類（原人）発生（＊現在では誤謬）　森林→耕作（生産）してはじめて人類→移動の因＝分裂・分配・放逐・退避　特に人類に特徴的なのは「好奇」

8　人類の変種＝変化　熱帯・黒→温帯・黄→寒帯・白

『動物学提要』＝類人猿と人類との形態上の差異は小さい。雪嶺＝「頭蓋における幾分の変化」＝精神作用→生活状態の差は大　適者生存＝適者になる「困難」な条件

勇者・劣者＝停滞、敗者＝放逐＝より困難に適用し、進化　黒人→褐・黄人・赤→白

9　差異の要因＝境遇、大略、気候と地形の違い　違い＝困難を突破する努力（知力）

21世紀＝白人・50〜60億か？　否、20世紀末、15億に達するもおぼつかない

黒人でも、欧州に行けば、白人になる

10　水火の貯蔵＝人類の特質　水の貯蔵∧火の使用　6対4

河川＝水の産地　火山＝火の産地　火∧水　調理＝煮る・焼く

＊総じて雪嶺の人類への進化（人類の誕生）論は、トーマス・ハックスレイの水準

1　食

11　最初の食物

*「人間はその食らうところのものである」（フォイエルバッハ）を想起したい

猟→牧→農　菜食＝果実（猿）、肉食（＝昆虫→肉）かは、採集・捕獲能力→道具使用の差異

12　果実　はじめ主食、次に副食

13　穀類　主　チャイナ＝麦・黍・稷　日本＝米

*だがどちらも禾本科でニゼル川上流原産

14　コメとムギ　東＝米、西洋＝麦に限るわけではないが、有力者は米（?）　*黄河流域（シナ文明）は麦の単作

15　豆類　穀類＝禾本（稲）科＝米麦（corn）＋豆科（pulse）

*蘇東坡（蘇軾）の詩「豆粥」

16　菜菓　移植・栽培容易　瓜・甜瓜・瓢箪・茄子・メロン（*メロス島?）・南瓜・西瓜・トマト（蕃茄）

17　根と茎と葉（1）　芋……　*牛蒡＝食用にするのは、日本だけ

18　*「七草」＝芹・薺・御形（＝ははこぐさ）・繁縷・仏の座・菘（＝かぶ）・清白（＝大根）

19　海藻　食物連鎖＝陸上に植生なくとも、海中に植物→魚類→獣類→人類　昆布＝広布、荒布、

和布[ワカメ]、モズク〈海蘊〉、ヒジキ〈鹿尾菜〉、トコロテン〈寒天〉、海苔〈コルシカ海苔〉
20 貝類等　肉食のはじめ＝原人↓海浜　貝・海鼠類食　牡蛎　鮑〈アワビ〉　蛸・烏賊
21 魚類等〈1〉日本＝淡水に鯉、塩〈鹹〉水に鯛〈平〉……蝶鮫〈キャビア〉↓黒龍江↓石狩川　鯖〈欧でfirst〉、鯔[ボラ]〈からすみ〉
22 〈2〉鰊・鱈・鮭、鰯、秋刀魚、鱒、……、河豚……鱧[はも]、ヤツメウナギ〈本綱により〉としている
23 〈3〉非魚＝鯨、亀、蟹、蝦……蛙、鯢＝山椒魚、蜥蜴
24 鳥類＝捕獲は貯蔵、娯楽のため〈鶏〉老子、孟子、〈鶏鳴〉〈波斯鳥〉〈ギリシア〉〈軍鶏〉〈シャム〉〈コーチン〉〈交趾〉
人類に近い動物を食うことを嫌う＝カニバリズムのタブー
25 獣類〈1〉人は動物を活用するを好む〈人肉食の禁〉〔*なぜに禁忌なのかは、?〕
食＝牛馬豚羊狗
26 獣類〈2〉支那　犬三用＝田〔かり＝佃〕・吠・食〈羊頭を掲げ、狗肉を売る〉熊掌[ゆうしょう]
27 料理　類人猿と人類とを分かつ指標　割鮮〈支那〔*生食〕、火の使用〈cook〉、ガストロノミー〈美食〉＝驕奢と倹約〈エピクロス〉　英国と日本＝料理同質＝材料豊富・素材を活かす〈簡素〉vs支那・仏〈大陸〉＝進歩〈多彩〉〈論語「食不厭精　膾不厭細」〉〔*朱註を示し、コメントする丁寧さ〕

2　衣

28　衣服の起源　人類の起源＝毛（類人猿）→無毛＝衣服　氷河時代　4品＝動物（毛皮・繭）＋植物（麻・綿）

29　裘と葛＝冬・夏の衣（獣衣・植樹衣）　葛布〔＊縦糸には綿、麻、絹などの糸を用い、横糸には葛の繊維を用いて織った布。水をよくはじくので、雨衣あるいは襖や屏風をはるのにも用いる。（日本国語大）〕

棉と繭→毛・綿・絹

30　蚕繭と棉花　綿（絹）→木綿　だが「人の衣服はほとんどことごとく生物より」＝繭（支那）・綿（印度）

31　織物　結ぶ（人間特有）＋編む　「東亜に絹糸を発明し、熱帯地方に綿糸を発明せるは、織物における最大の貢献に属す。」　手細工→器械＋手細工（精巧品）　＊力織機（power loom）の発明＝18C末　カートライト

32　服装（1）　部分衣、全身衣、上下衣

変遷＝熱帯→寒帯＝ジャワ、フィリピン、日本、カムチャッカ

陰部露出＝恥　性欲（無制限）＋成熟（長時間）

魏志倭人伝＝貫頭衣

33　衣服（2）　礼服と常服

団体にて定める服装＝保護色　権力者〈服従を服装に表明せしむ〉色

34　衣服（3）　表裏、襟、袖、帯

起源＝貫頭衣より、左右より合わすが穏当

首領・領袖＝首（衿）・袖＝重要な位置　衿＝袖　「襟」＝北方で、寒さを防ぐために　半襟＝実用から装飾用　「帯」＝袷て、締める↓女性＝装飾（コルセット）

35　衣服（4）　冠と帽と笠　用途＝装飾・寒・暖　〈衣冠を正す〉

36　衣服（5）　履物　手と「足」＝分業　〈いかに足に適合しつつこれを束縛せざるをうべきか、技術家の工夫するところとす。〉

足の服装＝（木・草）履・（皮）靴・（草）鞋・スリッパ・（田）下駄

37　衣服（6）　装飾品　〈身毛そのものさえ実用か装飾かの判明せざるあり〉　化粧・整形＝黥↓化粧↓刺青（刺青は刺青で消す）

38　衣服（7）　流行　ファッション、特に服装＝権力者に倣う＝「制服」

〈はじめ異形として笑われ、流行して普く及ぶや、俗悪として笑われ、その中間を流行の生命とし、流行に次ぐに流行をもってす。〉

《食・衣・住の哲学は、「漢籍」等の文献是れあり。》

3　住

39　住居　必要＝共同生活（分業）と敵に対する攻防
北欧＝住居に力を尽くすのは、〈屋内に幸福なる世界を造りださん〉がため

40　住居の築造　穴居・巣居

41　木竹と土石　材料　〔＊雪嶺は、人類の起源をマレー半島にするので、文明の起源がなぜ、北上して黄河地域ではなく、亜細亜の西南（中近東）↓黄河になったのか、？・？・になる。〕

42　加工程度　技術・人工 artficial　チグリス・ユーフラーチス＝日焼レンガ＝木材・石材の art
とくに瓦〈「瓦屋（ガオク）（かわらぶきの家）」「甎瓦（センガ）（敷石にするまるい素焼きのかわら）」↓瓦土塀・土器＝瓦器（素焼きの土瓶）

43　堅牢程度　地震　永大不朽＝寺院（神＝霊魂のすみか）　住居の永続は、結果として、個人ではなく、社会のため

44　高大程度　他（国・民族）との比較（競争）と階級によって決まる
桃山時代＝建築の高大を競う

45　便利程度　禅宗の輸入とともに書院造り＝左右均整式

46　装飾程度　生活の余裕↓装飾↓簡便

47　庭園　自然征服↓人工自然

48　建築工具（＊字義・字形から説く）　規矩（コンパス・指金）　準縄（水盛り・墨縄）　武器↓
工具＝西洋は、その進歩・改良で、東洋に勝る

4 労働（と余暇）

49 勤労の意義

1 生物は無意識と労働（有意識＝努力）によって生存する。努力を意識する＝勤労の始まり

2 個体維持と団体（種）の維持　勤労＝労苦（苦痛）＝不幸（「仕事師」）＝卑賤

3 労心（治者→知的労働＝インテリ）＞労力（被治者→肉体労働＝レイバー）

4 勤労（苦痛）→余裕→幸福（快）

50 勤務の分化　職務（労心）と生計（労力）　教化（政治と宗教）＝心を労して民を治む（孟子）
→兵力＝士（官吏）→農・工・商→「治者と被治者」

51 職務と本分

1 官位（職務）と責務（賞罰）→官吏＝公務は、職務第一で、俸給のためではない

2 上意下達（意志疎通）、だが、三たびこれを諫め、上命を奉じて倒れてやむは、職務を果たすことだ　楠木正成＝湊川

3 俸給のため＝職務、自ら志すことのため＝本分、だが官吏は異なる

4 スピノザ　レンズを磨く＝職務、攻究の成果を発表＝本分　二者の区別を明確にする。〔＊だが、雪嶺の改釈とはことなり、スピノザのレンズ磨き（＊最新技術の駆使）と研究とに関連あり〕

52 生計と職業

1　生存と生計＝順応（動物）と努力（人間＝生活に種々の「制限」あるからこそ、努力する）
蛮族（濠州土蛮）＝制限に順応し（単に生存しうるをもって安んじる）、苦痛を感じず生きる
2　欲望（不足）→充足＝発達「交換」＝生計が職業＝産業＝分業
3　政府が民衆から財＝税を集め、出さざるものを誅す（バッサリ切る）→権力と産業が対応する＝治者と被治者の分業（士・農工商）→産業が発達すると、労心者と労力者が一律ではなくなる

53　事業（1）
1　神霊を「経営」（霊台を建てる）＝神に対してこそ、関係者の力を尽くして壮大かつ巧妙に造る→土工を起こす（万里の長城　ambitio　歩き回る）
2　かつて立徳（賢哲）・立功（英雄）・立言（文芸）といわれた
3　だが芸術（個人・天才）と科学（事業・進歩）で、事業の主体（才能）は多様になる

54　事業（2）　単独と共同
1　事業と功名　事業＝効用（当人あるいは社会）＝世間に有利
2　個人の功名は、集合力の所産　（歴史における個人の役割＝「有力者も機関の一部」）
3　功名心は必ずしも功名をなさず＝功名心が事業欲に変わる時代

55　成功不成功

1　人知が何ほどのものか、知能に富む者ほどよくこれを知る＝人知・人力に不可能はないと考えるのは、詩的想像力の所産
2　才知のすぐれた者（孔明）とは、知りがたきを認める（思慮分別）人のことだ。先見の明を誇る人のことではない
3　事業が分化・増加↓成功の失敗、失敗の成功＝死後も、成功・不成功を判断できない
56　緊張と緩和
1　律動（リズム）が重要　軍＝味方の疲労を戒め、敵の疲労に乗じるを旨とする＝日本戦史で、このリズムをもっともよく知るものは、秀吉・家康の「打算」
2　心身の過・労　遠近あれど、限界ある
3　緊張の緩和には、一に休息、二に睡眠（もっとも静止的な休息）、三に遊楽（もっとも活動的）
57　休息
1　一般休息日　西欧＝ユダヤ・キリスト・イスラム教　なぜか？　寒冷地、厳しい環境で、過労に落ちいらないため（??）
2　一日八時間労働　緊張の持続に限りある（労働らしき労働）＝東洋と西洋の違い
3　休息の仕方　歩行・直立・坐・臥
58　睡眠（1）［夢　意識と無意識］

1　睡眠＝休息（緊張より緩和）の「極」＝意識の消滅（に近づく）〔＊？　意識と無意識の根本的違いはわかっているのか？〕

2　「比較的意識」と「絶対的無意識」〔＊雪嶺は比較＝相対論　これは正しい。ただし、人間と動物の比較論では、この区別（連続）がわかっていない。連続と断絶の根本原因（区別）は何か？〕

3　孔子「努むべきに務むれば」、昼寝かまわず。惰眠とはいわない

59　睡眠（2）

1　昼起夜眠　相対的（周期的光明と人工的光明で説明）　満月＝ある点で、昼と、あるいは闇夜と同じ

2　火の発明　隠顕出没　盆踊り＝火ありてより、酒に酔うことが夜間にもっとも適すと知らるるに至る＝「酔月」。歓楽する習わし（＊ゲーテ「昼の労苦、夜の歓楽」）「古人秉燭夜遊＝古人燭を秉りて夜遊ぶ」〔李白・春夜宴桃李園序〕

3　大都会　人工の進歩〔＊不夜城　雪嶺は、つねに相対論で、思考をすすめる〕

5　遊び

60　遊楽の意義

1　筋肉関係の遊楽（類人猿と同じ＋機械）　精神関係の遊楽（感覚・精神機能の遊楽）

2　ミューズ（ギリシア）　古来、あそび＝音楽に重きを置く（＊ヌードル　noodle　3　楽器をも

てあそぶ、とりとめもなく即興演奏する、考え抜く、あそぶ、いじる、あれこれ考える）
音楽　遊楽に欠かせえない　遊＝運動

3　「遊」＝生存に必要な努力に対し、そのしからざるところを総称

61　運動の遊楽（1）　無器械

1　人間＝二手二足（「練習」で手を足、足を手のごとく使う）〈雪嶺に*直立＝二足歩行の重要性は、稀薄？〉

2　毛と衣服＝水に濡れるを厭う　無毛＝水陸両棲→游泳＝遊楽

3　戦闘擬と舞踏擬＝運動会

62　運動の遊楽（2）　有器械

1　人間　tool making animal　制作

2　石投げ、棒打ち→野球・庭球　蹴鞠・弾奏（日本では弾奏は行われず）
東洋＝身体運動を遊楽とするに冷淡、欧米は熱中

3　遊楽器械　紙鳶→信号・空中撮影＝遊楽→実用＝飛行機の実用
*雪嶺〈軍用（狩猟）→民用（農耕）→遊楽〉という行程を、根底にしつらえていない

63　食的遊楽

1　生命の保続（手段＝必要）〔*人間はその食らうところのものである〕　人類はある程度まで食物の種類を多くする必要あり〔*種類を多くすることができたものが、生き残った→もっと多く＝遊楽〕

2　嗜好は必要と遊楽にまたがるが、遊楽に属し易し（→料理の進歩）

3　酒、茶、砂糖（茶や砂糖が節酒につながる）

64　性的遊楽（手段）

1　種族保存（個体の生命なくして種族あるべきにあらず）、よって、生命の保存に関連する食欲に比べ、種族の保存に関連する「性欲」は限られる（性欲と性関係？）

2　性欲の遊戯（淫猥？）排撃　始皇帝＝後宮三千

3　堅気・放埒　母型・娼型　20世紀、ますます肉・性欲＝狭き範囲　性的遊戯＝広き範囲

＊雪嶺は、食も性も、手段が目的化し、無限の連鎖となるという。だが食も性も、人間では目的＝食・性のための食・性になる

65　知的遊楽（1）　感性

1　（知覚経験論だが）退化し、「必要（快）のため」

2　「音楽のために音楽し、音楽を生命とする」

66　知的遊楽（2）　知能

1　知能（脳）の発達（＊なぜ発達したか？）　実念（substance　類・種のような普遍が実在）の標号（symbol/sign）化→新たに実念が生じる（ex.サイコロ賭博・吉凶占い）→囲碁・将棋＝インド（チェス）

2　謎かけ＝問答＝伝説

3　文字を作る（言葉）＝詩文・読書（「読書の楽楽無窮」「読書の楽楽陶陶」）

67　混成遊楽（1）　粗雑（ラフ）

1　時と所を問わず、随意に選択し、随意に享受する　亡国の四憂＝酒・味・食・台（建築）の遊楽

2　祭礼・饗宴の遊楽＝無礼講　演劇（能楽＝日本で演劇の最高位に上る）

3　巫女＝神楽、祈禱、妓（芸者）

68　混成遊楽（2）　精緻（fine）

1　最上の遊楽を求めるが、限度に近づく（生食か？　精緻な食か？　⁇好み）

2　一切の遊楽を総合する（勢力家）＝簡単から複雑へ＝劇場

3　劇場の独立（権門から）遊楽の独立　遊楽の総合はある程度まで　分業と調和＝演劇は演劇専一に（*しかも大衆演劇を土台にしてだ）

69　散漫遊楽

*あそび＝気休め＝「仕事」以外の遊楽

1　散漫＝物見・遊山とも定まらず、単に市中を徘徊し、郊外を逍遙するは、遊楽と称しがたい＝「散歩」（*雪嶺の唯一ともいえる趣味＝習慣）

2　だが遊楽対象から（相対的に）自由＝愉快の甚だ漠然＝散漫「散歩」（単独）と「旅行」（同行）ともに遊楽

3　蓼食う虫も好き不好き

70　変態遊楽

「当人が遊楽とし、普通の遊楽と同列にできないの総称」

1　苦痛より見れば努力、快楽より見れば遊楽たること多し

2　「耽る」〔*没頭し、溺れる〕　マキアベリの蔵書

3　遊楽は善悪に関係ない　快楽犯罪＝愉快犯（殺人）〔*雪嶺は、快楽殺人を、精神「異常」と見なしている。「罪悪を犯すところに愉快を感じ、これを侵さざるを得ざるなり。」というが「精神病者」であるとはいわない。〕

6　人生（生涯）

*個体の人生（生涯）がテーマ。成長・成熟・老衰

71　日常（1）　成長期

日常　everyday＝allways　中間＝多数

1　勤労と遊楽の区別を認識するのはいつか？

労働を卑しむ時代　非労働＝義務＝勉強　立身出世、13歳で幕府儒官（山田麟嶼）

2　学校（義務）教育以降　生活に余裕あるものとないものとの違い↓労働（勉強）

3　丁年＝成人は何歳か？

72　日常（２）成熟および老衰

１　少壮老＝20・40・60　25・50・～　孔子（われ）君子の戒　少＝色、壮＝闘、老＝（欲）得（*現代　青＝～35、壮＝～65　老＝～85　耄碌（老いて役立たない）＝86～）

２　三十にして立つ（自立　*現在は50？）＝生活の独立　だが①士農工商の差、②世代の差、③成熟期＝争闘＝競争不可避、④遺産、⑤男女

３　老＝老衰と死は自然

73　生涯

日常の総体

１　履歴（事蹟）生涯＝その人のなしたること

２　人間の生涯、有機的

*偉人の生涯を語る＝偉人の生涯を「例」に語るほかない、なぜか？　事蹟に特徴ある

74　生涯の方針

１　大別して2つ　①理想、②現実に重きを置く、だが反転する

２「生命」（力を発揮すること）に特別の意義ある。自己保存は種族保存に優位する

３「名利」（riches and honor）支那で根本動機　だが社会の多数が敬意を払うは理想派

75　優劣

*環境か価値か

1 優劣は適不適（順応）の別名で、強弱・大小ではない

2 人間＝道具、共同運動＝闘争（戦闘）と制作（労働）

3 優劣は変異する。知力＝徳ある人（孔子や老子）＝長いあいだ優者に類される

76 優越（1） 体力

1 環境に適（有利）・不適（不利）→優越を望み、優越を羨む＝適者生存

*雪嶺は、人間の体力、必ずしも劣悪ならず、重要だとする

2 人間 体力（養成次第）＋道具（器械＝大脳の所産）の進化 力の強大＝本能（力能 *Ability; capability; capacity; competence; faculty）

3 技術（体力）＝「力」の概念の変化＝体力の重要性（原始時代の習慣の残り＝本能を形作る）

77 優越（2） 知力

1 知力＝なるべく有効な方法で体力を使用しようとする巧み（*art; a design; a trick; an artifice; a scheme; a plot）＝他の動物に対する優越→人間間の優越

2 共同の先導＝「力山を抜き、気世を蓋う」＝連結（セメント）の勝る必要 項羽と劉邦の対比→知能の単独（独裁）か共同（賢者＝ブレーン）か→自他知能の融和が優越を決す

3 実際共同を動かす力の多様な変遷＝軍→政治（北条氏 シャドウキャビネットあるいはキングメーカー）あるいは「聖」＝釈迦・キリスト（宗教）、ニュートン（学）・ベートーベン（楽

78　優越（3）　徳力

1　徳力＝漠然たる力　「純粋の徳力なし」（孔子＝政治において不遇）

2　知力が人類生活の進歩に必要なりとせば、その知力は徳力に異なることない＝同情心を思慮し、関係者の真実の利を計る＝知力と徳力の区別

3　徳を体力や知力の上位におきはじめたのは、有史直前　素戔嗚尊・ペリセウス→ついには、余りある知力を徳力で制し、社会の平安を重んじる

4　宗教＝最初知徳兼備を求めたが、釈迦もキリストも神通奇蹟・超越する知力に重きを置かず、神を愛す→良心

5　徳力は共同運動に必要

79　優越（4）　美力

1　美は必ずしも意識に関せず、無意識（自然）に美を備え、他よりこれに接し、美を感じる者多し。ただし自然は美を欲して美なるにあらず。美いかんは、人の感覚ならびに認識に因る

2　動物も、美を感じる。交尾期において。ただし人間のと異なる

3　美の効力　＊雪嶺には、「言語」による美（文学）なし

80　相互優越

1　関係性（空間・時間）において「優劣」は異なる

2　空間　戦争・政治　三国鼎立、合従連衡、群雄割拠

3　時間＝盛衰・浮沈

81　世俗の優越

＊雪嶺の独特の論点　世才とは曖昧だが、重要。世俗＝世間＝多数（＊カーネギー『人を動かす』と同種）

1　大事に優越は危機を含む。比較的安定は世俗＝尋常普通の部類。ときに群衆圧制＝世才・俗才＝平時に大才は必要ない

2　ブレーンや世俗を読む能力が必要。中庸＝「タレント（有能）は人を敵にし、タクト（Takt思いやりの心）は人を友にする」　人類は総じて平等たり

3　世俗を罵り、交わるを避ける＝少数　多数の望むのは生活の程度を高めることにある

7　闘争

＊雪嶺は、万物に静止・永遠はないという理法を貫く＝万物は生きている＝流転・闘争

82　優越の変遷

1　優越＝体力（ヘラクレス）　体力勝負＝少数間、生涯短期間↓知力＝多数間・長期間＝「最も有効なる方法」＝新理法・新器械（＊効率）

2　だが「効果」の大、努力を失う弊ある（二代目）。省力・遊興＝絶えず努力するは極少＝生活豊満↓血統永続困難＝自滅↓必然＝新陳代謝

3　個人・団体・階級・住民・国家等　優越↓衰微＝能力の衰微を防止する努力

83　体力の増減（1）　筋骨の関係
＊雪嶺はつねに、人間の体力は弱小ではないという。（＊是!!）
1　動物との優劣ではなく、人間間の優劣を争う
2　支那の聖人＝理想は孔子　文武兼備（ただし春秋戦国期のこと）＝礼・楽・射・御（馬車を御する術）・書・数。対して老子（200歳＝体力より長命）＋釈迦（体力を重んじない）↓達磨（宋の支配階級は読書家＝面壁九年）
3　農等の民衆多数＝体力維持、支配階級は弱体化（遁走）＊支那史と日本史の「事実」に照らして説明　キリスト＝肺病ヤミのように、痩せ衰える

84　体力の増減（1）　神経関係
1　神経の強さ＝欲するところを得んとする努力に耐え得る力（＊＝集中と持続）＝神経「戦」
2　プッシュ＝突進＋忍耐（一時の突進では事ならず）＝忍耐＝自制＝情を矯める＝臥薪嘗胆
3　忍耐は多様＝意あるところに道あり（大久保利通の30年計画＝1「創業期」・2「内治整理・殖産興業期」・3「後継者による守成期」（利通は2期までやる）　集中の持続も長短ある

85　闘争趣味　体力関係
体力を重んじることが本能を形作る〔＊雪嶺は殺人（闘争 struggle に勝つ）の愉快をさえ述べる〕
生存競争（struggle for existence）＝本能（本然）が大前提
1　闘争に勝って愉快（＊本能の解放＝勝利）　戦って勝ちさえすればOK（満足）

2　人類も闘争の趣味あり　獣が人類を襲うは稀　「火事と喧嘩は江戸の華」ではすまされない＝「殿中でござる」

3　戦争に勝つを好む。いかなる遊楽にも代えがたき　*征服欲

86　知力の増減（1）　才能関係

体力と知力は同一根元より分化　知力の解放（勝利）＝愉快

1　体力＝壮年期（20〜40歳）もっとも盛ん　30歳で停止

2　知力の教養＝難しい。「読書家が力ありと知られたるは、心意を凝集するに慣れ、他のことあるごとに表面のみを観察するに似ず、深く実情を探査するの労を厭わざるに因る。」

3　学校教育＝平準レベル　雪嶺は、闘争（競争）の必要を強調する。闘争場裏に身を置く人、団体、国は、伸張する

87　知力の増減（2）　知識関係

1　経験の多寡→思慮には知識（主観〜客観、浅薄〜深奥（しんのう））　常識＝精神科学　自然科学から見れば精神科学は常識の類（非実験）

2　「知識は力」＝蓄積と使用（インとアウトの関係）　道楽と仕事（必要）＝一方に偏すると懶惰・責塞ぎ→〈安易〉→知識の減退

3　知識の媒介＝書籍（善用・悪用）　マキャベリ（3万巻通読・記憶＝書籍中の知識＝精力の濫費　書籍は参考 reference のため）　ただし、マキャベリは「生きた図書館」

4　知識と智慧wisdom＝朱子学（註脚）に対して陽明学（知行合一・致良知）

88　闘争趣味　知力関係

1　「力を戦わさず、知を戦はさん」（漢高）　孫ピンの兵法

（*ところが、1972年、銀雀山（ぎんじゃくざん）（山東省臨沂県（りんぎ））の紀元前2世紀初頭のものと推定される漢墓から出土した兵書の竹簡によって、『孫子』には、在来の『孫子』と『孫』の2種類があったことが判明した。中国側のその後の報告によれば、『孫子』の竹簡305枚（2300余字）、『孫』の竹簡440枚（1万1000字以上）が解読されている。古書に名をとどめるのみで、姿を隠していた幻の兵書『孫』の出現は、『史記』の記載（孫武と孫の伝記）や『漢書』「芸文志」の記録（『呉孫子兵法』82編・図九巻、『斉孫子』89編・図四巻）の正しさを立証したばかりか、『孫子』の著者をめぐる論争にも終止符を打つことになった。（大日本百科）〕

すなわち、軍事は知力の競争で、孔明と仲達の知略・知恵競べ＝知略の勝負、戦々恐々＝（関ヶ原、源平等々のように）多数の運命を決するを意味する

2　（*知識闘争）知恵競べ→知能を絞る→知識を磨く＝思想闘争→哲学史上の変遷＝動機は反対のための反対、権力闘争でも、知識の進歩を促す

春秋戦国＝諸子百家＝雄弁　国会の討論会でも、少しずつ国政に関する知識を増進する

89　徳力の増減（1）　仁愛関係

1　非人間に徳力はない

2　人間の徳力の相違は習癖を積むの多少にもとづく。問題は比較で、東洋は「縦」関係、西洋は「横」関係を重視。対して、孔子、上仁愛重んじれば、下自ずと（みずから）これに従う「衣食足りて栄辱（名誉と恥）を知る」（は政府関係・官吏のこと）「衣食足りて礼節を知る」（大衆のため）ではない

3　与うるはみな仁愛の部類＝富者の寄付、仁愛の心よりせずとも、徳力の優れたりと見ゆ「労農露国」の言葉＝寄付行為はことごとく政府の担任

90　徳力の増減（2）　正義関係

1　昆虫＝感謝において仁愛に、復讐において正義に向かう

2　正＝守るべしと信じるところを変えないと欲する＝万世不易＝仁愛→正義

孔子＝「徳」を以て怨に報いる→「直」を以て怨に報いる

3　人道も正義も、比較的のもの

91　闘争趣味　徳力関係

*イデオロギー闘争＝「大義」なき戦い、と批判するが、「大義」とは何か？

*この節、すこぶる具体的（例示あり）

1　源平、いずれも徳義を掲げて戦う＝容易に一致しない

2　「最善」に一致なし

3　徳義を間断なく錬磨する

92 美力の増減（1） 美麗関係

*雪嶺の理法＝弁証法＝流転・逆転

1 美＝視官・聴官・思想＝美貌・美声・美性格＝絵画・音楽・詩 *人間＝すべてに美醜判断をする

2 美的趣味＝遊戯（必要より奢侈）＝国務にて暗君ながら、芸術の進歩に力を及ぼす＝源平の相違＝政治と美術（平時と戦時）の関係

3 亡国の君主と譏られる者、芸術の恩人として褒められる

93 美力の増減（2） 宏壮関係

1 美麗 pretty＝憐れみ・親しみ（女を標準）、と、敬い・憚り＝宏壮 magnificent（男を標準）は相反・包容関係

2 容貌魁偉 ミラボー（愛嬌 charm）、星亨（威圧）だが、アテネとスパルタの競争は一長一短（端）＝美麗中に宏壮あり、宏壮中に美麗ある

3 純粋の美麗（牡丹）、薔薇（宏壮の分子が加わる）＝艱難辛苦の間、美を感じること少なし

94 闘争趣味 美力関係

1 権力の下、男が才能を以て地位を、女は美貌を以て寵愛を争う

2 （身体の美↓）種々の美の増加を競う↓芸術＝趣味の問題

3 稀少・珍奇を集め、美を誇る＝君主は美術館、帝室に飾る 他は身分相応の美を飾る 無一

物でも、王侯の及ばない美を感じる

8 理想

*雪嶺哲学の真骨頂

95 優越と完全

1 (劣等↓)優越と(服従↓)征服=人間の本能=進化の源(*努力 an endeavor;(an) effort;(an) exertion; labor; strain; industry)=競争(加速度)

2 生者必滅(All living things must die.)=最優越=最危険

3 よって、優越に代えるに完全を以てす=自他共に優劣を競わず、「最善を尽くす」=完全を期して、完全に到らず=改善に次ぐ改善=理想の観念

96 完全の意義

1 完成=当時まで(有限)の完全で、永遠の完全ならず。時、場所、人(人)によるストラヂヴアリ、工業の傑作=工業=応用的、芸術=性格的制作　性格下劣にして傑作を生むある

2 権威=目標　人の「全性格」をしるべしもない。よって、美点を集め、醜点を除いて完人を作り、おのれを教導する権威としようとする。　孔子・釈迦・ソクラテス・耶蘇=過去に「完人」を求める

3　将来に完全を求める　子孫と霊界（＝カント）、サン・シモン（＝理想社会主義）

97　完全の境地

1　完全は認識＋感情の問題＝公準（公理 postulate）がない

2　世に絶対悲願・楽観なし　自殺＝救済の道あるを信じる

3　現世に、完全な境地（ある）と完全な世界（ない）＝住めば都

98　理想郷（1）東洋

1　実生活と関係なき方面に能力を使用する　空想＝理想郷＝自然（道教）・人工（儒教）に重きを置くかで、対立　しかしともに「聖人」を認めるが、放任か、干渉か、の違い

2　儒・道ともに、権力への依頼度強い＝専制政治　印度＝階級固定＝君主以上に神霊（大師長）の権力を信じる

99　理想郷（2）西方

1　プラトン　共和国＝三階級＝哲学（支配）・軍事（防御）・産業（給与）＝社会正義を実現方法は教育

2　トマス・モア＝ユートピア、カンパネラ＝日（太陽）の都（スリランカ）、ベーコン＝新アトランティス（科学の進歩・応用）

3　科学・技術＝オーウェン、サン・シモン、フーリエ、ベラミー（*米　回顧録　1888）社会主義＝マルクス（好事家の戯れ仕事）↓欧州大戦　露国でマルクスの名による共産主義誕生

100 理想の実現（1） 試験

1 蜃気楼＝現実の反映・転倒・小部分

2 先進国＝「モデル」の変化に倣う 仏英独↓英独↓英↓英米（富強）

3 新試験（革命）＝……露国の革命（共産主義） 共産主義を即時に実行してはばからず＝帝制↓労農制＝大規模に理想を実現する実験

101 理想の実現（2） 程度

*雪嶺の真骨頂

1 闘争（分裂と抗争）に発展あり、統一と平和に停滞ある＝全一で外に対立なきは、理想なく、ある部分に理想をもうけ、実現しようとする＝改革

2 先進（モデル）に学ぶ＝中心は変わる＝どんな天才が努力しても、極度に達してやむか、他領域に変わるほかない。例、能楽・世阿弥↓歌舞伎・市川團十郎↓……

ギリシア（アテネ）↓マケドニア↓ローマ（ローマ）↓スペイン・ポルトガル（リスボン）↓フランス（パリ）↓イギリス（ロンドン）↓アメリカ（ニューヨーク）

3 経典＝民約論（ルソー）↓＋α（ロベスピエール・真理＝正義）

マルクス↓＋α（レーニン・共産党独裁）＝「（レーニンは）マルクスの考えざりしところを考えたるが、ともに人が普通に実現しがたしとするところを理想とする」

102 世界の進行

1　人間の行為は「世界」＝グローブ（星）の形状を基礎に定まる＝実現の限度＝理想の限界

2　人間の「世界」＝部落→小国→大国→帝国　広がる。変化は止まず＝分化合化

3　高遠の理想といえども、人類の存在する期間のこと＝普通の理想は１００年を出ない＝決着する（＊まさに社会主義＝成立と没落がそうだ）

103　進化と向上

＊進化論は変化論

1　エボリューション＝明治９（＊神風・秋月・萩乱→西南戦争）＝変遷→進化（退化を含む変異）

プログレス＝「進歩」＝単純→複雑＝分化・散漫→統一＝合化　だが進歩か？

デベロップメント＝発達＝（向上）

2　進化論＝社会進化論は研究を便利にする「仮説」（＊だが社会進化論（仮説）から生物進化論（仮説）が生まれた）

3　平和のための戦争、戦争のための平和＝絶対平和主義・戦争主義（＝漠然想像・憧憬）はあり得ない　だが人間に「向上の本能」ありは、どうか？（＊「過剰・無制限な欲望」ではないか？）

104　超寄生

1　生物はことごとく寄生的＝人間退化するところ多く、退化して妨げなきに退化し、必要なき形式に力を費やさざるは、大に進化するをうる所以（＊雪嶺は要不要論だが、人間は必要なきものに奔命する存在だ。雪嶺の限界＝なぜか？「言葉」論がないからだ。）

2　蒙古＝侵略性＝肉食↓侵略（戦闘）＝支配欲
3　侵略（解放）者（アレクサンドロス↓アングロサクソン（＊↓ソビエト））＝人類における寄生物＝超奇生

9　人生観

105　人生観（1）　基準

死生観＝各自の性格および環境に応じて選択（好悪）するに過ぎず

1　動物の死＝寒暑の移るに異ならず
2　人間の死＝生前に死後のことを考えるだけ＝「思考上の経験」　原始時代に夢みしことを現代も夢み
3　世人の判断は世論（他人の賛否が基準）

106　人生観（2）　類別

1　悲観楽観は訳語　もともとは厭世（老齢に疲れ果てる）・悲観（天道を知り得たる＝稀少）は二者択一ではない。程度の「差」
2　欧州＝総じて「区別」distinct ＝「明瞭」clear
コナン・ドイル＝心霊術（科学には、対象範囲がある）
3　仏教＝鳥獣草木みな成仏　キリスト教＝人類に限る

107　人生観（3）　発達

時間論＝古今の差は人力にあらず、年数をへて人力の蓄積にある

1　身体の力＝制限あり。だが力を積むと積まざるとに、違いあり＝「点滴石を穿つ」

2　過去の迷信を憐れみながら、興味を感じ、幾千年前のごとく、天を仰ぎ、地に伏して祈禱して止まざるはなし

3　ますます深く探求すれば不可解に到達する

108　自己基準

生物は自己基準を以て行為する。蟹は甲羅に似せて穴を掘る

「尺度」が必要　雪嶺の大要＝「大体において進歩発達しきたり」

1　五感に映ずる間、自ら居るところに何の変化もなし

2　いかに知識の増進し、小を尽くし、大を極めるも、頭脳内の出来事。が、自己の基準を以て測定するのは、また別だ

3　自己基準は、相対関係（対照）においてするべし。大小、長短、単複、善悪、利害、幸不幸等、根底において、自己の及ぶ所を基準

109　自己批判

*雪嶺の決まり文句＝人間の脳は類人猿の3倍

1　自己評価＝批判　すでに自ら為したる所・現に自ら為しつつあるところ・まさに自ら為さん

とするところがはたして事のよろしきを得るやを考え、もしつねに考えざれば、時として考えるを失わず

2　自己基準には自己批判（思慮分別）が必要＝誤謬回避

3　基準＝身体を離れる＝メガネ、望遠鏡、顕微鏡↓生活範囲の拡充＝鏡で自分の形を知るように、人を以て自身の心を知ろうとする＝岡（傍）目八目＝民選政治がベター

110　自己没却

1　自殺・自裁＝人知にて発明された、変態中の変態＝人類は存続・増大してきた

2　身体の絶滅せずして没却することを意味する＝心頭滅却すれば火もまた涼し

3　意識上にて生死・天地を超越しようとする＝宗教（信仰）、哲学（理解）

111　既知未知

1　概念を以て苦楽を感じる＝手段を目的にする

2　進歩の継続＝失敗の連続の結果〔＊既知（増大）・未知（増大）の同在＝未知に際限なし〕

3　未知・錯綜なるがゆえに、興味多し＝間断なき疑問に、快楽・苦痛を感じる

112　可抗不可抗

1　世に不可能なし＝鼓舞・激励・奮発に効＝修辞的に意義・物理的に無意義＝人間関係の範囲に効能

2　知識にて煩悶するは、知識にて安心すべし＝自らの弱きを知るまでに知識の増進する

3　不可効を前に、全く脱するをえざるか、脱するをえずとしていかにするをの最も適当なるか、なるべく自ら満足すべきが如くを求め、求め得ざるを煩悶懊悩する

113　解脱と自由

1　解脱＝受動的自由　印度＝身を放棄・心に満足せんとす＝労して勝つよりも、労せずして屈する　煩悩を断つ＝心の平静（＊エピクロス）　パスカル、スピノザ

2　自由＝能動的自由　欧州＝自由か、しからざれば奴隷か＝自由は人間の要件・渇望＝闘争＝自由か死か　フィヒテ

3　自由＝印度側にて、修羅、餓鬼畜生　解脱＝欧州側にて、卑屈、奴隷性

114　不可思議

1　不思議と不可思議（理解し得ざるところを包括）を区別し、思議を停止しない　不知と不可知

2　不可思議＝時代の限界

115　究極安定

相対的関係の中央＝最後は、「不可思境」にはいる

1　虚誕妄想の加わるは顕教、その然るを知るは密教にして、密教を公開するは密教の価値を失うのみならず、顕教を破壊するの恐れあり

2　死に臨んでいかなる態度を取るかは、要するにわずかの期間

3　理想郷に入りて、理想を求める＝優劣の相対関係を免れず＝満足は一時に過ぎない

2　歴史論

*雪嶺の「歴史論」と章題を打った。だが、とりあげるのは「現代史」である。それも三種の著作に限定する（ただし全「17＋1」巻＝膨大な量になる）。詳しくは各節の冒頭で述べるが、目印だけを付しておこう。

①『同時代史』（開国から敗戦まで全6巻）は、雪嶺主宰の個人史誌『我観』（一時『東大陸』に改題）に旬月で連載した通題「同時代観」だ。

しかし①には、昭和12年（1937）、2／26事件以降の叙述が欠落ないしは内実がほとんどないといっていい。なぜか？　ひとまずは、この部分、敗戦後に書かれたからである、と記しておこう。

思うに、雪嶺は、日清・日露戦そして第一次世界大戦に「勝利」して以降も、日本が勝ち続け、（第二次世界大戦で）大東亜を「解放」し「文明化」するリーダーになることを疑わない、という立論（argument）あるいは立場（political stand）の下に、「同時代史」を語ろうとしている。

その長年抱懐し、開陳してきた立論あるいは立場が、現実の前に、木っ端みじんに砕けた。それも死（享年

86）の直前にだ。ほとんど「訂正」不能状態に陥ったのだ。

②「隔日コラム」（全11巻＋1書）は、日刊「帝都日日新聞」連載の「時局」論である。昭和7年8月以降（第一次「非常時」）から敗戦期を挟む、昭和20年12月までの記述を含む。

しかし日・米（英露）戦の「戦況」不利が明らかになった、開戦からわずか半年、昭和17年半ば以降の叙述は、「時局」（政局）論としては精彩を欠くことはなはだしい。

③『人生八面体』は、月刊雑誌『実業之世界』に掲載された、戦間期の「評論」集である。①②の欠落を補う（ことを目して死後編集された）「同時代史」＝「時局」論である、といっていい。

なお①②③は現在でも「入手」（古書）可能だ。

2・1　『同時代史』

*大正15年1月、主宰する『我観』（27号）にはじまり、改題した『東大陸』（昭和11年6月～昭和18年10月〈発刊禁止〉）～『我観』（昭和19年7月復刊～昭和20年2月用紙不足で休刊、同年10月復刊～12月11・12月合併号）に、「同時代観」として連載・完結。

昭和20年11月26日、雪嶺永眠、86歳。書題『同時代史』（岩波書店　第1巻　1949）は雪嶺の、そして岩波店主岩波茂雄の遺志であった。（茂雄は息子に、雪嶺の本名・雄二郎をつけるほどの雪嶺ファンであった。）

はじめに

1 『同時代史』とはなにか

1 本書叙述対象は、雪嶺「生誕から死去」まで、まさに雪嶺の「個人史」と重なる。しかし、生涯86年には、その長さにおいても、その歴史区分によっても、その叙述内容においても、「一身にして二生」（福沢諭吉）ならぬ、「一身にして三生」が記し留められた、ということができる。

2 同時に日本「開国」（開港）期から「敗戦」（直後）まで、まさに近代日本の「同時代史」とピタッと重なる。この期の適切かつ正確な理解なしに、敗戦後日本の理解も一面的でかつ浅薄なものになる、と断言できる。

3 だがこの「同時代史」は、「現在」（contemporary）から「過去」を裁断（ジャッジ）する叙述法（ウェイ）をとらない。「過去は過去」によって、すなわち「過去の現在」によって語らしめるという行き方（ウェイ）をとる。人は「現在」の高み（あるいは低み）によって語ろうとする（性癖を免れえない）。雪嶺はよくそれを脱しようとしてきた、といってよい。

ただし、断じなければならない。第11例「非常時」の時代で示すように、「事態」の「推移」の「観察」と「比較」において、雪嶺ならざる錯誤が生じた。希望的観測にもとづく類推によって、堅持してきた思考マナーを裏切った、といわざるをえない。それも15年余の長きにわたったのだから、「晩節」を汚したというべきだ。

4　人はときに間違う。否、終始間違うとさえいいうる。間違わなかった人をわたしは知らない。雪嶺だって例外ではない。だが、訂正することができる。ところが雪嶺には、「敗戦」という事実を突きつけられても、その「錯誤」を訂正する時間を持ちえなかった。その訂正不能事は、想うに、むしろ雪嶺の私的人生にとっては「幸運」であった、と思える。

5　この大冊、「稗史」（物語）としても、断然、面白い。その「面白」さは、司馬遷『史記』（「稗史」を含む）に、伊藤痴遊の政治講談（「伊藤痴遊全集」全30巻　平凡社）に、あるいは司馬遼太郎の時代小説群（『坂の上の雲』等）にすこしもひけをとらない、と断じていい。

時代の大潮流とその潮目が、その潮目ごとを牽引し、かつその潮流の変化に翻弄される才能たちの命運が、手に取るように読みとることができる。少なくともそう「読解」できた気にさせられる。

6　その雪嶺の歴史観、歴史哲学を一言で示せば、「国粋保存」である。陸羯南（新聞「日本」主宰）と同じくするところで、一言でいえば、

〈つまるところ、わたしがいう『国粋』とは、たとえ欧米の風俗や事物を採用しても、あるいは旧来の風習や事物を打破しても、日本在来（固有）の精神を保持し顕彰するためであり、文明社会の知識思想から生まれたもので、旧物保存主義ではありえない。なぜか。「国粋とは、無形的の元気にして、一国の特有であり、他国が模擬すること不能なものである。〉（「余輩国粋主義を唱道する豈偶然ならんや」『日本人』明22／5／18）。〉

だからこそ雪嶺は「大日本帝国憲法制定が日本建国以来の盛挙」であると断じる。なぜか、戊辰の革命（明治維新）のごときは、６００年来の幕府を倒し、政権を帝室に収攬したのであって、旧制に復したに過ぎない。今日の改革（大典制定）は、開明社会の人民には適合しない君主専治制が改められ、世界各国あげて政体のもっとも優美なるものと称道されている立憲君主制の根基を肇開（ちょうかい）したのである。かくして君主と臣民との感情が、暴力や強制によらずに、一致投合することが可能となった。国家と国民との間に隔意なき基が築かれた。盛挙であるという理由だ。したがって、日本国民は大典と時を同じくして生まれた（「日本国民は明治二十二年二月十一日を以て生まれたり」『日本人』明22／2／18）。

『同時代史』とは哲学者雪嶺の比類なき歴史哲学の披瀝である。岩波書店は、他になにがなくとも、この一書によって刊行史上に足跡を留めえたといえる。

2　各巻を占める時期を、その期のターニングポイントを基本軸に（とりあえず）一括すれば、

1　歴史はつねに、もちろん個人の歴史（人生）をふくめて、その大小にかかわらず、「中外（うちとそと）」の組み合わせで変化する。雪嶺の歴史叙述（史記）もまたその典型といっていい。

2　その歴史叙述は、つねに「政治」史中心、とりわけ「国（クニ）」（国家と国民＝その中心である国権と民権）の関係を根幹とし、雪嶺は立憲君主制をもって政治理想とする。

3　以上は一読、ただちにわかる。だがなぜに「同時代史」なのか。もちろん雪嶺の「生きた時

代」を跡づけるという私的関心もある（だろう）。だが雪嶺、まず第一に「哲学」徒である。

哲学にとって最も重要でむずかしいのは、「何からはじめるか」である。大冊『同時代史』はこの難関をやすやすと超えてゆく「便法」でもあった。これを承知しておこう。こういうことだ。

まず「事実」（＝「雪嶺生誕時」）から「はじめ」よ。しかしてその「はじめ」に「立憲君主制」へと「実現」する「原理」が存在することを証しよう。……（「はじめ」とは「開始」から「全体」までを貫く「原理」である。ヘーゲリアン雪嶺の面目躍如たるところだ。）

3 「同時代人」史

編年史である。隔年末に物故者を、最初はごく簡略に、文久3年、緒方洪庵・箕作阮甫の死に始まり、のちだんだんと詳しくなり、（第2巻・明治11年以降、）この著述の特徴、呼びものの一つになった、といっていい。歴史は人間（たち）が織りなす巻物である。雪嶺人物史（人物月旦＝批評）の「集成」はここにあるといっていい。（この点鬼簿を、独立の一冊して編まれることを切に望みたい。）

同時に、物故者略史が極粗略化された昭和8年以降、「同時代史」（記述）が質・量ともに急低下していることも、注記したい。

（1）第1巻　破壊と創造――内戦と新国家創建

第1巻は、万延元年（1860）〜明治10年（1877）を、すなわち「革命」（内戦）期をあつかう。

この期間、1.開国（港）から尊皇攘夷、2.公武合体から開港勅許、3.大政奉還から討幕、4.王政復古から版籍奉還、5.廃藩置県から中央集権制の確立と、実に展開がめまぐるしい。

雪嶺の最も重要な視点であり叙述法は、対立する両極は、その対立するものを自分自身のうちに（も）含むというものであり、ひいては自分に対立するものの解消は自分自身（自己矛盾）の解消につながる、というもので、いうところのヘーゲル「弁証法」と同じだ。この時期、2例だけピックアップしよう。

第1例　「尊皇攘夷」とは何であったか

1　幕府（大老井伊直弼内閣）の「開国＝開港」（やむなし）にもっとも反対したのは徳川御三家の水戸藩（徳川斉昭）で、「尊皇攘夷」の急先鋒だ。幕府は「開国」策で身内に最大の対立物をもった。だが幕府は「攘夷」（外国船打ち払い）を早急に決行することが不可能と認識し、斉昭に蟄居を命じ、「攘夷派」を一掃、大弾圧する。「安政の大獄」だ。（ところで井伊も尊皇攘夷である。尊皇であり、だが攘夷は困難だ、決行すれば幕府はもとより日本国が破滅の危機に瀕する、と覚知したリアリストだ。)

実のところ幕府も「尊皇」なのだ。しかも「鎖国」(鎖港)が「国是」で、その変更には天皇(朝廷)の認可(=「勅許」)が「建前」として必要と考えてきた。むしろ「開港」条約をしぶる幕府に対し、米(艦隊)はならば朝廷と直接交渉すると脅す。だが幕府を飛び越して「勅許」を図るというのでは、「大政」(国政と外交)を預かる幕府の面目が立たない。

窮した井伊内閣は、とりあえず開港「条約」を結ぶ「勅許」と交換に、いずれ準備が整えば「攘夷」を決行するという「言質」を朝廷にとられる。

かくして、幕末史を彩る、「公約」した攘夷を断行しない幕府の「違勅」=「背信」(自己欺瞞)を弾劾する、「尊皇攘夷」を旗印とする討幕・王政復古への道理=道筋ができあがる。ところで、朝廷に討幕の「力」があったのか、と不思議がるだろう。一見してない。だが朝廷「内」に極小、「外」に粗大の(反・非幕)力があった。幕府(幕藩体制)が亀裂と対立を深めると、内も外もますます大力に変じる。

『同時代史』は、「開国」の断行者にして「違勅」の張本人であり、「尊皇攘夷」運動の火付け役となった井伊大老の暗殺(安政7/3/3)の直後、年号が変わった万延元年(3/18)からはじまる。(ちなみに雪嶺は万延元年5/19生まれ。)

前置きが長くなったが、この「論」の道筋が分からなければ、『同時代史』を「おもしろく」読むことはできるが、その歴史「哲学」を読み解くことはむずかしくなる。

2　ところで、尊皇攘夷から王政復古への道筋は、平坦ではない。むしろ複雑怪奇というべきだろう。それを読み解く「人」がいて、はじめて筋道（logic）が「生まれる」という体に思える。雪嶺の歴史叙述には、節目ごとに筋読みの巧者が登場し、迷道に筋道が浮上してくる。『同時代史』が、諸人物が躍動する生きた歴史、英雄・傑物史の色彩を強くもつゆえんだ。ここでも1例を挙げよう。

井伊大老暗殺は、米国ワシントンに向かった日米通商条約批准の正使団とサンフランシスコに向かった親善団の留守中に生じた。雪嶺は、井伊暗殺を、冒頭、原敬首相暗殺（1921）になぞらえている。含意は、2つの暗殺が1国の政治を揺るがす大事件であることだ。ただし、井伊を踏襲した老中安藤信正は、後継内閣にして、皇女和宮の降嫁＝公武合体（条約批准を10年以内に破棄する、公武一和＝政治議決は朝廷、その執行は幕府という条件）で難局を乗り切ろうとする。幕府の弥縫（びほう）策だ。したがって早晩の破綻は免れえない。

この「公武合体」を仕掛けたのは誰か、本書（雪嶺）はこれを明示していない。がその指さすところ岩倉具視に違いない。そして公武合体策こそ、いったんは幕府の成功・慶賀に、尊王攘夷派の失敗・憤慨に思われたが、幕閣の「観察及び判断」の誤りここに極まれりで、幕府の致命傷となった。なぜか。

「攘夷」決行は無謀なり。決行すれば幕府および諸藩の衰・滅必至だ。これが大方の見方。だがその無謀をあえて決行した藩があった。長と薩、明治維新を強行推進した二大雄藩で、この「決行」

こそ、幕末動乱を乗り切る政治・軍事パワーの起点となる。すなわち幕府を力で倒す原動力で、天皇を頂く「維新」＝薩長閥政治へと続いてゆく。問題はその形と内容にある。

3　文久3年（1863）、将軍家茂、上洛、5月10日に攘夷決行を上奏したその日、まさかのことに長州藩が攘夷を決行する。おくれて7月、薩摩藩が英艦隊の砲撃を迎え撃つ。（これも薩藩にとっては生麦事件によって生じた「攘夷」戦だ。長は翌年、英米仏蘭4カ国連合艦隊の報復にあい敗北、薩は互角の戦いで終わる。雪嶺は、長・薩の砲撃は英仏等の背後に幕府がいたことを示唆する。）

長州。「攘夷」は勅命かつ幕約で、違約したのは幕府だ。これを天皇に直訴すべく大軍を京に送る。これを迎え撃つのが天皇を守る幕府（会）・薩連合軍で、長軍を撃破（禁門の変）、かくして長藩は朝敵となり、幕府に長州征伐の勅命が下りる。このたびは長政府、戦わずして降伏。幕府の威（虚）名上がる一幕であった。だがここが潮目であった。流れが変わる。

1.公武合体政治の「実行」だ。雪嶺が明示するごとく、幕政は京と江戸に二元化され、江戸は京（天皇に拒否権のある朝議）の決定を施行する執行機関になってゆく。この行き着くところが、大政奉還であり、王政復古である。

2.長を蹴落とした薩は、幕の「主敵」である（ことに変わりはない）。政治力学上、薩・長連合なれば、幕に対抗可能なこと自明だ。その「連合」が暗々裏に実現、第2次長征は幕軍の敗走に終わる。かくして薩長に土肥が加わる討幕力が実現。その提携の中心を担ったものたちが維新政府の推進力となる。薩の西郷・大久保、長の木戸・広沢（真臣）であり、土の後藤（象二郎）・板垣、肥の副島（種臣）・大隈たちだ。もとより公家の岩倉・三条を落としてはいけない。（なんともまたバランスがいい。）

3.幕府にとってもっとも不運（アンラッキイ）だったのは、慶喜が将軍後見から第15代将軍になったことだ。歴史には「もし」ということは許されない。だが（だから）あえてしてみよう（みる価値がある）。

もし慶喜が将軍にならなければ、である。雪嶺になりかわっていえば、慶喜が最も不幸だったのは、彼に「意志」があったことだ。彼の最も懼（おそ）れたのは、「朝敵」の汚名を被ることで、北条義時や足利尊氏にならないことだ。さすが「尊皇主義」水戸派の後裔だ（というべきだろう）。

慶喜は、「朝敵」指定と将軍辞職さらには幕府滅亡とを秤に掛けると、「朝敵」指定解除を志向する人物だ。こういう人が将軍になった。将軍職も、幕府も放り出して、当然だった。（もちろん慶喜の意志いかんと日本の将来いかんを秤に掛ければ、答えはまた違うというべきだろう。討幕・佐幕の戦いは、慶喜の戦線離脱で、あっというまに終わったからだ。内乱の短期終焉、これこそ幕末の幸運であった。）

第2例　明治6年の政変　欧米使節団および「征韓論」の「謎」

「王政復古」の新政府が生まれた。「攘夷」は霧散する。この政府、旧弊（後醍醐「建武中興」）ではありえない。世間も、「天皇」を頂く、徳川幕府にかわる薩長（土肥）政府が生まれた、と思えたことだろう。

1　新政府は太政官制（王政復古の再来）にはじまり、内閣制に移行したのは明治18年（1885）だ。だが明治2年、すでに神祇官を分離した太政官のもとに、大蔵を中核に兵部・民部・外務・刑部・宮内省ができた。ただしその長は、三条実美他皇族・公家が要職を占める。

だがすぐに薩長土肥を中核に、目指すところは明確で、旧太政官制ならびに旧封建（分国）制の打破と改編へと進む。すなわち版籍奉還をへて廃藩置県（＝郡県制　明治4）、徴兵制、財政改革をへて、中央集権政体の確立だ。

中心を担ったのは、薩の大久保、長の木戸、土の板垣で、この旧三藩の兵力を背景に廃藩置県が断行された。その核は、旧藩主＝藩知事に代えるに県知事を中央政府が任命する、であった。これは旧薩摩藩と藩知事島津久光を除いて、腐った木がおのずと倒れるように、思いのほか容易に実現する。

その直後、国政上に大異変が生じた。岩倉具視を全権大使とする欧米使節団派遣が決まった。主目的は通商条約「改定」の可能性を探り、その部分的実現を図るというものだったが、大久保（大蔵卿）・木戸（参議）等を副使とする百名を超える大派遣団で、このときできあがったばかりの日本新政府は、その中心、岩倉・大久保・木戸を長期間欠く、一見して、異常事態となった。

これは日本近代政治史上最大の「謎」だ。なぜに岩倉・大久保・木戸はこのとき内閣を「明け渡す」ような挙に出たのか。

雪嶺も「一の奇異なる現象」で、「巧緻よりも拙速を貴び、後に破綻の続出するを免れず」と断じる。理由が判然としない、といっているのだ。

事実、中心が欠けた二年余、「大事を専断せざる約束」をなした留守部隊は、「為すべきを為さざる能はず」とばかり、大久保の代理を託された井上馨（大蔵大輔）の緊縮・消極政策を拒否し、外務（副島種臣）、司法（江藤新平）、文部（大木喬壬）、大蔵（大隈重信）が内政＝制度改革を強力推進し、井上を辞任に追い込み、まさに「鬼の留守に洗濯」（大隈）のさまであった。

すなわち、太陽暦採用、難事と思われた徴兵令告諭と公布（平時3・1、戦時5・6万人）・断行、司法改革（裁判権を行政権から独立させる三権分立の端緒を切り開く）で、仕上げは内閣改編（各長官＝参議、井上＝次官は参議でないため、閣議を外される）というものだ。まさに大蔵を牛耳った大隈をトップとする「殆ど肥前内閣と称するに足る」の観を呈した。

2　そこに生じたのが「朝鮮事件」（大久保）、一名「征韓論」である。

朝鮮の政情は、欧米と通好を結んだ日本を「夷狄と化した。禽獣と何ぞ別たん、我が国人にして日本人に交わるものは死刑に処せん」（朝鮮政府・大院君布告）としたことに端的に表れている。釜山長官が、この布告に呼応する侮日発言をおこなった。抗する明治6年5月の閣議、

板垣（参議）は、釜山に一大隊を送り、居留民を保護、しかる後に修好条約の談判に及ぶべし、と主張。西郷（参議）は、派兵はよくない、全権大使を派遣し、これを殺せば兵を発すべし、と主

張。これに板垣、後藤、江藤が賛成、大隈は岩倉大使の帰朝を待って討議すべしというが、西郷は一国の政府が国家の大事に際し、是非を断じること能わざる筈なしといい、自ら全権大使の任に当たるべきを提議、三条（太政大臣）はこの議を約す。

3　すぐに大久保・木戸に帰朝の召喚があった。大久保は応じ5月26日帰朝、木戸は別行動を取り7月23日帰国。そして8月17日の閣議で西郷派遣（だけ）が「決定」される（内定で、勅命は下りていない）。大使岩倉一行は9月13日に帰朝。ここで役者がすべてそろった。

結果、10月24日、岩倉（太政大臣代行）の建議により、「訪韓」無期延期の勅命が下る。

雪嶺はいう。西郷は「訪韓」に「生死」（進退）を賭けた。だが朝に兵を動かすには財源が必要で、西郷の征韓（派兵）をプッシュしたのは大隈の「積極」財政であった。その大隈、訪韓には大久保・木戸の帰還を要すると主張。そして洋行派がそろうと、大隈は西郷訪韓反対を表明。また、薩力で長閥を叩き、薩力を分断して主導権を握ろう、という江藤（が大隈に明かした）「陰謀」を大久保に漏らす。

西郷はただちに参議を辞職、翌日、副島・後藤・板垣・江藤が続き、大木と大隈は留まる。

4　大久保は、帰国後、参議復帰の10日まで、「韜晦」する。復帰後、いかに「豪腕」でも、「議論」ではことごとく江藤に「口」（議論）を封じられた。ただし大久保だ。「挽回の策なし」と思えるなか、「只一の秘策」を繰り出す。すなわち、太政大臣三条（卒倒して人事不省）の職を、岩倉に代行させるという策で、策謀家大久保の面目躍如というべきだろう。（ここにまた「尊皇攘夷」

の秘策と同じ、岩倉・大久保の合作劇が演じられたというべきだ。）

洋行中、長閥のワン・トップ木戸は憂と鬱に悩まされた。この「開明」者、すでに長閥の知謀大村益次郎（兵部大輔）を明治2年、頭脳広沢真臣（参議）を明治4年に暗殺で失う片肺飛行であった。しかも、みずからの手足となるべき伊藤博文や井上馨をさえ大久保に取り込まれ（たかに思え）、強大な薩力との均衡を図ろうと思い悩むことしきりだった。この打開にはツウ・トップ西郷と大久保のあいだに楔を打つことが肝要で、「征韓」論で薩力が分断されるのはもっけの幸いと見ていた。帰国を遅らせた理由でもあり、参議（内閣）復帰を拒否した理由でもある。これまた「洞ヶ峠」を決め込む、木戸の「陰謀」には違いない。

5　結果、薩力が二分され、薩力（西郷の立起）を頼る、佐賀の乱をはじめ神風・秋月・萩の乱が起き（なかば捏ち上げされ）、鎮圧、各地で農民一揆が起き、ために政情安定策＝地租軽減が図られる。

明治8年1月、大久保・木戸・板垣が大阪で会い、立憲政体へ向けた政治改革を推進するということで意見の一致を見、木戸は参議に復帰。他方、分断された薩力は、西郷を担いで、鹿児島で暴発、西南戦争が起きる。その規模と激しさ、被害の大きさ、期間の長さにおいて、まさに「戦争」であった。（出征官軍5万1858・死傷1万6095・死者6843　薩軍約4万・死者7276　期間7カ月余＝明10／2／15〜9／24＝西郷隆盛自刃）

同時にこの内戦中、木戸孝允病没（4／26）、明治11年内閣改編、大蔵省を分離・独立させ、内閣の中核として内務省を新設、大久保自ら内務卿になる。同年、その大久保が暗殺（5／14）されて、維新の三傑が同時期に亡くなり、新しい時代、立憲政治確立へと（ジグザグに）進む明治が始まる。

（2）第2巻　定礎と離陸——日本帝国憲法＝立憲君主制の成立

第2巻（明治11＝1878～明治26＝1893）は近代日本の「定礎」（と離陸）期で、雪嶺の持論、「大日本帝国憲法制定が日本建国以来の盛挙」にして「日本国民は大典と時を同じくして生まれた」、という断案が生まれた。

1　まず第1巻と第2巻の間奏曲として、「三傑論」と「風俗習慣」（生活・文化史）、「世界11年間」（上下）の4節が置かれる。

特に注目すべきは、「風俗習慣」の説で、「維新」で、「尊皇攘夷」が一転して「尊皇開国」になったように、「王政復古」が「王政維新」になったことだ。たとえば、「維新の先達が殆ど悉く洋服を着用し」たように、明治10年まで、勝者「薩摩気質」をまねること甚だしく、「女工生活」の発生等なども活写して、実に的確だ。

2　「世界11年間」は、「上」で支那と米（特に南北戦争）を、「下」で欧州、特に英（英女王＝インド皇女）と仏・独（晋）戦争で仏の敗北（独社会民主党の台頭、ビスマルク国家社会主義を標榜）の実情を語る。いずれも的確かつ達意だ。

ただし支那および李鴻章（直隷＝河北省総督）の評価におよび、大国支那が「眇たる琉球を争ひ、日本との国交を妨ぐるは、事を解せざるも甚だし。」というのは、頷けない。大国であろうとなかろうと、眇たる領土であろうがなかろうと、「自国の領土」いかんの問題は断じて「些末の事」ではない。これは雪嶺の、国情如何にかかわらず、けっして許されえない、勇み足だ。

3 『同時代史』の本領は、政治史であり、それにからむ外交史であり、なによりもその舞台で活躍（暗躍）する人物史だ。この時期、特筆すべき2例といえば、「14年の政変」と「帝国憲法制定」にとどめを刺す。2例の中心にいたのが伊藤博文である。（なお明治12年から、1年あて上・下となる。）

第3例　明治14年の政変――「事件」の核心は

1 「14年政変」で特記しなければならないのは、「明治6年政変」の「後始末」（大阪会議　明8）という側面をもつことだ。

大阪会議の「課題」、憲法を制定し大久保「独裁」のパワーを制限しようとする、木戸が提起した立憲政体の準備と着手（国会開設と憲法制定）がほとんど手つかずのまま残った。政府が「中心」（大久保）を失ったあとの「寄り合い所帯」のためでもある。

大久保死後、その「信任」厚かった（対長閥牽制策も絡む）大隈が参議筆頭（首相格）になり、伊藤が大久保内務卿のあとを襲い、大久保に除けられてきた井上馨（伊藤の盟友）が参議に復帰、大隈と伊藤・井上（コンビ）の「梁山泊」（トリオ）ができたが、大隈対伊藤の力関係に変化が生まれる。対して薩閥は西郷・大久保という支柱を失い、閥力の後退を余儀なくされるものの、むしろ閥の内的結束力は強まった。

2　反政府勢力は政府の「無策」を衝き、板垣や後藤象二郎等を中核に、国会開設請願運動に着手、全国展開の兆しを見せた。しかしここにも「中心」（人物・組織・資金）がなく、しかも「まず国会開設ありき」で、肝心要の「政体」議論をすっ飛ばしたままだった。対する政府は、「請願」を突っ返し、集会条例（改正）で弾圧するを専らにする。

3　それでも「太上大臣」から各参議に立憲政体に関する意見書提出が徴される。その意見書、いずれも程度は違うが「漸進主義」（無関心を含む）であった。ところが大隈・伊藤・井上間に意見の一致を見たと思われたのに、最後に提出した大隈の意見書（明14／3）が、右大臣（岩倉）より山県・伊藤に内示され、伊藤は「実に意外の急進論」だとして、「大体の眼目皆背馳候」上は、参議辞任の他なしという意をしたため、まさに、「伊藤か、大隈か」の二者択一を（岩倉に）迫ったのだ。

大隈の意見書は、7段を立て、その要諦は①「国義院の開立の年月公布」②議員過半数を国人の推薦（政党官）と永久官③「宸裁」（欽定）を以て憲法制定、④明治15年末議員選挙、16年頭をもって国義院開設である。ただし左大臣（有栖川）はこれを各参議に示すことはなかった。

伊藤は、②③で同じ、異なるところ2つ、1に「政党」政治＝時期尚早、2にまず憲法制定に着手し、国会開設するだ。

雪嶺は、なぜ大隈は伊藤に意見書を示さなかったのか、議論すれば激論となるも、意見の一致に至ったやも知れない、という。また、伊藤は大隈の意見書を内示されたが、大隈と擦りあわせれば、意見の一致もあったろう、との疑問を呈する。

しかし（雪嶺も推察しているとおり、）大隈は自身が内閣の中枢に座っているあいだに、国会を開設し、政府内外の民選議院設立（建白）運動の力も借りて、立憲政体の推進・確立者となり、薩長閥の権勢「縮小」を図ったこと、疑いえない。これ大隈の政治闘争（「陰謀」）だ。

4　この政治闘争で、伊藤に躊躇はなかった。

大隈が天皇行幸に供奉し、長期不在中（74日間）、長閥と（復活を図る）薩閥の「陰謀」が進行する。すなわち、岩倉邸で薩長の伊藤・西郷（従道）等が鳩首（明14／10／9）、①大隈参議罷免②国会開設勅諭（断行期日）③開拓史官有物払下げ取り消し、の謀議がある。

その決議を、行幸直後、間髪を入れず翌11日の御前会議（大隈を門前払い）で正式決定し、国会開設「請願」と開拓史官有物払下げ「反対」という2つ（後者は反薩閥）の反政府運動の「目標」を一挙に奪い、この運動を裏で煽った「元凶」であるとして、大隈を政府から追放した。伊藤はかくして薩長の「再」結合で、大隈とその同調者を粛正（官から根こそぎ放逐）した。

伊藤は以降、藩閥政治がなしえなかった立憲政体と政党政治の確立（「第二の維新」「陸羯南（くがかつなん）」）、ならびに条約改正という日本の独立（日英同盟が契機）達成にむかって「漸進主義（ゆきつもどりつ）」を持して行く。

第4例　立憲政体が試される——第1回帝国議会と大津事件

国会開設（明23）と憲法発布（明22）は、全国民に宣明した期限付きの勅命である。政府にとって「出来なかった」という言い訳は通らない。

再度いうが、雪嶺は「日本国民は大典と時を同じくして生まれた」（明23　1890）とまで言い切っている。同時代の証言だ。同時に40年後の『同時代史』執筆時（昭5　1930）で「歴史」確認している。

その帝国憲法とはいかなるものか。雪嶺は、伊藤博文（枢密院議長）の言を借り、

1　欽定憲法である。

なぜか。三権分立（モンテスキュー）に対して、主権は分割すべからざるもので、唯一、主君（天皇）に帰一する。これは英国の政体（王は一国を統べるも治せず）とは異なる。

伊藤は当時国権拡張いちじるしい独墺に範をとった。だが、両帝国が30年後（1930）共和政治になるなどとはだれも予想しない結果になる。それでも黒田（発布時の首相）が政府は常に政党の外に立つ（「超然内閣」）と主張したのに対し、伊藤は政党政治を「はなはだ容易ならず」としながらも、暗々裏に政党政治へ勢が変化するを察していたのでは、と推断する。

とはいえ、雪嶺は、憲法の条項に即して、国家主権（大権）は天皇にあるという趣意を説明していない。

2　なぜ、しなかったか、できなかったか。

憲法（草案）を準備・起草し、天皇親臨のもとに慎重審議し、成文・決定にまでこぎつけた伊藤は、新興ドイツ帝国の躍進を背景にその憲法（基礎はプロイセン憲法）を日本帝国憲法のモデルにした。だが伊藤が師事したグナイストやカール・フォン・シュタインは、仏のナポレオンを打ち破ったドイツ帝国（鉄血宰相ビスマルク）の権勢を背景（口実）に、ドイツ憲法じつはプロイセン憲法体制（立憲君主＝民主政体）の精髄を伊藤に教授し、帝国憲法に体現させたからだ。すなわち、帝国憲法は、天皇大権（主権）を高く掲げながら、それはすべて内閣（政府）の「輔弼」（助言と責任）を必須とする立憲民主制を内実とするものであった。（＊わたしの見るところ、雪嶺は伊藤が自身を日本のビスマルクに比肩したとするが、伊藤は自身を三権を宰領するビスマルク＝鉄血宰相とは考えていない。また日本憲法の特質は、天皇の「独裁」（一人歩き）を制限するもので、この点ドイツ憲法と異なる。雪嶺もいうように、すぐのちにビスマルクは皇帝ウィルヘルム2世によって弊履のごとく捨てられている。）

3　国会開設時、議会がどのような内実になるかは、「未決」問題であった。

事実、プロイセン憲法下で、1860年代、軍制改革をめぐる政府と下院との間に生じた憲法（政治）上の争いで、予算案を巡って、否決（下院）・解散（政府）を繰り返し、結果、議会が空転、ビスマルクの独裁を招いた。

日本政府は、開院した衆議院で同じような紛争・対立の道をたどりながら、ビスマルクあるいは皇帝「独裁」の道を歩まなかった。2つの事例を挙げたい。

1.明治23年（7／12〜14）第1回衆議院（民会）選挙は、政府による中央・地方を問わない苛烈な干渉と妨害にもかかわらず、「議員ありての政党」選挙で、（否むしろ干渉・妨害が苛烈であればあるほど、反政府派に投票が集まった、というべきだろう）「民党」（反政府派）の「吏党」（政府派）に対する勝利となった。

その結果、翌年の予算案削減（政府案否決）でもめ、山県首相は辞任、民会における「民党」対「吏党」（ぴったりのネーミングだ）の対立・抗争は、明治26年に内閣弾劾「上奏」案可決に及び、泥沼状態に終始する。結果、立憲制の必須条件、民会で多数派を形成する政党結成の必要（必然）が、伊藤（星亭・陸奥宗光等）に生じたというべきだ。

2.山県首相辞任の直後（明24／5／11）、訪日中のロシア皇太子が、大津（滋賀）で警備中の津田（巡査）に襲撃され、重傷を負った。雪嶺はこの事件に多くのページ（433〜444頁）を費やし、立憲制すなわち司法権の独立がはじめて試されたとする。

政府はこの未曾有の事件を前にして、ロシア皇太子殺傷事件に対して（大国ロシアを慮（おもんぱか）って、）日本皇室に対する殺傷事件（刑法）を適用すべしと（閣議決定）する。つまりはロシアに巡査の首を差し出す、としたのだ。

これに対し、児島大審院長（現最高裁判所長官）も担当する大津地方裁判所も、普通法律（国内法）に準拠するを主張し、もし極刑で臨まなければ露国との戦争も辞さなくなるが、どうか、という政府の圧にも屈せず、法規に準じて無期懲役の判決を下す。ロシア側もこれを了解。（なお明治

25年、児島大審院長他が「落花狼藉」事件で逮捕、証拠不十分となったが、辞職を余儀なくされる。)

(3) 第3巻 「戦争と自立」期

明治27年(1894)~明治40年(1907)は、近代日本で最初の国家間「戦争」、日清・日露戦が勃発、国家の廃滅を賭けた「富国強兵」の推進があった。同時に政党政治の確立が図られた時期でもあったことを忘れてはならない。

第5例 日清戦争と日英通商条約改正

第3巻の記述(連載)は、昭和7年から昭和11年のあいだだ。各年を上下に分割するのをやめ、通年記述に戻る。

1 明治26年、伊藤元勲内閣は、政府の予算案が議会で承認されず、それに対して、2回の議会解散で応じた。空転国会である。半面、政府・外務省(陸奥外相)は明治26年(7/1)をもって「半面的対等条約」を捨て、「全面的対等条約」案を閣議決定、聖裁をえて、英政府に提議した。ところがである。明治27年、清は、日本における政府と議会の「衝突」(予算案否決と解散の連鎖)を「内乱」(無政府状態)と読み解した。そんなおりである。

朝鮮政府は、(大院君が裏で扇動する)東学党(主体は農民)の反乱収拾のため、清に援兵の議を送った。清（李鴻章）は天津条約（1885／5／18）に基づき、「属邦朝鮮」の要請で派兵する、と日本政府に知らせてきた。日本が政治混乱で派兵する「余裕」（手間暇）がないと踏んでのことだった。（＊朝鮮事変「1884年の甲申事変＝クーデタ」で日本が清の出方を誤ったが、それと同じ轍を清が踏んだわけだ。）

日本政府は朝鮮を「独立」国とみなして日韓修好条規（明8）を結んでいる。ただちに「出兵」に決し（明27／6／2）、清軍に先んじて京城を占拠、各地で清軍を撃破していく。（日本政府は内政の膠着を外政案件で打開する、政治の「常道」を踏む。）

2　雪嶺の軍戦記は、西南戦争でもそうであったように、実に精彩に富むもので、読み物としても秀逸だ。

日本は、宣戦布告（8／1）、清軍の要衝である平壌を落とし（9／16）、追撃をやめず、朝域の大勢を制し、また黄海戦で制海権を握り（9／17）、旅順（11／21）を占領、北洋艦隊を降伏（明28／2／12）させる。

ついに明治28年、講和条約会談（下関）に李鴻章を引きだす（3／19）。だが李、日本の要求を呑まず、休戦要求を撤回。対して日本軍は、北京を目前にした天津で、進軍を停止、戦線を台湾に転じる。清帝国と全面対決する路を回避する。すなわち、この戦いは「日清戦争」といわれるが、焦点は、朝鮮をめぐる日本と清（帝国）の戦いというよりは、日本と北洋軍閥（李鴻章）の戦いであった。

一方、内政である。衆議院は、3度目の解散で官民の衝突がますます猛烈さを加えんかと思われたのに、清との開戦でただちに政争を中断、27年9月1日総選挙を終え、開院直後、軍備拡張反対論が姿を消し、政府提案が（臨時軍事予算1億5千万円他）ほとんどそのまま通過。

3　さらに重要だったのは、清との戦争を有利に進めるなか、陸奥外相が、病臥中にもかかわらず、英政府との対等条約（通商航海条約）調印にこぎつけた（明27／7／16）ことだ。焦点は関税率引き下げと領事裁判権の廃止である。

かくして維新政府の長年の課題、迷路を彷徨い難航に難航を重ねた不平等条約改正への道筋が、盤根錯節を絶つかの如く、開かれた。カミソリ陸奥の面目躍如である。

4　日清講和条約が明治28年（4／27）に結ばれた。条件は①朝鮮の独立②遼東半島・台湾・澎湖列島割譲③賠償金2億円支払いであり、「征韓論」以来、朝鮮をめぐる日「清」の対立が1つの決着を見た。

だが1つの決着は、新たな「対立」を生む原因である。調印直後（4／23）、露を中心とした独仏3国の干渉が行なわれ、日本政府は朝鮮半島を臨む要衝、遼東半島の還付（露への割譲）を決定せざるをえなかった。明らかに、（雪嶺推断通り）李鴻章の「反撃」である。

第6例　「政党」内閣の「出現」

1　日本は帝国憲法で、立君・立憲民主制を敷いた。立君と立憲は両立しうるか？　しうるし、それを日本国と国民は確証しなければならない課題であった。

憲法（国体）とともに、三権分立の要所を占める国会が開設された。衆議院（民選）と貴族院（勅選）である。薩長閥政府（行政府）は、「超然」内閣の姿勢を崩さず、民選議会（民会）をあらゆる手段で懐柔・干渉を行なった。だがしかし、「制限」選挙にもかかわらず、民会はすべての選挙で非・反政府党が圧倒的多数を占める。

では政府と民会（衆議院）の対立の根幹はなにか。民会が政府提出の予算案を決定する権利をもつことだ。民会に大きな足場をもたない政府は、賛成多数を得るため、ときに「解散」を振りかざし、徹底した選挙干渉で臨み、さらには買収や猟官等で切り崩しを図ったが、多数派を占めることからはるかに及ばなかった。藩閥・超然内閣のアキレス腱が、民会＝衆議院であることはだれの目にも明らかだった。

2　それで立起したのが、超然内閣の雄、伊藤博文であった。まさに政府派・反政府派ともに、「晴天の霹靂」に思えた。おおまかな経緯はこうだ。

日清戦争に勝利してすぐ、露仏独3国の干渉が起こり、日本はやむなく遼東半島の還付（95／5）を余儀なくされ、追い打ちを掛けるように「京城事変」（96／2／11　朝鮮国王がロシア公使館に逃げ込んで「政府」を立てる）がおこり、せっかくの戦勝気分が醒め、内閣糾弾がおこり、伊藤は松方正義（＋大隈重信＝進歩党）に席を譲った（96／9）。これを第一次の合作内閣といえよう。

しかしこの松隈内閣が瓦解（98／1）し、伊藤が再登場（第3次）するが、軍備増強を目す「地租増税」案が否決されるにおよんで、ただちに解散を表明、同時に閣議で伊藤が自身の「選択」を問うた（98／6）。

①政府自ら手を下し政府党を組織すべきか、

②旧来の政党と交渉を開始し、いずれの党派なりとも提携すべきか、

伊藤は①を可とする、と。

井上馨以外は反対で、桂太郎（山県直系）はとくに強く反対。

伊藤は24日の「御前会議」（6／24）で、山県、黒田、西郷（従道）、大山、井上に対し、自ら政党を組織すべきを告ぐ。対して、山県は反対するも、自ら内閣を組織するを避ける。誰も「火中の栗」を拾おうとしない。そこで、伊藤はあっと驚く選択をする。

③後継内閣に大隈（進歩党）＋板垣（自由党）を推したのだ。初めての政党内閣だ。

3　こうして進歩党と自由党が合同して、衆議院の3分の2を占める憲政党が生まれ、隈板内閣が発足した（98／6）。だがすぐに瓦解する（98／11）雪嶺はその理由を5つあげる。

①板と隈はもともと性格が合わない。②自由党（土佐）と進歩党（肥前）が合わない。

③伊藤の心事・態度が曖昧。④山県は、官僚（吏）の大同団結で対抗（伊藤は消極的分裂を図る）。

⑤星亨（自由党）が帰朝。「爆弾」を投げる。（星の党ならびに議会運営の豪腕をさして、雪嶺は「怪傑の名あるものの随一」と評す。）

4　山県内閣（98／11）↓伊藤内閣（4次00／10↑00／9／15立憲政友会結成＝伊藤総裁）

星は、新党結成で、すべて伊藤総裁の意のままにする、を約す。だが雪嶺は、「星が憲政党を解散し、無条件に伊藤公に従うべきを明言するに至り、星の掌中に落つ」（02／9）と記す。

政友会は、伊藤（藩閥）・西園寺（公家）、星・松田正久（憲政本党）、原敬（大阪毎日新聞）幹事長として発足。だが、星亭刺殺（01／6／21　東京市参事会室にて）、伊藤は政友会で手足を失い、すぐに桂太郎に席を譲る。伊藤の「挫折」だ。

*ただしいうまでもないが、伊藤は政党政治には不向きかつ未経験であり、藩閥・超然内閣のトップの地位にいた。にもかかわらず、立憲制の要である政党政治の「産婆役」を買ってでて、秘蔵っ子ともいうべき西園寺公望を、政党政治の一モデルを樹立する原敬を育てたというべきだ。この点にかんして、雪嶺の記述は冷淡である。しかも立憲政治の推進者とでもいうべき星・伊藤・原はともに暗殺された。日本政治史における劣点すなわち「恥部」として記憶すべきだろう。

**内閣の推移を略記すれば、98／6（進歩＋自由＝）憲政党＝衆院の3分の2＝大隈（隈板(ワイ)内閣↓98／11山県内閣⇓00／10伊藤（4次　00／9／15）↓01／6桂・長期政権⇓06（明39）／01西園寺政権

第7例　日英同盟と日露戦争の「勝利」――「列強」の仲間入りへ

『同時代史』（第3巻）は、明治33年から38年まで、6年間の記述で、日露戦争の前哨戦とでもいうべき「北清事変」（一名「義和団の乱」）から日英同盟、そして過半を日露戦争（194～460頁）

に費やす。

文字通り、日露戦争とは、国家（国民＝民族）存亡を賭けた近代戦争として自覚されたものであった。

*雪嶺の政治史における記述は、多く、桂（1847〜1913）「自伝」を証言として採っている。かなりのバイアスが感じられる。要注意だ。ただし、雪嶺、腹黒きは、伊藤・桂（山県）あい半ばす、とする。然り、と思える。

1 「北清事変」 明治33年、19世紀末に起こった「北清事変」の実相は、当時、的確に日本国内で把握されていたとはいいがたい。

雪嶺の記述もじつに曖昧模糊たるもので、とくに重大なのは、北清事変を「団匪・拳匪の乱」とするだけで、その核心は、清帝室と結びついた「排外」をスローガンとする農民運動であると把握していない（その前例は朝鮮の東学党＝農民の乱に見ることができる）。だから、清国（帝室）が列国（露・独・仏・英・米・伊・墺・日）に「宣戦布告」（00／6／21）した事実も記されていない。また、日本が連合国（出兵数2万弱）中、1万弱の出兵で、最大勢力であったことも明記されていない。これは重大欠陥だ。

しかも列国軍に加わった日本軍は、英が南ア戦争、米がフィリピン紛争で手を割けないなか、しかも「中核」とみなされた先進部隊、露・独・仏軍が失策を重ねる中で、抜群の働きをし、北京攻略の中核を担い、もって講和が開かれたのだ。清はまたもや過酷な賠償金支払いを含む国家負担を強いられた。

2 「露の満洲占拠」 日本は、日清戦争の講和条約（明28）で割譲した遼東半島を、三国干渉で還付のやむなきに至った。露は遼東半島（とくに冬季氷結しない旅順港）を租借し、南下政策を止めず、さらに北清事変後、満洲全域で「占領」状態を続け、朝鮮北部にまで軍事侵出し、韓帝室の反日策謀によって、朝鮮における日本の「権益」を侵すことをやめなかった。

3 「日英同盟か日露協商か」 北清事変後、日本の対外戦略は、事実上、2分された。

1つは、「日露決裂→戦争」を回避するため、日露協商を図るというもので、伊藤博文・井上馨の路線であった。いま1つは、三国干渉の「臥薪嘗胆」コースで、日露決戦は不可避だとする多数派および世論・マスコミ路線だ。

雪嶺は記す。「外交は久しく伊藤、井上の壟断する所と考えられしに」、伊藤（枢相）が桂内閣にも諮らないスタンドプレーによって、日露協商（を日英同盟に先行させるという）路線は、失敗に帰した。桂（山県）内閣と民会の多数派が対露対決路線であり、伊藤は、議会内でも、政友会内部でも、孤立するの他なかった、と。

*伊藤は立憲政体にとって「政党政治」は必須であるとみなしたが、伊藤自身は党意・党議を基軸とする「政党」政治家の資質を欠いていた。この点、大隈や板垣と大同小異で、星や原とは歴然と、西園寺とさえはっき

り異なっていた。

明治35年（1／30）日英同盟が成立する。ただし、英は対露（独仏）政策もあり、日英同盟におよんだので、日露が決裂し戦争におよんでも、日本が勝つとは、あるいは必ずしも勝つ必要があるとも考えていなかった（と推断できる）。あくまでも第一義には、英に対抗する露（仏独）への「牽制」のためである。

伊藤は、日露「協調」路線の破綻で、政友会からも足を抜かざるをえなくなり、総裁を西園寺公望に譲り、日露対決には「挙国一致」が必須だとして、やむなく天皇と内閣を結ぶ要、枢相（枢密院議長）を受けざるをえなくなる。

4　日露開戦　桂内閣は、軍備増強（戦費確保）のため、増税と行財政改革（削減）策に転じる。ところが民党は、内閣が「恐露」のため開戦はないと踏み、むしろ開戦を歓迎し、政府弾劾を続けた。

政府は、「開戦は期日の問題」とし、児玉内相を参謀次長にすえ、臨戦＝「挙国一致」態勢を取ることができた。

日露は、満洲の露権益と朝鮮の日権益を相互に守るかどうかというテーマで数次の協商会議を続けた。だが露は、遼東半島を要塞化し、シベリア鉄道の敷設延長によって東方・南満へと軍の増強を図った。対して、開戦を引き延ばせば延すほど日本に不利と踏んだ日本政府は、明治37年、御前会議で開戦決定、先手必勝を期し、2月8日仁川上陸（連合艦隊が露艦隊を駆逐）、京城占領、同日、連合艦隊は旅順港攻撃（ただし封鎖＝壊滅作戦に失敗、戦争長期化の因となる）、2月10日、日（露）宣戦布告。

5　戦争の長期化と陸軍の消耗戦　露が（三国干渉で）割譲した細長い遼東半島は、付け根の金州、南部の大連、先端の旅順とも要塞化されたが、2月には金州、大連とも落ちる。だが、旅順（軍港）は狭い湾口をピタリと閉じ、背後は港を十重二十重に取り巻く（山岳）要塞に守られ、接近することさえ困難を極めた。

陸第3軍（乃木）は8月から11月まで、4次にわたる総攻撃をかけたが、失敗（消耗戦）に終わった。12月5〜6日（戦略変更による）総攻撃で、ようやく203高地を占領、ただちに12月8日旅順艦隊壊滅、1月2日、旅順開城となる。旅順陥落まで日本将兵戦死者1万5400、負傷者4万人におよんだ。

雪嶺の戦記（じつに詳しい）は、日露戦争敗北の危機を招いた旅順攻略長期化（失敗）の最大因を（暗示されているが）明記していない。また、当然のことながら、関連図（軍事機密）が記されていないため、周辺地理に不案内な者には、その記述内容をたどる（トレースする）ことさえ難しい。

6　日本艦隊がバルチック艦隊に完勝　遼東半島をめぐる日露の攻防は、日露戦の前半戦に過ぎない。日本陸軍はかろうじて戦線維持をはかりうるほどに消耗していた。

明治38年3月1〜10日の「奉天大会戦」で日本陸軍はかろうじて勝を制することができたが、兵站は伸びきり、軍の消耗は極に達していた。

対してロシア軍は、士気は高くなかったものの、シベリア鉄道の増強によって順次兵・軍備増強を図り、満洲中央部に蝟集していた。露陸軍がはからずも「待期」作戦を採ったのは、世界最強といわれたバルチック艦隊が、早晩、大西洋から喜望峰をへて戦線に新登場し、日本艦隊を壊滅させるという確信を懐いていたからだった。

だが奉天戦から2週間後、3月27~28日の日本海海戦は日本連合艦隊の完勝に終わる。

7　日露（ともに）に早期講和を図る理由　日本政府・軍の首脳は、日本海海戦の完勝にもかかわらず、陸上戦力では残る兵員・装備力とも露がおよそ3倍であり、日本軍の疲弊ははなはだしかった。政府（桂・山県）も軍（児玉）も、これ以上戦争拡大はもとより、戦闘続行さえ困難であるとの判断から、「忍び得る限りの条件」で講和するを望んだ。（*雪嶺も、ポーツマス講和は不可避でまったく正しかった、と主張していると読むことができる。）

対して露も、「内乱」（*雪嶺は内容を書いていないが、1905/1/22「血の日曜日」からはじまる、制憲議会開設を求める第1次ロシア革命）が起こり、日本海海戦の完敗もあって、モスクワとりわけ皇帝の周りに早期講和の声が起きていた。）

ここに「講和」会議が、米大統領の斡旋で日露交渉が開かれた。

8　講和条約（05/8/8~9/5）の要諦　①第5条　露は（清の承諾を以って）遼東半島の租借権を日本に譲渡する。旅順、大連並びにその付近領土・海の租借権を日本政府に移転譲渡する。②第6条　露は長春・旅順口間の鉄道及び支線や付属設備権利・財産を日本政府に移転譲渡する。たしかに日は露を朝鮮半島から駆逐できた。が、これは従来の権益の追認である。露に「戦勝」

したといいながら、露領を寸土も割譲できず、サガレン（カラフト）を占領したが、日露で南北を分割領有するに決まった。しかも莫大な戦費に対しては、1ルーブルも賠償は得られなかった。

9　講和条約に対する「世論」の不満爆発　小村寿太郎全権大使（外相）は、講和「締結」を政府（首相と山県）と軍の「早期」講和という「条件」に鉄の箍（わく）を嵌められ、終始、苦戦を強いられた。しかも日本では、開戦中、「連戦連勝」という（政府主導あるいは英米新聞）「報」が続いたにもかかわらず、締結条約が「世の希望するところのいくぶんの一にも足らず、外交の軟弱を攻撃するに急ならざる能わず」であった。

桂首相が全責任を負って辞職すると表明すれば、「怨嗟の声も緩和」可能だったが、桂は戦勝に嬉々として気づかず、気づいたときはすでに遅しであった。

10　日英同盟の改訂　英は、日と同盟関係にあり、新聞（ロンドンタイムズ等）個々の戦闘で日本の「勝利」を（なかば驚きの表現で）喧伝した。またバルチック艦隊の寄港地では各種の「サボタージュ」等を試みている。だが、いずれも英国式というべきで、そうじて「日和見」(opportunism) であった。とくに日本の膨大な外債募集等を市場で引き受ける実質的支援等は、ようやく最終局面で実現したにすぎなく、仏・米はもとより独にさえ後れを取っていた。

11　だが「勝者」はとにもかくにも日本であった。日本が、清で露が得ていた独特の地位（のなかば）を確保したのである。

そのうえ、日英同盟の改訂（強化）が図られ、①「攻守同盟」②同盟範囲は、インド（洋）から清・朝鮮半島・日本（海）におよび、とくに朝鮮半島における日本の特殊（排他的）権益を認め、③同盟期間（旧5年）を10年に延長する、である。

*かくして、とくに①の日英攻守同盟は、日本が英国と「運命共同体」であり、「パックスブリタニカ」の世界で、日本が列強（powers）の地位を得ることを意味した。

12　日本にとって、日露戦争の第1目的は、朝鮮半島に対する露の軍事進出を封じることだった。これには成功した。さらに日英同盟改定によって、日本は韓を「保護国」（植民地）とする第1歩の措置、外交権を剥奪し日本総督府を創設した。（*皮肉にも）その初代総督に日韓統合に「反対」する伊藤枢相が任じられたのである。

*なぜ「皮肉」か。雪嶺はこの理由を記していない。

13　朝鮮半島を、あるいは他国を植民地化することに、終始「反対」してきたのが藩閥政治家では伊藤（と井上）だった。では日清戦争による台湾「領有」はどうか、と問われるかも知れない。台湾は「無主」であるというのが、日清戦争における清の「公的」（偽装）主張であった。伊藤は、日露開戦前も、とくに後も、「日露協調」を策す「恐露」主義者と嘲られ、その政治的指導力が問われた。だが朝鮮総督に就任後も、朝鮮の「併合」、ましてや満洲の「領有」（属地化）に反対したのが伊藤であった。その伊藤が、韓国総監を辞した（明42）直後の10月28日、ハルビン駅のプラットホームで銃殺された。

雪嶺による伊藤暗殺記述はきわめて粗略で（素っ気なく）、なぜか、暗殺者安重根が何者であるかの記述もない。ただ、雪嶺は、この暗殺によって「日韓併合」が決定的になったと記すに留まるのだ。原暗殺の実行犯については、言葉を尽くしているにもかかわらずだ。雪嶺人物（歴史）評定の特異な例外と思える。

（4）第4巻　過渡期　明治41年（1908）～大正4年（1915）

第4巻は、『我観』に昭和11～13年に連載され、明治41年から大正4年までの7年間を扱うが、そのなかば近くを明治期の総括（「明治年間の変遷」）に当てている。

この「明治」から「大正」へではなく、明治41年から大正4年までを「過渡」とする「時代」（1908～15）区分は、まさに当を得ているといっていい。

1　清は帝（高緒）の死（明41／11／14）にはじまる内乱期には入り、ついに共和政治（明44／12／29　中華民国＝孫文臨時→袁世凱大統領）への移行が開始された。この華が新たな東亜の火薬庫となる。

2　ひるがえって日本はどうか。明治帝の重篤と予期せざる崩御（明45／7／30　62歳）があり、桂（2次）から西園寺（2次）へ、さらに桂（3次）をへて山本（権兵衛）、そして大隈（2次）へと、めまぐるしい首班交代があった。だがいずれも政府は民会にとって「外部」（超然）のままであった。

日露戦争後の政治の争点は、だれが政権を担当しようと、外債（10億円余）を含む膨大な臨時軍事費（賠償金ゼロのため「負債」16億円余）の処理であった。しかも日露戦争後も、軍備補修と増強をなおざりにできない。とりわけ海軍2個師団増設が直近問題であった。

だが平時、民会の過半はどのような形をとるにせよ、政府の増税案を拒否する。そのうえ山本（海軍出身）内閣は、海軍上層部を巻き込んだ汚職事件、一名「シーメンス事件」で辞職に追い込まれる。
3　さらに事態を複雑にしたのは、1914年、欧州で独・墺と英・仏の間に戦端が開かれ、またたくまに戦火が全欧州に拡大したことだ。
日本は、（攻守）同盟国英と連結し、独に宣戦布告、華で独が支配する青島（チンタオ）を占領下に置いた。そして欧州大戦で、鬼の居ぬ間に洗濯のごとく、華ならびに東亜における日本の勢力拡大をはかり、太平洋を挟む日本と米（欧州大戦に当初中立で臨んだ）の国家・軍事衝突の「発端」となった。
4　まさに日露戦争の帰趨こそ日本の将来（日米対立）を決定づけた、と雪嶺は第4巻で（昭和10年代の初め、日米対立・抗争が愁眉の問題になった時期）概括するのだ。

寸例　明治期の総括

*161〜397頁　500枚

1　この章をまったく無視して済ますわけにはゆかない。なぜか。他巻ではほとんど登場しない対象と主題が概括されるからだ。しかもその概括が、雪嶺（哲学者）の歴史視点を直截に語る。寸言せざるを得ない。

2　この章の各節は、①大勢（160〜186頁）②思想（〜212）③学術（〜239）④商業及び貿易（〜266）⑤工業（〜331）⑥農林業（〜358）⑦漁業（〜371）⑧薬業（〜385）⑨牧業（〜397）に分かれる。②〜⑨のテーマと記述は、「政治」史を基本に置く編年体式の『同時代史』ではほとんど触れられてこなかった、「通史」（①）と部門史（②〜⑨）をもつ。しかも分量とその内容からいって、これだけで独立した「著作」とみなしうるといっていい。

3　各節の特徴を寸記しよう。

①大勢　明治年間、進歩はすこぶる顕著で、日本に限れば、変遷＝変化が、「進化」と同義語である。

②思想　文明開化を鼓吹したのはたいてい幕府に仕えたもので、旧幕人が先んじて時代に順応した。旧江戸は、優等と認めたものを、外人、外国の機械をさえ迎える。

漢学者（「浩然の気」孟子）と洋学者は「自由主義」で一致するところがある。すなわち、「（日清・日露の）二大戦役をへて国運発展、国家的思想の最高潮に高まるに似て、却って世間に国家を軽んずるかに見えるところある。」（207）「国家の束縛を嫌い、之より解放せらるるを希望するかに見ゆ。……奇に似て奇ならず」（208）という雪嶺の指摘は的確だ。

③学術　洋学は、半世紀を経て、外国から学ぶべきものは学び、さらに進む。対して、神道関係者に才能も知識も乏しく、「王政復古」（神祇官第一）の実を挙げることがなかった。

④商業　武士の商法といわれる。だが、商・交易の分野で、雪嶺はその名を個々に挙げていないが（渋沢・岩崎・福沢・五代等）、武士出身の活躍を無視できないとする。

⑤工業　とくにこの項が詳しい。すなわち明治期は、殖産興業→富国強兵→条約改正の道筋を通った。

「文明」とは「機械」であり、とくに鉄道車両（機関車・車両）の製造である。この機械を動かすのが水力発電による電車（たとえば市電は京→名古屋→東京と開通。清水トンネル建設）等として発現する。また製紙業は日露戦争後に王子製紙（苫小牧）がカラフト木材をえて新聞紙の独占製造を可能にし、ジャーナリズム（新聞社会）の独自展開が可能になる。そして紡績業の牽引等々。

*この雪嶺の指摘は、「社会主義とはソビエト権力＋全国の電化」という、ロシア革命の指導者レーニンのコピイと類似する。つまり、日本は「天皇＋民主主義」によって、ロシアは「共産党＋共産主義」によって、文明化を達成する、と翻訳することができる。

⑥日本の農は、家族的小経営が特徴で、米式の大農法はモデルとはならない。横井時敬（駒場農学校出身）が農政（学）を主導できた理由だ。欧米モデルの農は進展せず、札幌農学校卒は農業ではなく、語学で「内地」に就職した。

ただし林業の項は注記に値する。日本林業は、日本独特の自然・風土的特徴をベースにしつつ、幕藩領の林政を引き継ぎ、当初から組織（中央と地域、官＝公有と民＝私有、共同と独立、行政と組合、学術・調査の一体）的進展が、行政の充実（内務省地理課所轄→同山林局→農商務省山林局へと進み、林政の自立）があり、これを学術（林学）が支えるという、適切かつ興味深い展開が見られる。

以上すべて、雪嶺が立脚する「国粋保存」の見地から、明治期のモザイク模様の特徴が概括されているといってよい。

第8例　「支那問題」の焦点——清とは、満洲とは何ものか？

雪嶺が下した第4巻（明41～大4）、すなわち日露戦争後の「概括」＝展望とはいかなるものだったのか？　こうだ。

「後に原も、加藤も、犬養も、首相職に就きて何ら支那問題に解決を与えず、大隈内閣の下に討論しつつあるところが、二十数年を経て外交上に少しも解決されず、砲煙弾雨に訴えるの余儀なきに至るとは、人知の何の程度なるかを示さざるべきか。」（499頁）これは概括であり、慨嘆だ。（ただし記述は、昭和13＝1938年時に立ってのことだ。）

雪嶺は、こう日露戦争の「支那問題」を概括しながら、20数年後「砲煙弾雨に訴えるの余儀なきに至る」と明記する。つまりは一九三八年、もはや日米対立は「戦争」で解決するほかない、と断じている（かに思える）。これは妥当な歴史認識といえるのか？

このことを検証するためにも、問題をひとまず同時代（明41～大4）に転じてみよう。問題の焦点は、雪嶺もいうとおり、「支那問題」にある。

1　辛亥革命のモデルは日本

辛亥革命（1911年10月～12年2月）とは、形の上では、帝政（清）から共和政（中華民国）への政治転換である。

その転換モデルは、わずか半世紀にも満たないあいだに文明＝欧米化に成功し、末尾とはいえ欧米強国にとりついた、日本の革命であった。

エッ、あの誇り高い支那が日本に倣ったって？　昔も今も、支那（人）は侮日（人）じゃないの？　こういわれるかも知れない。そのとおりである。

だが侮欧米（人）の日本（人）が欧米を文明化（「殖産興業と富国強兵」）のモデルにしたので、その逆ではない。（これは、否、これこそ雪嶺の説でもある。）これが支那（人）にできないわけがない、こそが支那（人）の「自負」である。（＊これは、21世紀の現在も、大枠変わっていない。）

その支那革命の指標（の1つ）が、エリート行政官採用制度、1300年つづいた科挙（試験）廃止（1905）である。かわって外国留学（帰国）者がエリート官吏、あるいは支那社会全体の指導層となってゆく。その留学先こそが圧倒的に日本であった。対日支那人留学生は、日清戦争直後に年13人だったのが、日露戦争直後（1906年）は8000人をこえた。

*ただしいうまでもないが、支那（人）の本意は、日本をモデルに欧米化を図ることであって、日本化を図ることではなかった、とつけ加えなければならない。

雪嶺「同時代史」は、この支那が、日本モデルを介して欧米化する、折れ曲がったコース歩むという苦渋の選択が、まったく念頭の外に置かれている。当時の支那も朝鮮も、とうてい欧米化が困難な国とみなされている（かのようだ）。

2　欧州大戦　青島占領

1914年（大3）7月、欧州大戦が勃発した。英・仏・露対独・墺に戦端が開かれる。同盟国英から支那海の独艦隊駆逐要請があり、日本は、同年8月23日、対独参戦を決定、1個師団（プラス英軍1000弱）を派遣、青島（独墺軍4000余）攻撃を開始、着々と攻略を進め、11月7日、青島（三国干渉によって独が清から割譲した山東省の入り口）を占領する。

ここまでは『同時代史』に「戦記」スタイルで詳しく記されている（航空戦闘機が初登場）。ただし独領南洋諸島（マリアナ、カロリン、マーシャル諸島）占領は記されていない。

日本（人）にとって欧州大戦とはいかなるものか？　雪嶺は、ここでも「概嘆」ともいえる表現で概括する。

欧州大戦（1914／7／28～18／1／18）で、欧州は「国運を賭け」、日本は「他国の戦端に利

潤を得、富めるは奢侈、富まざるは娯楽を求む。」すなわち、

第1に、日本（軍）は、欧米諸国軍ががら空き状態となった東亜とりわけ華で、文字通り「火事場泥棒」的行動が可能であった。

第2に、戦場と化した欧州で、大量の死傷者と生産破壊が生じた3年余（プラス戦後復興期も含め）、日本はほとんど無傷で、造れば売れるという状況を呈し、「やらずぶったくり」さながらに儲けた。

第1の端的な事例が、「対華21カ条」（1915）の要求である。

3 「対華21カ条」の要求

この21カ条を雪嶺は国会の論議をもとに、詳しく記している。要約しよう。

日本が、1915年1月、袁世凱（華大統領）に対して提出した要求である。

1.山東省に関する要求（4条）①独権益の処分を日独交渉に任せる（可決）②山東省を他国に譲渡・貸与しない（可）③連絡鉄道の施設権を日本に与える（租借優先権に修正）④主要都市を開放する（可）

2.南満洲・東部内蒙古に関する（7条）⑤旅順・大連租借、南満・安徽鉄道に関する租借期限を99年に延長（露租借日から合算して99年に修正）⑥南満・東蒙で日本人が商工・農業経営するために土地賃借・所有権を収得しうる（南満で30年ごと無条件に更新しうる権利に修）⑦日人は南満・東蒙で自由に居住・往来・営業しうる（南満では可、東蒙では華人との合弁経営を認め、都市

を開放するに修）⑧南満・東蒙で諸鉱山の採掘権を日人に与える（奉天・吉林南部の9鉱地の試掘・採掘に修）⑨南満・東蒙で他国に鉄道施設権を与え、諸税を担保として他国から借款を起こすときは、日の同意を要す（可）⑩南満・東蒙における政治・財政・軍事の外交顧問官には日本人を優先する（南満に限るに修）⑪日に99年間、吉林鉄道の管理経営を委任する（鉄道の協定・協約を根本的に改訂するに修）

3.漢冶萍煤鉄公司に関する（2条）⑫将来この公司を日華合弁とする。公司の一切の権利、財産の処分にには日の同意が必要（日華合弁になったときはこれを承認し、日の同意なしに公司を没収・国有化・外資導入はしないに修）⑬公司所属の鉱山付近の鉱山の採掘を、公司以外のものに許可することや、公司に影響を及ぼす恐れにある措置をとることは公司の承認を要する（削除）

4.港湾島嶼不割譲の件（1条）⑭華沿岸の港湾・島嶼を他国に譲渡しない（大統領令で可決）

5.極秘を求めた希望条項（7条）⑮日本人を政治・財政・軍事の顧問に招聘、⑯華内地における日本の病院・寺院・学校の土地所有権を認める。⑰必要な地方の警察は日華合弁あるいは日人を招聘する。⑱日本から一定量の兵器供給を受けるか、日華合弁の兵器廠を立する。⑲武昌・九江・南昌を結ぶ道、南昌・杭州間、南昌湖州間の鉄道施設権を日に与える。⑳福建省の鉄道・鉱山・港湾の設備に関し、日資本の優先権を認める。（福建省沿岸に外国または外資による華の軍事施設を置かないに修）㉑華における日人の布教権を認める。

（5.の秘密条項は最後通牒で削除）

4　対華21カ条要求に対する国内外の反響

1.これを要求する政府（大隈内閣）の理由は、加藤（外相）がいう「独逸が支那に要求せしが如き要求するの当然にして、かつ時期を得たり」に、端的に表れている。

対する野党（政友・国民）の主張は、内閣の対華交渉は、「終始機宜を謬り、両国の親善を傷つけ、列国の疑惑を招き、徒に帝国の威信を失墜し、毫も東洋平和の基礎を確立する能わざるを認む」とする、政府の外交的失策を衝く「一般論」に過ぎない。原（政友会）でさえ、「譲歩に譲歩を重ね」て「第5項」を撤回し、あまつさえ「膠州湾還付」を声明するなど、しかも、この声明によって喜ぶはずの支那が一向に喜ばないというもので、国家の威信を害するものと断定せざるをえない、という調子だ。

対して雪嶺は疑問を呈する。

政府の対華要求は、日英同盟が強固であるを前提としている。だが、はたしてそうだろうか？なぜか。大戦後、欧米列強はこぞって、華に対する日の突出を牽制ないし抑制する挙に出ることを念頭におくからだ。

正しい。だが、ならばこの際、日は、山東でも、南満東蒙でも、日の利権をがっちり固めておくにしくはない、と主張するのか、その事由がはっきりしない。

2.袁は、極秘の5.を米に提示し、欧米列強の「干渉」を期待した。だが、当事者が大戦中で、英仏に干渉の余裕も余地もなく、日本の意を忖度（黙過）する他ない。また米は単独で干渉するつもりもなかった（できなかった）。

だから袁は最後通牒（ただし5.の希望条約を削除）を受託（5／9）した。

もちろん、この対華21カ条の要求は、反・抗日の旗印になる。ただし、それが爆発したのは、欧州大戦後のことである。

3.欧州大戦後、この「要求」は、「鬼の居ぬ間に洗濯」であり、「やらずぶったくり」（all take and no give）にほかならず、まさに「火事場泥棒」（thief at a fire）さながらとみなされ、欧米諸国の対日戦略転換の「契機」となった。

大戦で「勝者」となった英仏・伊・米の流れ（「趨勢」）は、「平和」であり、「永遠的平和の招来」で、国際世論はその確実な第1歩を「国際連盟」の結成と「軍縮」（＝軍備削減）条約の締結に求めた。

4.対華21カ条の要求は、修正・可決した条項から見て、基本的に、南満と東蒙における日本の権益の確定作業であり、広東省における独権益の継承ではなかった。

だが、南満・東蒙における日本権益の確定・不動化とは具体的にいかなるものなのか？

焦点は2つあった。ともに雪嶺の論及外にある。

第1に、満蒙（満洲と内蒙古）支配。この広大な地を、日露戦争後、日露が分割・統治するという、日露協約（密約　第4次）をもとにしている。南満・東蒙（日）に対する北満・西蒙（露）支配だ。

なお露で帝政が倒れ、労農政府ができ、さらにソビエト社会主義（共産党独裁）体制が敷かれるにおよんで、労農政権に対する干渉（最初日米・英仏→日単独出兵）が失敗に帰し、満蒙の実効支配はほぼ日ソで2分した。

第2に、では南満・東蒙の実効支配とはどういうものであったか？　これも雪嶺の叙述にない。ここで素描なりとも押さえておく必要がある。

伊藤博文は、日韓併合後の韓国総監時代、満洲占領（実効支配）を主張する軍（児玉総参謀長）に対し、満洲における日本の権利は講和条約を通して露から委譲したもので、満洲は純然たる清領の一部であり、日本の権益は遼東半島（関東州）租借地と鉄道会社に限るとした。これに対し、軍も了承せざるをえなかった。

結果、日本は「撤兵」し、南満洲の権益は、新たに立てられた鉄道会社（南満洲鉄道、通称「満鉄」）に引き継がれる。

問題の焦点こそ「満鉄」にある。これもまた雪嶺の叙述外にあったものだ。
5　「満鉄」とは何ものか？
満鉄は、文字どおりには、露の国策会社である東清鉄道の権益を受け継いだ「南満洲鉄道会社」である。しかしその実体は、名義は「株式会社」だが、民有国営の「国策会社」でさえなく、「半」国家といっていい。正確には、日本国が直轄する「分国」だ。

どういうことか。

満鉄は、「元首」や「国土」をもたない。その主脳も部局も日本政府とその省庁に直結する政治機能を持つ。それだけではない。満鉄は、沿線に長大な占有地、自衛軍（鉄道沿線を防衛・保守する2個師団相当）、収税権（納税者は長大な沿線住民）、都市港湾等の使用・開発権、鉱山開発・採掘権、教育・文化をはじめとする各種公共機関等々をもつ、「国家」機能を有する「会社」だ。

満鉄なしに満洲の自立自存はありえない。また満鉄は日本（国）支社であったが、ときに本社の官・軍エリートが流入し、本社に環流してゆくという体で、満鉄社員であると同時に日本政府職員（官吏）であるという、二重身分をもつ「革新官僚」の出生地でもあった。

しかしこれはスケッチに過ぎない。満鉄がめざしたものは何か、である。これが分からなければ、日米「開戦」のエレメント（基本関係）はわからない。

日米対立の基本を、雪嶺は記しえなかった。ここにこそ、雪嶺「錯誤」の機軸（axis）があった、といわざるをえない。後に「国家社会主義」に無防備になった起因だ。

（5）第5巻　大正5年（1909）〜昭和1年（1926）——「平和」と「軍縮」の「歓声」のなかで浸透・拡大する「国家社会」主義

この巻は、昭和14年（1939）から昭和16年（1941／12　日米開戦時）まで、『我観』に連載された。

一見すると、第1次（欧州）世界大戦後から第2次大戦開始までを、「平和期」と見なすことは可能だ。しかしこの間の「焦点」は、世界の主要国、日・米英仏・独伊・露等どの国においても、デモクラシイと社会主義の相互浸透と対立期であった、というのが内容は異なるが、三宅（と鷲田）の見解だ。

2つの例を掲げて、問題の焦点を追ってみたい。

第9例　原内閣と漸進主義（リアリズム）――デモクラシイ

はじめに、もういちど、日露戦争勝利の思潮を総括する雪嶺の的確な言葉（第3巻）を引用しよう。

「（日清・日露の）二大戦役をへて国運発展、国家的思想の最高潮に高まるに似て、却って世間に国家を軽んずるかに見えるところある。」「国家の束縛を嫌い、之より解放せらるるを希望するかに見ゆ。……奇に似て奇ならず」。

第4巻では、明治から大正への移行期、国家主義と自由（個人）主義の蜜月・癒着に大きな亀裂・対立が生じたという、この雪嶺の言葉を何度も思い起こす必要がある。

その発端である。

1　大正7年（1918）9月、原敬が内閣総理大臣に推挙される。推したのは西園寺で、原嫌いのワントップ山県も拒否できない理由があった。

1.立憲政友会（原総裁）は、大隈（憲政党）内閣期（大3／4〜大5／9）、政府（内務省）の徹底した選挙干渉で少数派に転落した。

原の政治課題は原内閣の樹立である。その第1課題が、党勢回復で、まったく正しい。方途は1つ。政友会は少数派だ。まず寺内「超然」内閣（大5／10〜大7／9）に「中立」的姿勢をとる。すなわち「基本政策」①軍備②教育制度③交通機関等④殖産興業の拡充で同一歩調をとり、内閣を下支えする。まさに政権にすり寄ったのだ。ただし、4基本政策はだれが掲げても間違ってはいない。こうして政友会は大正6年4月の総選挙で、前政権（大隈憲政党）批判を前面に押し出し、第1党に復帰し、山県も拒否できない首班指名をえた。

2.原の次の課題は、議会で多数派を占めることだ。まずは衆院。大正9年、原はあえて「解散」を選び、5月の総選挙で絶対多数を獲得する。争点は単純明快、憲政・国民（多数派）が設定した、「普選」（男子普通選挙法）の是非だ。憲政・国民は、都市中心の有識者・ジャーナリズムに依拠して普選を支持。対して原は、普選は時期尚早とし、改正制限選挙法を対置する。なお選挙は前年改正の小選挙区制で行なわれたのだから、準備万端だ。

憲政・国民党は、政友会が憲政（立憲民主）の常道である民主政治の「理念」を投棄たと批判。

原は、大都市やジャーナリズムでこそ反響を呼ぶ「普選」こそ民主政治（＝平等社会）実現の正道だというスローガンに対し、徹底的に地方の官・住民の声と実情を対置する（例えば市町村義務教育費の国庫負担化）。かくして、原リアリズムの圧勝。

2　欧州大戦中である。

1.日英同盟により、華の山東省青島に出撃、圧倒する軍事力で、占領。

2.露（満蒙の権益を分割しようと密約した）に「変事」が生まれ、二転三転する流動事態が生じた。

①1917年（大6）、日と密約協定した露帝政が倒れる。

②短期の共和制をへて生まれた労農政権は、独墺と敗戦＝講和（1918／3）を結び、フィンランド・バルト三国・ポーランド・ウクライナ等を独に割譲する。結果、露は英仏米日の同盟国から敵国に転じる。

③だが1918年（大8／11）独墺が敗戦するや、露（労農＝共産政権）は講和条約を破棄、露を2分する「内戦」（大別、共産・赤軍vs反共産・白軍）がはじまる。

*露の激変を、露共産党（レーニン）の言葉にもとづけ、わたし（鷲田）が要約すれば、

a.自国を戦争に導き、「内乱」状態を生み出して、その好機をつかんで帝政を倒し、労農（多数）権力を打ち建て、自国を敗戦に導き、共産党（軍）独裁権力を樹立するである。さらに縮言すれば、戦争→内乱→革命

↓独裁権力樹立。

b.世界を革命化して、「混一」の世界共産社会（平等・平和・自由・豊かさ）実現を図る。

これは、マルクスにはじまりレーニンやトロツキーにおよぶ新潮流であると、当時、雪嶺も言葉の上では、捉まえることができた。ただしa.ははじまったばかりだし、b.は「彼（レーニン）自ら考えざらんとして得ず。」と断じている（205頁）。

だがである。a.もb.も、冷静に考えれば、奇想でも天外でもない。歴史上、すなわち時間と空間をとわず、出現し（かつ消失していっ）た構想（＝幻想）である。その大規模なものが、ローマ帝国の「パックス・ロマーナ」（ローマ一統の下に世界は平和）であり、その縮小版ともいえる信長の「天下布武」である。ただしb.は、いつでもどこでも、ユートピア（夢＝どこにもない場所）であり、露では「悪夢」となった。

以上のめまぐるしい露国の革命推移は、露に近接する各国はもとより、日本をはじめとする諸国でも、その行く着く先を見通すことはできなかった。

リアリスト雪嶺は（正直に）、「わが国にかぎらず、世界のどこにいても露国革命の趨勢を知るを得ざりき」と記す他はなかった。

だが敗戦独をはじめ、華はもとより日本でも、共産・社会民主主義勢力の浸透・拡大が、民主主義と混在（＝相互浸透・対立）し、政治・労働・平和運動等に大きな衝撃を与え、大小さまざま、急速に影響力を拡大していった。これを、雪嶺も確認せざるをえない。

3.シベリア出兵とその処理

2.と連結するもう一つの問題、寺内内閣時代に生じた「シベリア出兵」(1918/8)がある。

①独墺敗戦によって、露に捕虜となった墺領チェコ・スロバキア軍捕虜(1000人)が、独墺捕虜と対立、暴動が生じた。チ・ス(の独立を図るマサリク)はチ・ス人捕虜の救出を米に求め、その米が内乱中のシベリアへ共同出兵することを日に求めてきた。

日本政府(寺内)は、「自国の自衛を根拠としない出兵」に消極的姿勢をとった。ただし、1個師団の出兵なら可としたのだから、明らかに、赤化＝共産勢力拡大を防ぎつつ、満蒙・沿海州さらにはシベリアへと日権益の保持と拡大を謀る派兵でもあった。

②実際、当初、派兵は米(フィリピン派遣)軍7000に対し日本軍1万2000(1個師団)、便乗した英仏軍5800であった。だが、日本はその後さらに1個師団ならびに南満駐屯部隊を増派し、最大時7万余の大軍へと増強した。結果、ハバロスクを占領、西進してザバイカル州(バイカル湖)にいたる。

③だが米英仏が露の共産化に干渉し、あわよくば自国権益を獲得しという目論見は、むしろ露の愛国排外主義の火に油を注ぐ結果になり、3国ははやばやと撤退、日本の派兵停止勧告へと舵を切る。

3　原内閣の漸進主義——デモクラシイの正道

1.まず第1に確認すべきは、原政治がデモクラシイ(多数支配)政治を実践したことだ。まず衆院（民選）で、ついで内閣で、そして貴院（勅選）でも多数支配に「成功」する。なぜか？

2.原は組閣（外務・陸海相以外は政友会）後、前政権がかかげた根本方針を変えず、その実現を果たそうと、現下のインフレ（物価高）問題の解決をはかった。同時に、前政権がやり残した課題（失政も含めて）を解決する姿勢を崩さなかった。原が志向し実行した、旧勢力の施策に反するあるいは異なるもの（と思えるもの）は、基本的に山県の「同意」や「黙認」をえたものだったのだ。（そしてその山県が、大正10年2月「宮中某大事件」によって「引退」＝枢相辞任し、重し石が1つとれる。）

3.そればかりではない。原は予算案の議決を握る（拒否権を持つ）貴族院にも手を突っ込み、その最大グループであった「研究会」（子爵グループ）を与党に組み入れ、貴族院でも多数派工作に成功する。（非民選の貴族院でも、院内決定は多数決＝デモクラシィ＝多数支配原則であった。）雪嶺いうところの「業腹」な、数を頼む実効力を発揮したのだ。

かくして戦後インフレ恐慌から抜け出すための積極財政（＝予算）を背景に、産業、教育、交通・通信、国防の基本施策を強力＝強引に推し進めることができた。

4.原が残す最大難関は、衆目の一致するところ、官僚と軍部の「同意」と「コントロール」にあった。これは超然勢力、とりわけ山県閥に直接手を入れる、一歩間違えば虎の尾を踏みかねないきわどい政治実践である。

原は、高インフレ対策のために積極財政を掲げる。その第1が軍事予算拡大（軍事予算は1921年、対1917年比約2倍増）で、その名目は、欧州大戦後のベルサイユ条約に体現された「平和主義」（恒久平和）の実現であった。ただちに軍拡と平和推進は矛盾する、と反論されるだろう。だが日本は、平時と戦時の別なく、アジアで唯一の「戦勝国」だ。「防衛」線は拡張した。排・抗日闘争が高まった。自国（民）とその膨張した海外（民）権益を守るためには、国防力の充実なしには、かつ平和を保つことも難しい。これが政治の鉄則であり、また国論でもあった。

5.原は、青島出兵と「対華21カ条の要求」さらには「シベリア出兵」という、国内外に一気に押し寄せた国際（国家間）紛糾問題にも、日英協調から日米英協調への移行を基調とする、現実的な解決策を見いだそうとする。じつに複雑で困難な課題を避けていない。

①「シベリア出兵」　多くの軍備破壊と死傷者を出し、過大な空費に近い軍事費を費やした「失政」を、前政権の責任に帰す清算主義的手法をとらず、政府として解決可能な、現実かつ持続的対応で処理しようとする。

すなわち、原政権は、シベリア出兵を漸次縮小し、第1次撤退（19/10）、第2次（同12）を決め、実行に移した。重要なのは、その間にもつぎつぎ生じた抗日テロ事件や朝鮮・満洲への露革命波及を防ぎ、ハバロフスク居留民等の保護を名目に暫時的に出兵を縮小しつつ、駐留続行を余儀なくされた。ようやくシベリア撤退を完了したのは、1922（大11/10）で、加藤内閣時である。

②対華21カ条要求の処理に関しても、露から引き継いだ「満蒙権益」の継続・確保という、列強

（大戦後の戦勝国・英米仏）も否定できない権益に限定しようとした。

③「国際連盟」がめざす「恒久平和」問題でも、「戦争か平和か」の二者択一的選択をとらない。徹底した漸進主義だ。

端的には、「軍縮」は恒久平和の一里塚であり、かつ万民の「理想」であるという見地をとらない。どこまでも選択肢は自国（民）を防衛するに足る「武備的平和」であり、陸海軍の増強と軍縮のバランスを計る、これだ。このバランス軸をどこに置くのか、その「定点」は予め決まっているわけではなかったし、決めることが出来ない相談だった。

現状は、日本が、米・英・仏三国（連合）の挟撃にあい、苦戦を強いられることを覚悟しなければならないことを語っていた。

4　以上を勘案して、最後に、原は「民主」か、「独裁」か、を問わなければならない。簡明にいこう。

「民主」とは何か。デモクラシイすなわち「多数支配」のことだ。日本では、デモクラシイ政治が帝国憲法下ではじめて制度化され、立法府すなわち衆院（民選）と貴院（勅選）の決定が、両院とも「多数」決で決まることになった。だから、原内閣が立法府ではじめてデモクラシイ政治を実現したことになる。

1.原は「独裁」であったが、反「民主」ではなく、「民主」政治のど真ん中を行った。なぜそういえるのか？

原は、民主派を排除したのではなく、民選議会で多数派を形成し、勅選議会でも多数派を形成し、元老・枢密院・藩閥・さらには軍・官僚等の「超然」派を「数の力」で押さえ込み、民主政治の貴重な第一歩を印したのであって、その逆ではない。

2.では原は「民主独裁」なのか？　たしかに形式的には「民主・独裁」だ。数の力による「独裁」だ。しかしその①独裁は、数の独裁であり、数で破れれば、終わる。そして「再復帰」も可能だ。②数で独裁を敷き、民主を停・廃止する道をとらない。②はソ連や中共、あるいは独ナチや伊ファッショ、日「大政翼賛」等が歩んだ道だ。

3.原は「普選」に反対か？　否、「時期尚早」と主張したのだ。さらにいえば、制限選挙であれ、普選であれ民主政治(デモクラシイ)の一形態である。だから、普選は万民平等の出発点であり、キイ・ストーンであるというような見地に立たない。

*ちなみに、デモクラシイの基礎となる「基本的人権」とは、個人の生命と財産は何人にも侵されないという「私的所有権」の不可侵に基礎を置く。（また日本帝国憲法には、その原型となったプロシア憲法同様、基本的人権（私有権）の保障が明記されている。したがって私的所有権を否定（ないし大幅に制限）する社会には、基本的人権もなく、デモクラシイもない（大幅に制限される）ということだ。国家社会主義（露・独・伊・日）の現実がそうだったし、中・北朝鮮（共産党独裁）の現在でも変わっていない。

また男子普選（1928年）、女子普選（1946年）はデモクラシイの進展をもたらしたが、「平等社会実現」の「入り口」とはならなかった。当然である。デモクラシイは私有財産制を前提としており、平等（共産）

社会は私有財産制の否定を意味するからだ。

4.ただし、原の視野には、対満蒙・対華施策(ポリシイ)に、露国家社会主義が割って入り、敗戦独が国家社会主義で復活を遂げるという、後に大東亜戦争の起因となる抗日ナショナリズムとインフレ恐慌施策と国家社会主義とが結びつき、日本で展開するという事態が孕む独特な「危機」認識は入っていなかったというべきだろう。

原の現前には、漸進主義では回避困難な新しい「壁」が待ちかまえていた。それは何か？

第10例　デモクラシイ——軍縮と普選

1　世界の「趨勢」(トレンド)

1.大戦後の世界情勢を、雪嶺は概観する。

日本は、①英同盟国として、欧州大戦で非戦闘国にして唯一の経済「勝者」になり、②東亜では唯一の軍事「勝者」となり、南満で政・経・軍の新しい体制を固め、③さらに、大戦終了後も、露帝政崩壊から生まれた露国新政権に対する大規模な「干渉」戦争すなわちシベリア出兵を続けた。

結果、日本の政治・経済・軍事力における持続的強化は、戦勝国米英仏（伊）、敗戦国露独・華が、三者三様に敵対かつ警戒する排・抗日の地位に立った。大づかみにいえば、三者共通の「主敵」になった。現勢において、日本「孤立化」という世界「趨勢」(トレンド)が生じたのだ。

2.対して日本国内の「趨勢」はどうか。

原の暗殺後、高橋是清（政友会）がリリーフに立ったが、結局、加藤友三郎（海相）がワシントン会議主席全権として、軍縮・極東太平洋問題等で条約を締結、「稀有の成果」を得たと評価され、（政友会と元老から）首相（兼海相）に推される。

雪嶺の加藤内閣の評価は、最初はどの内閣に対してもだが、高いとはいえない。主因は3つ。

①閣内に政党人は皆無、2人を除いて貴族院に属し、超然あるいは貴族院内閣と呼ばれる。

②世界の趨勢は「長いものには巻かれろ」だ。日本は「五大国の一つに列せられながら」、「英仏米が一切の切り盛りをし」、米全権決定が国内で否決されると、英仏が「勝者」として世界を代表する形になる。だが英仏の実力のほどは疑問。

③「遠く離れたる日本」では、このワシントン（華府）会議を「世界」の趨勢として（少しも）疑わず、英仏を「民主国」とみなし、「世界平和」が民主思想に一致するとみなす。この点で、政友・憲政・国民党に分岐はない。

雪嶺は、一方で、原の「民主」と「独裁」を一定評価するが、それを「業腹」（ウルトラリアリズム）として忌避し、他方では世界の「趨勢」に疑問を呈さない加藤を毛嫌いし、「民主」は英仏がモデルであり世界平和への道である、を根本的に疑う（ことを隠していない）。

ただちに問題となるのは、では、雪嶺にとって「民主」とは何なのか、世界の「趨勢」順応に対（抗）してとりうる日本の道とは何か、である。

3.関東大震災

ところがだ。原が斃れ（1921／3／11）、ここでまた加藤が重篤に陥り（23／7）、山本権兵衛（第2次）が、「挙国一致内閣」を標榜し、「三大政綱」、外交刷新・内政整理・普選実行を掲げて登場した。ときあたかも（1923／9／1）大震災が関東全域を襲い、余震止まず、火災害が東京全市に漲（みなぎ）るなかに親任式を終える、という体だった。

山本内閣は、まさに出鼻をくじかれ、しかも絶対多数を擁する政友会は、政府に中立的立場をとり、政府の関東大震災復興案に大修正を加え、山本内閣を辞任に追い込む。

まさにこの大震災で、「政界の変革」に拍車が掛かり、「分解作用」が早まる、と雪嶺は記す。

4.しかし注意すべきことがある。

雪嶺は、第1回国勢調査（1921／10）を、とりわけ関東大震災の被害と損傷を、詳細に記述する。（すばらしい！）

前者は国政の概要を知る基礎であり、後者は「災害」が政治危機を促進する事例として重要だ。特記すべきは書籍等の消失で、「金銭にて計算すべからざる」書籍等の消失、東大図書館に匹敵する内務省警保局図書課の書籍（出版条例による納本）等々、2度と日の目を見ること難しい国家的損失の例を挙げる。

ところがだ。震災直前に起こった、国内だけでも40万人弱の死者が出た「スペイン風邪〔インフルエンザ〕」（1918／8～20／8）には一言も触れられていない。理由不明だ。（解せない！）

さらに注記すべきは、日清・日露戦争、世界大戦（青島出兵）までは、戦死傷者等の明細な記録がある。だが、シベリア出兵（派兵7万余　1918〜22）にはその総括的な記録はない。この「記録」欠如の起因は何か？

2　日本の実態（リアリティ）

日本の政治実態は、雪嶺がいうように、「デモクラシイ」が前面に出たことにある。

1.①原内閣後、「元老」の弱体。西園寺公望（ただし第2世代）1人といっていい。②ただし首班が軍人（出身）になる。山本内閣以降だ。③貴族院（勅選）が政治の表舞台に登場する。加藤さらには清浦内閣だ。

これはデモクラシイの後退を意味するのか？　否だ。

全く逆で、衆議院（民選）の賛同がないと、政局運営は困難になるということの証左だ。それを端的に表すのが、山本内閣の「挙国一致」（大震災）で、亡国を招く危機＝「戦時」標語であったのに、「非戦時（平時）」標語に使われる。まさに衆院「多数」が「反対」しない標語、「普選実行」が選挙公約に盛り込まれた理由だ。

さらに清浦内閣支持をめぐって、政友会が2分し、護憲3派の第1党（憲政党）総裁、加藤高明内閣が誕生（24/6）し、「超然内閣」の終焉を宣した。雪嶺がいうごとく、「労働運動」（日本労働総同盟第13回大会宣言　1924/2）でさえ、「徒に資本家と対立せず、議会によりて目的を達すべきを議決す。」という事態が生まれる。

2.普選（社会問題化する前に）施行と貴族院改革である。
3.治安維持法（1924／12／1）成立。
これは普選法（民主）と抱き合わせの反民主法か？　そんなことはない。
①対象は、国体（皇室）変革（政体変革は削除）と私有財産制否定を目する共産主義結社である。政体（国体）保存として当然（あたりまえ）のことだ。
②犯罪・処罰範囲は、実行謀議、扇動、犯罪の扇動、金品等の授受であった。
日本帝国憲法（国体）に適合する立法で、むしろ、立法化は遅きに失し、といえる。（ただし問題は、その「適用」に重大かつ恣意的な誤りがあった。）
4.陸海大臣補任資格を現役将官に限るとの規定を削除し、両大臣文官制度（1913／6／13）の可決である。陸海相が内閣の指揮下におかれた。
5.ところが政党政治の根幹が成立すると、護憲3派の主導権争い（政争）が激化し、政党の分裂・合同が日常化し、首班がつぎつぎに変わることとなる。政友会総裁は＝高橋から田中義一に、だが首班は加藤（～1926・1没）→若槻礼次郎（金融恐慌・台湾銀行救済勅令案＝貴院否決　辞職27／4）→田中義一（～29／7）というようにだ。
3　国際（国家間）関係の激変。
1.国際連盟　英（仏）が主導権を握る。だが英仏の国力低下で、英はいちはやくソ（露）を承認。米は議会承認をえることができず、不参加。

2.日英同盟解消、英米仏日四カ国条約締結(1921/12)。

3.日ソ関係　シベリア撤兵と北樺太の返還で難航し、ようやく日ソ(露)条約が締結され、国交回復(1925/1)。

4.日米関係　移民法(排日条項を含む)が成立(1924/5/26)。雪嶺は1925(大15)は、「日米間に問題なし」とする政府声明を、「想像に属す」と記す。

5.日支関係　①支における日・米(英)亀裂②(雪嶺も)支の内政不干渉、日は満の権益保持を貫く。

4　雪嶺、大学等を中心とする社会科学研究連合会の運動と弾圧を詳しく紹介。

《補論》民主主義とは何か

民主主義システムが、どんなにその内部に欠陥をもっていても、どんなにやっかいで、愚劣で、退屈なもので、かつ暴走するとしても、最上の政治システムである、という思考はスピノザ(1632~77)に端を発する。けっしてルソーに(1712~78)ではない。むしろルソーは民主主義の「敵」である。

現在、このテーマに関する最良の文献は、橋爪大三郎「陳腐で凡庸で過酷で抑圧的な民主主義は人類が生み出した最高の政治制度である」(1990『民主主義は最高の政治制度である』現代書館1992所収)だ。簡約しよう。

1　民主主義は政治制度の一種である。

2　政治とは「おおぜいの人びとを拘束してしまうようなことがらを、決定すること」につきる。

3　民主主義とは「関係者の全員が、対等な資格で、意思決定に加わることを原則にする政治制度」をいう。だから、王政や寡頭政に民主主義はない。

4　民主主義の決定＝多数決は、ひとりひとりが異なった意想を持っていることを前提する。どんなことを考えようと、何に投票しようと、それは個人の勝手である。そして、いったん社会的決定が下された後でも、自分のもともとの意見を変える必要はない。決定は全員を拘束するから、どんな意見をもっていようと、それには従わなければならないが、なにを考えるかは、それと関係ない。

5　民主主義には手続きの公正さが必要だ。人間は間違う存在であり、多数決はときにあるいはしばしば間違う。反対＝少数意見を尊重しなければならない理由だ。

6　民主主義の運用は、少数の独断や強制（暴力）あるいは絶対者（神や独裁者）によって左右されてはならない。民主主義は、意思決定するための手続きが正しく踏まれたかどうかを、最終的な正しさの基準にする理由だ。拙速を避ける、手間暇を要する非効率的なシステムなのだ。

7　だが民主制の長所は、誤ったと気づけば、関係者全員（メンバー）が対等な資格で決め直すことができることにある。非効率的に見えて、立ち直りも早いシステムといえる。

8　ただし多数の決定はいかなるものであれ、反対者を含めて全員を拘束し、その決定によって生まれた失敗と不利益は全員におよぶ。民主主義はこの過酷な側面、自己責任＝自己負担を免れえない。

以上、橋爪がいうように、民主主義とは、全員に平等に付与された「一票」の多さで決まる、まさに凡庸だが、決定に至る手続きがまだるっこしいが公正で、その決定が全員を拘束するだけでなく、その結果を全員に負わす、過酷で抑圧的な政治のことである。だが人類はこの政治制度よりよきものをもったことも、これからもつこともない。

わたしたちは現前で繰り広げられる民主政治の凡庸さ、愚劣さ、非効率さに飽き飽きし、その失敗からくる過酷さを何度も味わってきたが、それでも民主主義よりすぐれた政治制度をわたしたち人間・人類はもつことができないのだ、という橋爪のアイロニーをきっちりと認める必要がある。同時に、民主主義をブルジョア支配の「イチジクの葉」（隠れ蓑）としたマルクスやレーニンそして社会主義政治が、民主主義を、全員「一票」の権利を、ひいては基本的人権を、根本において私有財産制度を否定する理由を了解する必要がある。

*橋爪大三郎　１９４８／10／21〜　鎌倉生まれ。東大・文（社会学）卒。東工大教授を歴任。言語哲学をベースに、社会と文化の諸方面で鋭利で明快な論を展開。処女著書『言語ゲームと社会理論』（１９８５）

（6）第6巻「非常時」の時代——昭和2年（1927）〜昭和20年（1945）

＊この巻は、①昭2・3年が昭17年に、②昭4・5・6（満洲事変まで）年が昭18年に、③昭7年が昭19年に書かれ、④昭8〜20年が敗戦後に書かれた。ために叙述に著しい精粗がある。

昭2〜7年はおおよそ通常（50頁）、昭8〜11年はその3分の1。そして、12年（＊支那事変勃発）は欠、13〜20年は縮略（1〜8頁）。

なおこの連載の特質の1つである「物故者」（略歴）欄は昭8年以降、最小限の情報（例えば、「［1月］二十三日、社会運動家堺利彦没（六十四歳）」）で、昭17年以降は欠。（＊ちなみに、《非常時》以降縮減、そして《非常時の非常時》以降欠落した。これは、「同時代観」の著者が、自覚症状なしの「死」病にとりつかれ、そして「死」の宣言をうけた目印（サイン）である。）

昭20年は5行で、最後に《同時代観は、筆者の生れし年に始めて現在の同時代に入り、稍稍絶望より起こりて好望に移らんとし、明年より新たに文化への参照と題して起稿するを期す。（完）》とある。

第11例　「非常時」と「満洲帝国」

＊第8例「支那問題の焦点」の最終部で、わたし（鷲田）は

「満鉄なしに満洲の自立自存はありえない。また満鉄は日本（国）支社であったが、ときに本社の官・軍エリートが流入し、本社に環流してゆくという体で、満鉄社員であると同時に日本政府職員（官吏）であるとい

う、二重身分をもつ『革新官僚』の出生地でもあった。
しかしこれはスケッチに過ぎない。満鉄がめざしたものは何か、である。これが分からなければ、日米『開戦』のエレメント（基本関係）はわからない。
日米対立の基本を、雪嶺は記しえなかった。ここにこそ、雪嶺『錯誤』の機軸があった、といわざるをえない。」

と記した。すげなくいえば、世界大戦後、日本を連続的に襲った「非常時（クライシス）」の事実認識に齟齬があった。それが「非常時の非常時」日米（英）開戦必至という「論理」に帰結した、と断言できる。

「非常時」とは、特定すれば、「議会制民主主義（デモクラシイ）」の危機、「恐慌」（金融・経済危機）、「軍部テロ」、「満洲独立」、「北支事変」、「日支事変」、「日米開戦」をさし、雪嶺にはその「非常時」を基本認識することができなかった。致命的なのは、哲学者雪嶺に固有な思考回路（相対＝比較思考）を失ったからだ。なぜか？

雪嶺は、英・米・仏・独・露等の失敗と困難を的確に指摘（把握）しながら、それとの「比較」で日本の失敗と困難を摑むことが出来なかった。「原因」がある。

日本の現代史に、他国と比較して、致命的な失敗がなかったことがある。例えば「失敗」とは、英にとっての米の独立戦争、仏にとってのフランス革命や対プロシア戦争、独にとっての欧州戦争、露にとっての日露戦争の「敗戦」＝失敗とロシア革命である。対して、日本は米とともに、その国家（ネイション）（国民）進路に致命的な「失敗体験」をもたなかった。

ただし日米の政治体制（システム）に根本的違いがあった。米は、「失敗」を避ける（avoid）あるいは解消（cancel）できる民主政体（デモクラシイ）を持していたからだ。米は、国際連盟の旗振りだったにもかかわらず、「加盟」を避け、また英仏の対独宣戦布告に同調しなかった。「議会」で賛成をうることができなかったからだ。

雪嶺は、全体主義国家ナチドイツとその指導者ヒットラーを諸手を挙げて賛嘆し、民主政体を制限あるいは忌避し、ドイツとともに手を携え、対英・米戦争に直進すべしとする。だがわたしには、雪嶺自身が「非常時」を前にして「判断停止」に陥った、としか思えない。過去の「成功体験」の延長線上に日本の「未来」を設定したからだ。

1　「非常時」内閣——政党政治（デモクラシイ）の終わりの始まり

雪嶺は、国会発足以来、民意（国民の多数意志）を代表する議会、すなわち衆議院（民会）の重要性を、誰よりも強調してきた1人である。超然＝藩閥内閣を解消し、衆院の過半を占める政党（党首）が首班指名を受け、政府（内閣）を構成することを、「憲政の常道」とみなす論者であった。同時に、国会開設以来、政党政治の通弊、党利党略、利益誘導＝買収汚職等々を払拭できない政党政治＝デモクラシイを痛打してきた。

そんな雪嶺が、政党政治の終わりを確認した2つの事例がある。

「普通選挙法」（成立　大14）によって実施された選挙（昭2）結果＝政治勢力図は、「来てみれば左程もなし富士の山」で、ほとんど変わらなかった。普選が民意を反映する政党政治の理想実現とするデモクラシイ派も、理想実現を危惧した反デモクラシイ派も、デモクラシイの実態を見誤る結果となった。むしろ、デモクラシイは「幻想」であるとして、国会外での反権力・反資本を掲げる運動の活発化をもたらした。

1.そして決定的な「非常時」が起こった。5／15事件（昭7）である。衆院で過半を占める党派が首班指名を受ける「憲政の常道」が、この「軍部テロ」によって動脈硬化に陥り、政党各派がこの軍部テロに対し、確固たる反対や批判的態度を取ることができず、「民会」の意を超えた「非常時」内閣（斉藤實）を生んだ。

この「非常時内閣」を決定づけたのは、2／26事件（昭11）であり、デモクラシイの根幹をなす政党政治（憲政の常道）は「死に体」となった。雪嶺はこの事態を是認する。

2.だが、いうまでもないが、デモクラシイとは、文字通り、「多数支配」（デモ・クラチア democratia）の政治である。「多数決」（多数者（デモス）の選択）、これこそデモクラシイの根幹だ。

そして失念してならないのは、「多数」の一人一人は、「一票」に還元される。これを会社員に例えれば、平社員も社長も、「同等」（同じ一票）なのだ。投票で「多数」をえたものが、決定・執行権をえる。だが、会社はどれほど社員の意思を尊重するといっても、デモクラシイ（多数決）で経営・運用することはできない。

もちろん「多数」といえども、否、「多数決」だからこそ、間違うことを避けえない。「付和雷同」というではないか。同時に、多数決は、それが間違ったら、その責任が問われる。その災禍は多数者だけでなく、全員におよぶ。だからこそ、多数者の「意想・利益」に反する結果に際しては、

「多数決」をし直して、訂正することができる。つまりは、「試行錯誤」が可能で、「朝令暮改」も稀ではない。

これこそデモクラシイの（最大）「長所」なのだ。（もちろん、再度選択をあやまり、泥沼状態に落ち込むこともあるが。それでも泥沼から脱出する手立ては、多数決によるしかない。）

政治ばかりでない。「人事」（human affairs）に関する「万事」に、唯一絶対はない。よりよい選択を可能にするコース、デモクラシイこそ雪嶺が掲げてきた政治哲学の「基本」だ。

3.ところが、雪嶺は、「非常時」において、デモクラシイ（多数派政治）を有害無益とみなす。驚くべきことに、「全体主義」がよろしいという。なぜか？

「非常時」である。唯々諾々（ああでもない・こうでもない）に終始し、適宜、ときに即決、決定し決行できない政治は無用であり有害だ、というわけだ。これは、効率を求めるのあまり、訂正困難あるいは不能な道（way）に滑り込むことを意味する。

敗戦ドイツをいちはやく再建・強化した力の淵源を、非常時におけるヒトラーの独裁政権＝「全体主義」にあるとし、それに共鳴し、諸手を挙げて賛意を示す理由だ。

2 「非常時」経済——金融・経済恐慌

1.（第1次）世界大戦で、日本は、主要国で唯一、造れば売れる体の好景気に沸いた。しかし、戦後、経済恐慌（リセッション＝景気後退）に見舞われ、「世界恐慌」の大波が押し寄せることもあって、金融恐慌（銀行倒産）と生産恐慌（過小生産＝倒産と失業）に、くわえて凶作に襲われる。

2.この景気後退と恐慌に対し、政府も議会も緊縮財政で臨み、政策対立は「緊縮か、より緊縮か」に終始する。緊縮財政の対象は軍事予算も例外ではなかった。

また政府は、世界の世論、「平和と軍縮」を「是」とし、パリ「不戦条約」(昭3／8)、とりわけロンドン海軍軍縮条約(英・米10対日6)締結を「協調外交」の「勝利」と謳い、とりわけ「軍部」の猛反発を招いた。雪嶺も猛反対を表明する。

3 「非常時」の軍部──軍事テロと「事変」

1.軍部は、昭和3年半ば以降、満洲でつぎつぎに独自(政府の決定を経ないまま)にテロを含む軍事行動を起こした。しかもその都度、内閣は総辞職を余儀なくされた。例えば、「満洲某重大事件」(昭3／6)である。関東軍は、政府(田中義一内閣)の指令を無視し、張作霖(1873〜1928 軍閥で「中華民国陸海軍大元帥」と称す)を爆殺する。ために内閣は辞職に追い込まれた。ただし、この軍部テロの「真相」は、敗戦後まで闇に閉じ込められた。

結局、関東軍は、満洲事変(Incident 昭6／9〜)をへて満洲建国(昭7／3)へと突き進んでゆく。

2.軍部は、「国内」では、5／15「事件」(Incident 昭7)に続き2／26「事件」(昭11)という、政府(と議会)を標的にした軍部テロによるクーデタを引き起こす。クーデタは「失敗」に終わるが、軍部は「非常時」を演出し、議会や政府を恫喝し、無力化するのに成功した、といっていい。

3.雪嶺は、政府や議会ならびにマスコミ、さらには世論が、このテロによる軍事クーデタに決然たる態度で臨まない「事実」をさして、軍事テロを寛大視する「世論」にあるいは「追随」しあるいはそれを「扇動」する姿勢に転じた、といわざるをえない。

大久保利通・星亨・伊藤博文等を標的にした政治テロに呵責ない批判で臨んできた雪嶺が、一転、首相や政府要人を狙った組織的な軍部テロに「寛大」になったのだから、解せないではないか。

これを見るに、満洲（中核が満鉄と関東軍）こそが、「非常時」の震源地であったということが了解されるだろう。そして、雪嶺は、「満洲」を、多くの国民と同じように、「観察」(observation) 対象の、したがって「考察」(examination) の「外」においた、といっていい。

4　では「満洲」とは何ものか？

1.既に第8例「支那問題の焦点」で述べた。繰り返そう。

まず「満鉄」とは何ものか？　である。

〈満鉄は、文字どおりには、露の国策会社である東清鉄道の権益を受け継いだ「南満洲鉄道会社」である。しかしその実体は、名義は「株式会社」だが、民有国営の「国策会社」でさえなく、「半」国家といっていい。正確には、日本国が直轄する「分国」だ。

どういうことか。満鉄は、「元首」や「国土」をもたない。その主脳も部局も日本政府とその省庁に直結する政治機能を持つ。それだけではない。満鉄は、沿線に長大な占有地、自衛軍（鉄道沿線を防衛・保守する2個師団相当）、収税権（納税者は長大な沿線住民）、都市港湾等の使用・開発権、鉱山開発・採掘権、教育・文化をはじめとする各種公共機関等々をもつ、「国家」機能を有する「会社」だ。

満鉄なしに満洲の自立自存はありえない。また満鉄は日本（国）支社であったが、ときに本社の官・軍エリートが流入し、本社に環流してゆくという体で、満鉄社員であると同時に日本政府職員（官吏）であるという、二重身分をもつ「革新官僚」の出生地でもあった。

しかしこれはスケッチに過ぎない。満鉄がめざしたものは何か、である。これが分からなければ、日米「開戦」のエレメント（基本関係）はわからない。

日米対立の基本を、雪嶺は記しえなかった。ここにこそ、雪嶺「錯誤」の機軸があった、といわざるをえない。〉

2.では「満洲」とは「支那」の一部なのか？

もともと「満洲」は、地理学上、「中国東北部」ではない。つまり「中国」（＝支那）の一部ではない。エッと思われるだろう。

事実（歴史上）、明の皇帝が築いた万里の長城の東南端は山海関で終わっている。つまり満洲は、清朝を建てた満洲人の「故郷」であり、清朝末（19世紀末）まで、支那人が満洲に移住することをさえ禁じられていた。

また清朝最後の皇帝、宣統帝（溥儀）が、たとえ日本の「傀儡」であったとしても、満洲建国に参画（昭6年執政、昭8年皇帝）したのは、中華民国の一部を奪ったことを意味しない。民族自決権の行使であった。多数の植民地を領有し、民族自決を「事実上」否認する英仏（米）が主導する国際連盟でさえ認めていた、国際上の権利の行使であり、ましてや祖国（華）への反逆を意味しなかった。

3.問題は、日本が、日露戦争の結果、露が占めていた南満洲の権益を引き継ぎ、満洲建国へと進んだことではない。満洲とは、逆に、形だけにしろ民族自決権を認めた英米等の主張に抵触しない。翻って、英が南ア・インド等を、仏がコンゴー・アルジェリア等を、米がフィリピン・キューバ等を独立へと誘っただろうか？　断じて、否だ。

主要ポイントは、英米仏（ソ）の後押しがあったとはいえ、中華民国（主席蔣介石）が反・抗日闘争を強化し、「北伐」（対満洲・日本への軍事行動）に対して、満洲（関東）軍のみならず日本全軍が宣戦布告なき日中（泥沼）全面戦争に突入していったことだ。

4.というのも、「満洲」の国境線は、対ソ（対モンゴル）に対しても、対中に対しても、日本軍が自力で死守可能であった。

あるいは、もし日本が満洲を失っても、あるいは朝鮮・台湾を失うことがあっても、日本は「生命線」に重大な損傷をともなうにしても、「生命」が断たれるわけではない。

事実、日本が敗戦・降伏した占領下においても、さらには「独立」を達成した現在に至ってもなお、敗戦によって「課＝科」せられた多くの「困難」を抱えているものの、再起・再建可能であった。（あの「亡国」のドイツでさえ、リターンした。逆に、「戦勝国」とされた中華民国もソ連も亡んだ。）

こう、敗戦当時も、100年近くへた現在でも、理解できなくてはならない。問題は、(1)日本が日本の「生命線」と自己規定した「満洲」国境線を超えて、軍事行動を起こしたことにある。とりわけ、英米(ソ)に支援された支との全面(泥沼)戦争への突入である。
(2)さらに重要なのは、対ソ「ノモンハン事変」(北進論)からは引き戻ることができたのに、対支戦争(南進論)からは、引き戻しを許らなかったことにある。
(3)最も重大だったのは、南方に戦線拡大(英米仏蘭の植民地を占領)し、日米開戦を決定的にしたことだ。
(4)だが、(1)~(3)の各過程(プロセス)は、いずれも不可逆ではない。リターン可能だ。ところが日本政府と軍部は、「不可逆」という決定を再検討し、停戦あるいは敗戦の道を模索しなかった(したとはいいがたい)。なぜか、はもっともっと検証されていい。いずれにしてもデモクラシイが機能しなかったからだ。

雪嶺は、「非常時」だとして、早くから日本政府と軍部の決定に賛意を示した。否、より一層、「非常時」を強調し、「日支戦争」を言祝ぎ、敗戦1年前までは、対支・対米戦最終勝利を疑っていない。しかも雪嶺には、この結果が何をもたらすのか、まったく論究外においている。「考慮の外」においた、というほかない論述に終始している。

「非常時」というが、どんな非常時であれ、あらゆる歴史の事例を調べるまでもなく、引き戻り不可能な非常時はない。むしろ、訂正し、中止し、引き戻ることを不可能とみなしたとき、「非常時」の思考、「思考停止」に陥る。

どんなに無駄や無理と思えようと、デモクラシイ政治を否定すると、「非常時」の哲学をかざし、リターン不能な事態に陥る。こう断言できる。

(7) 雪嶺の「錯誤」

『同時代史』で、隔日コラムでも触れるので、項目だけを挙げておこう。

1 **「拝金主義」批判**　では、雪嶺は〈富国〉の源泉である産業的発展に否定ないし消極的立場なのか？　否

2 **「全体主義」賛辞**　では、雪嶺は全体主義の哲学者か？　否

3 **「非常時」の思考**　雪嶺は「非常時の思考」に陥った

4 **「領土」観**　明らかに問題がある

英が小「域」(アイルランド)に固執して「大域」(米13州)を失い、大国清が「琉球」等の小域に拘る等の愚を、雪嶺は指弾する。だが、日本は、そして雪嶺自身は拘らないというのか？　そんなことはない。

琉球はもとより、千島列島・樺太・朝鮮半島・(南)満洲・台湾領有は、英仏米はもとより、独伊と同じような「膨張主義」ではないのか？　山東領有(対独宣戦布告　華中立)、北支事変、シ

ベリア侵攻、北満（ノモンハン）事変等々はどうか？　検証はまだ（２０２０年現在も）終わっていない。

2・2 『人生八面観』（昭30／11／3刊）

*1 『実業之世界』（実業之世界社 昭11～20 週刊誌大の通俗誌（ポピュラー））に掲載された、処世・人生訓および時論92本（本文546頁）を収録する。

重要なのは、『同時代史』に欠落する昭和7年～20年（敗戦時）、とりわけ日米開戦期に重なる雪嶺自身の「評論」が含まれていることだ。編集者（野依）も「序」で、「中には昭和三十年の今日から見れば全くふさわしくないと思わるる標題のものがないではないが」と書くように、『同時代史』の「欠落」を補う意図をもって編纂されている（ようにさえ思える）。

本書は、戦時下における、『同時代史』ならびに「隔日コラム」（時局論）の「欠」を補うに足る貴重な言説（評論集）である。

*2 本書は、「人生八面観」という書名（おそらく編者がつけた）をもつ。だが「人生一般」ではなく、「非常時の人生」に特化しているというべきものだ。「時論」という理由だ。全4部構成で、時系列にこだわっていない。

各部に「表題」はないが、仮に名付ければ、

1部「非常時における処世（ライフ）」、2部「非常時における日本の役割」、3部「非常時における日本の国運」、4部「戦時（非常時の非常時）における処世」と分類できるだろう。

だがここでは、編成にこだわらず、『同時代史』や「隔日コラム」とおなじように、各論を時系列にしたがってその要点を取り上げ、検証してゆく。

つまり本書を、編者が明示してはいないものの、昭和7年以降、雪嶺の「戦時下」における「同時代史＋時局論」に（空白にして時期が）重なる内容のものを、ピックアップしようと思う。

＊『我観』改題、『東大陸』1号「東大陸における使命」（昭11／6／1）巻頭論説「程度問題が最も困難」とある。まさにその通り。

1　日本の国運

「大所から直覚する」に、「国が肇まってから国力が増進を続け」「累進的」に進歩した、と断定せざるをえない。（昭14）

近代日本でも、英仏等の介入・干渉はあったものの、「独立」を維持し、戊辰戦役から西南戦争をへて「富国強兵」の道をとり、「自衛」戦争であった日清戦役を勝ち抜き、北清事変（1900）では連合軍（露仏独英米日伊豪）で期待以上の役割を担い、日露戦役（battle）では「勝利」を占め、日英同盟を実現し、文字通り完全独立を果たした。「一代は一代よりも進歩発達」の実を示したといっていい。（昭12）

2　「非常時」の時代

国内では、「憲政の常道」（議院内閣制（デモクラシィ））が、派閥争いに終始し、利益集団化し、ついには「雄弁大会」と化し、国運発展の阻害要因となった。ゆえに、議会は、昭和7年軍部テロ（5／15事件）と満洲建国、さらには昭和11年の軍部クーデタ（2／26事件）にもほとんど「抵抗」せず、「天皇機関説」に態度表明する者もなく、昭和15年「新体制」（全政党解散宣言）へといたった。

雪嶺は断じる。「一旦緩急ある時一切を投げ捨てて平然たるべき心を備えることは人間として最も力を伸ばす所以となろう」（昭13）と。

3　新体制

昭和15年は皇紀２６００年の年である。「新体制」＝「昭和維新」発進の記念すべき年だ。このとき、あたかも明治維新で三条実美（太政大臣）が立ったように、近衛文麿公（五摂家の筆頭）が立った。「最も愉快で、最も宏壮で、最も憂慮多い時代」だ。「文麿公ではなくてはならぬ時勢」到来である。

しかも世界時勢の対立軸は、興隆する「全体主義」（日独伊）と衰輓する「自由主義」（英米仏）だ。全体主義こそが「全国一心」によって、「驚天動地」の活躍を約束する。

4　非常時の非常時　開戦

昭和16年12月、待ちに待った大東亜戦争＝日米開戦である。

緒戦、日本軍はハワイの真珠湾攻撃（「侵入」）、シンガポール（英領）陥落、マニラ（米領）解放で、破竹の勢いを示す。米英は日本の国運事情を知らずの結果だ（昭17／3）、と雪嶺は記す。（ただし真珠湾攻撃の詳細なし。）

5　戦局不利と敗戦

だが、昭和17年夏以降、（明らかな戦局不利に転じてからは、）戦況の記述殆どなく、最後は、あたかも急転直下、敗北＝降伏に至ったかのような構成になっている。すなわち、

昭和19年、雪嶺は印や豪「解放」の実現可能性を語りながら、国土防衛を強調する。こうだ。

米空軍の本土来襲に備え、ここからが日米真剣勝負で、「今は敵を引き寄せて大打撃を与えるべきを期待する」と。20年（4月）でも、「日独両国の（絶大）頑張り」が必要、と記す。（＊伊はすでに「無条件降伏」しており、パリは解放され、ベルリンは陥落寸前であった。）

だが、掌（たなごころ）を返すように、敗戦後（昭20／11）、雪嶺は記す。

《漠然米国を民主国として軽んじ、それが学術研究においては日本より進み、あるいは遙かに進んだことを知り得なかった憾みがないか。》

雪嶺はこの言葉を「世間一般」はもとより、政・軍・経済界に対してではなく、自分自身に突きつけなければならなかった。こう断じて間違いない。民主制（デモクラシイ）の存否いかんの問題だ。

6　以上を総括するに

端的にいえば、本書は『同時代史』と「隔日コラム」の「空白」（非常時の日本）を埋める内容になっている。ただし、雪嶺の誤謬を指摘し、批判する余り、その従来持してきた、正しい史観、思考法さらには人生訓を否定し去ってはならない。あらためていうまでもないが。

わたし（たち）は、21世紀の時点に立って、事態の推移、歴史の結論を知ってしまっている。重要なのは、今日の視点に立って《も》、なにが間違った起点だったか、である。繰り返しになるが、3点だけあげよう。

1　間違いの根本は、帝国憲法で確立した「国体」（「一君万民」＝立君民主政体」）からデモクラシイ、その政治的保障である議院内閣制を投棄したことだ。さらにいえば「基本的人権」（生命・財産の私権）を軽視ないし制限したことだ。

だから、なぜに天皇・民主制が日本のベストな「国体」だといえるのか、それを改めて明記しなければならない。（拙著『現代思想』潮出版〔1996〕第8章〔天皇論〕で詳論）

2　問題の焦点は、軍部テロをどのように防止するかの難問を、雪嶺は、議会政治を「おしゃべりの機関」としてスルーし、立憲（民選）内閣制を「無駄」で解消可としたことにある。

3　日本の「国域」（国境）問題は、その膨張と縮小の実態と歴史の経過をきちんと踏まえ、「事実」に即して論じ、主張することだ。例えば、

朝鮮半島と南満洲、それに台湾領有は、日本にとっては「自衛」戦争の結果である。ただし、日本の「主張」はそうであっても、満洲、台湾はもとより、朝鮮半島は固有の歴史を持つ。だからそれらを「放棄」し、日本固有の領土（本州・九州・四国・北海道）に撤退する機も、可であったし、そのチャンスもけっしてなかったわけではない、と推断しておいたほうがいい。（もちろん「小日本主義」のごとき主張とは異なる。）

ましてや、雪嶺のように、英領土（植民地）の印や豪をさえ、日本支配（指導）下におこうといいうのは、かつてスペインやポルトガル、その後、蘭英仏（米）が主張したのと同様に、日独伊が主張するのは当然（正当）というのは、当時としても、国際ルールの「常軌（ノーマル）」を逸していた（、とわたしは考える）。

2・3　隔日コラム『一地点より』～『雪嶺絶筆』

＊昭7／8／10～19／4／1　2日に1回の時局コラム集

0　生活と戦争

1　時局史の困難（?）

昭和7年8月10日、雪嶺は「帝都日日新聞」（日刊）に、各2枚半（1000字）のコラムを隔日で発表し、その1年分を1冊にまとめ、三宅雄二郎名義で帝都日日新聞社から毎年出版した。

その全体は、

①『一地点より』（178篇　＊欠　8／20）②『隔日随想』（176篇）③『二日一言』（178篇）④『初台雑記』（178篇）⑤『面白くならう』（175篇）⑥『戦争と生活』（181篇）⑦『事変最中』（180篇）⑧『変革雑感』（184篇）⑨『爆裂の前』（154篇　昭15／8～16／8）⑩『爆裂して』（173篇　昭16／8～17／8）⑪『激動の中』（179篇　昭17／8～18／8）⑫『雪嶺絶筆』（73篇　昭18／8～20／12）

で、雪嶺73歳から86歳（最晩年）まで書き継がれた、貴重な公刊「証言」である。

2　各書に「序」（雪嶺名義）がつき、全12冊、2009篇（およそ4000枚余）を収めたこの隔日コラムは、新聞（活字）発表されたものであり、同時期の他に類を見ない貴重な「記録」である。

1年分をまとめると、雪嶺自ら①の「序」で記すように、「史評の列に入らぬでもない」、否、入りうる体のものだ。

3　『同時代史』（全6巻）は、それを記すだけでもすごい。質量ともにだ。

だが、いってみれば「過去」を刻す「歴史」だ。雪嶺と同時代を生きた徳富蘇峰（1863～1957）に『近世日本国民史』（全100巻）がある。質量ともに比較を絶する。資料的価値も高い。だが「歴史」である。記しえないことはない。

対してこのコラムは、「2日に1回」、各1000字、（昭19～20を除いて）欠かすことなく日刊新聞を飾った12年間分だ。

まず第1に、総分量がすごい。しかも新聞連載であり時局録＝史で（も）ある。

それも日本の「敗戦」へと直結した「非常時」＝（「昭和維新」）の全局を、すなわち国勢「絶頂」（東亜のリーダー）から敗戦（国滅危機）までを辿る記録だ。

ただし言い添えておけば、死後出版された『雪嶺絶筆』は老耄と見紛うまでの「自嘲」から「愚知」それに「空元気」までを含んでいる（とみなせる）。

第2に、言葉の正確な意味で、『同時代史』とは類を異にする「日々（day by day）刻々（any moment）の記録（record）」である。

「時局」＝日々を記す、新聞連載の作業＝仕事は、ときに致命的な「錯誤」を免れえない。だが「誤謬」を恐れては、「いま・このとき」を記し・評することはできない。したがって「訂正」（trial and error）しながら進む他ない。「朝令暮改」をも恐れない、この「訂正」の可否が、時局論の命である。

第3に、注記しなければならない。「2日に1回」を、それも12年も時評連載を続けた。一見して難事だ。こう思えるだろう。だが、である。

これはわたしの（小さな）経験とも重なるが、不定期刊より定期刊、定期刊では年刊より季刊、さらには季刊より月刊、月刊より週刊、週刊より旬日刊、旬日刊より日刊、日刊より朝夕刊「連載」のほうが、書きやすい。事実、ウオーミングアップの短い方が、長期連載は容易だ。それに書くのが自在であり、ジャーナリストでもあった雪嶺の本領土である。難事の部類には入らない（だろう）。

4　雪嶺は、口述を常とした。しかしこのコラム、手書きである。雪嶺の「思考癖」（好悪）がストレートに垣間見られる。雪嶺の「嫌いなもの」が、理屈なしに登場する。

1.拝金主義（mammonism）・儲け第一主義

2.汚職（帝人事件）「糾弾」（「火のないところに煙は立たない」）や「欲しがりません、勝つまでは」までだ。

3.ラジオの講演と新聞の殺風景な広告。おそらく、文学一般、とりわけ「軟」文学は手にしなかっただろう。時間の無駄であり、「金色夜叉」は拝金主義（の好例）としては出てくるが、作品の結構とは無関係。

5　切手　趣味と実益

習慣は、長時間の散歩であり、唯一（?）の「趣味」と思えるのは、「切手」収集。「テーマ」として少なからず、いなしばしば出てくる。１８５０年発行ギアナ切手、世界・英帝国に1枚しかない、等々。

「切手」は意外の「財宝」でもある、が主旨だ。昭15／8／30になっても　17／11／15、17／11／23、17／12／3、17／12／24（「大東亜の郵券」）になっても、18／1／11、18／2／24「共栄圏の共栄」大東亜の旧新切手収集のため、18／2／24（朝鮮政変時の切手　*2度目）、「図書か郵便切手か」切手は、蒐集・好奇心（＝知識）趣味＋実益を兼ねる　また18／5／16　18／10／17　18／12／16　19／2／12と枚挙に暇なしだ。最後に「かふいふ事も面白い」19／2／23とある。

また、何度か出てくるのが、「オートミル」朝食「素人以下の素人」の言としてで、いかにも雪嶺らしく、18／5／20にあるように「食料」（*米の代用）問題でもある。

6　オールラウンドの「時局」談として読むことができる。雪嶺の哲学・政治経済・人生人物論の凝縮（断片）となっている。哲学者雪嶺の真骨頂といえよう。

1.　主調音（メイン・トーン）は、日英同盟解消が米の入れ知恵で、日を邪魔者扱いして、結果、日米決戦、すなわち独英の欧州大戦とならぶ日米の大東亜大戦、つまりは世界大戦の「真因」となった。

2. 戦況に敏感である。日米開戦1年で、雪嶺の行間から、「劣勢」になったことが分かる。
・ソロモン諸島の攻防（*17／8）（*決着は18／5　すでに日本は敗北の道を滑り出した。）
・東都の空襲を防ぐ（*大震災の経験を生かせず、「無策」に等しい、と何度も嘆じる。）
・「大東亜第二年時の新年」（18／1／1）米空軍の来襲を覚悟しなければならない。が、大頓挫ほど確実な予想がなかろう。「超大東亜」を期待（？）。
・重要なのは、引用文を示して、雪嶺の生きたことばで、「時局」を的確に語ることだ。
・人物評を、適宜示す。雪嶺の「好悪」がよく分かる。

1　**『一地点より』**（昭7／8／10〜8／8／8）　**第一次「非常時」＝満洲建国〜斉藤内閣総辞職**

1　宣言一つ

《自分は相当の老人、東日大毎の徳富〔蘇峰〕氏より三歳の年長、時事の武藤〔山治〕氏より七歳の年長、二紙の新聞執筆を余計なことと思うほどであって、自分が新聞に書くなど、真っ平御免をこうむっていた。幾年も前から老人相応のことに従事し、その進行を楽しみにし、他の方面で道草を食いたくない。新聞は文字通り新しきを要し、若々しい青年の舞台であって、老人の昔話するところと違う。何を好んで時間を割き、青年の仲間入りし、その活動を妨げようぞ。あまつさえ貧弱新聞に顔を出すこと、悲惨この上もなかろう。》

世に多く貧弱新聞がある。富強新聞などない。大新聞は金がすべての富弱新聞ではないか。ところが、今回、野依氏が、貧強新聞を創刊し、乗るか反るかの活躍を決心した。成功か失敗かわからぬが、傍観しておれず、依頼されただけのことはしなければならない。《本来出しゃばることを好まぬ上、現役者の邪魔にならぬようにするので、あってもなくてもかわりないことになろうが、何にしても貧強新聞の誕生を祝賀せずに置けぬ。野依氏ももはや当年の青年野依でなく、日こそ暮れなけれ、思い切って野依式を発揮するを要す。野依式がいかに帝都日々新聞に発揮するか、帝都及び地方における諸新聞の問題とするにたる。（昭7／8／10）」》（『一地点より』）

これは、本書の冒頭、雪嶺73歳時の文章である。

自分が新聞に書くなぞは、場塞ぎ、青年の進行の妨げである。それに、自分にはやるべきことがある（『我観』連載の「同時代観」の執筆・完成）。

新聞の多くは貧しく、論調などといえるものではない。大新聞は金次第で論調を変える。こんな貧弱、富弱新聞に書くのは、真っ平御免だ。ところが野依氏が新機軸で、貧強新聞を出すという。金はないが、しっかりした論調をもつ新聞である。傍観視できない。野依氏ももはや若くはないが、まだ引退するには早かろう。ここで野依式を発揮する必要がある。それで、はばかりながら小論を書くわけだ。

雪嶺の執筆宣言である。「貧強新聞」だから書く、というのがいいじゃないか。見得を切っている。書きたいことを書く、思考の自由こそ、哲学の生きる土壌であり、哲学の生命力の源泉だ。これが雪嶺が終生追い求めてきた境位である。自由な時論で哲学精神を育む、これが雪嶺の行き方でマナーある。否、日々の時論がなければ、哲学精神にカビが生える。雪嶺はそう思っていたに違いない。

2 非常時のコラム

雪嶺は、「非常時」＝「昭和維新」の「序幕」を、「満洲建国」と斉藤実「挙国一致内閣」におく（昭7／8／14）。「維新」である。肯定的意味でだ。

すなわち、満洲を支那から分離・独立させ、軍部テロ（5／15事件）が政党内閣をご破算にした2重大事をもって、明治維新を維新する、昭和維新の序幕とする。

1　絶対多数の政友会（内閣）の無策（2／3）が5／15事件（軍部テロ＝犬養首相射殺）を生み、政党内閣制が潰れ、「元老」指名による非常時内閣を生みだした。

これは「非常時」だが、世界共通の流れだ。例えば、英ジェイムズ・ラムゼイ・マクドナルド挙国一致内閣（1931〜35）の保護主義（124頁）である。

2　だが雪嶺は満洲建国（独立）と政党内閣制解消を弁証できたか？

『同時代史』では、できていない。雪嶺の言は、世界の趨勢トレンドと自国の事情ファーストに基づいている。すなわち、

満洲は何の地か、中華民国は何に立脚するか、世界列国の国境はいかに定まったか、これ等が「習慣」にて自明の理とするところが案外薄弱の仮定に立つことを示すを要する（7／10／15）。

しかも「満洲は帝国の生命線」（84頁）だ。リットン報告書は国際連盟脱退の契機となったが、反故同然・無用の長物で、無駄骨折り（8／2／18）、と記す。

3　満洲建国と政党政治の終焉は世界の趨勢である。すなわち国家社会主義・社会主義・共産主義「対」自由主義（米）で、これからが日米真剣勝負、「今は敵を引き寄せて大打撃を与えるべきを期待する」（251頁）と記す。

ただし、雪嶺は、国家社会主義・社会主義・共産主義を弁別しようとしていない。できていない。例えば、

支那「いまや共産運動の盛んなるとき、露国と結び、日本に当たろうとするのは、後日収支に苦しむべきにせよ、相手の一本調子に対し、エイヤとばかりに側面より打ち込む。」（7／12／16）とある。だが、日とソも、一本調子ではない。（終始）「対立と協調」の関係にある。日米だってそうだ。

3　独裁とデモクラシイ

雪嶺は、「学問の自由」とか「大学の自治」を楯に、（美濃部「天皇機関説」同様）京大（滝川）事件のように公然と自説を展開せずに、人事の不介入を主張するマナーに、そもそも冷淡だ。したがって、鳩山文相が6人辞表で京大事件に決着をつけたのを、当然とする。

また河上肇を「長閥の変種」で「共産党」、また孫文を「博愛主義」とするように、実に辛辣だ。こういう断定口調は、雪嶺ならびにコラムの魅力のひとつでもあるが。

とはいえ、独裁対デモクラシイの対置は単純化の誹りを免れえない。例えば、かつての原敬の独裁的デモクラシイに対する「高」評価とは異なる。すなわちこんな具合なのだ。

かつては独裁（藩閥政治）がデモクラシイ（議会民主政治）を生んだ。対して、今日では、デモクラシイが独裁（レーニン、スターリン、ムッソリニー、ヒトラー）を生むのだ。しかも彼ら「独裁者」が「自利」をえたかというと、そうではない。私的生活においては常人と特別の違いがない（8／8／8）、などと記す。これは多少とも「調査」をした結果とは、到底思えない。

デモクラシイ（多数政治）は、「自利」（私権の肯定＝私権を基本的人権とする）にもとづくのであって、非自利・反自利かどうかに無関係だ。むしろ、雪嶺の言は、清廉潔白、公正無私なら、どんな独裁や圧制でも許容できるとする論理で、あきれた単純化だ。

2 『隔日随想』 昭8／8／10〜9／8／11 「非常時」 1

1 「非常時」のジャーナリズム 「閉口」

当コラムは一貫して、日米開戦は避けられないというトーンで押してゆく。しかしコラムだ。まず最初に、「非常時」におけるジャーナリストの生態活写を見ておこう。

《現に新聞で主張らしく思われるのは、二三行の短評であって、社説と銘打つが如きは、大抵毒にもならず、薬にもならず、睨まれそうなところに遠慮し、ほどよく太鼓を叩いておくにすぎない。短評ではいかにも高い声で言えぬらしく、蚊の鳴くような声ながら、そこにときどき真意が窺われれぬでもない。

……、〔だが〕今は共産主義をマルクス流に唱えてこそ罰せらるれ〔、〕国政の利害損失を論ずるにすこぶる自由といわねばならぬ。それにもかかわらず。政府の尻馬に乗って、『ヤー、ヤー、ものども、今は非常時なるぞ、御用を承れ、御用を』と叫ぶの外、うんともすんとも言わず、いえば蚊の鳴くような声するのは、はたして非常時としてのことか、または直接間接に政府と連絡ある主脳の苦い顔を見るを畏れてのことか、それとも犬養木堂の撃たれた飛ばしりを心配するか。》(「閉口」＝口を閉じる　昭9／1／8)

雪嶺は「口を閉じない」。だが「開く」のはどの程度か、3『三日一言』で見ることができる。

2　満洲建国の正当性——君主は生まれるべくして生まれる

1　なぜ袁世凱が皇帝になろうとして失敗したのか？「君主は生れるべくして、造られるべきでな」いからだ。なるほど袁は明朝皇帝の末孫だが、250年間君臨した清朝に代えるに難しいからで、共和制を敷くの他なかった。対して、

《満洲国が新たな皇帝を奉戴するのは、君主を製造するのなく、歴史とともに生れた君主の系統を適当の位置に安んずるに過ぎない。今までの薄儀執政は前の〔清〕宣統皇帝であり、満洲国の純正君主たるはもちろん、中華民国においても准君主と仰ごうとし、出来ぬことがない。》(「新しい天子様」(昭9／3／1)

*准君主＝君主に準じる。例えば、「准」教授（associate professor）は教授だが、「正」教授（full professor）の下、「助」教授（assistant professor）の上だ。

2　だが、雪嶺が、満洲を日本の「生命線」とみなすなら、「北支」と「満洲」との境界線を先ずもって保守し、固めなければならない。ソと接する「北満」との国境線を確保する努力とともに、全支へ戦線を拙速に進めるべきではない、と主張して当然だ。

3　そして『同時代史』の（6）の4（満洲とは何ものか）で述べたように、満洲と満鉄との関係、さらには、関東軍（満洲＝関東庁陸軍）の独断専行を許してはならなかった。この「解答」を3『二日一言』で見るように、雪嶺はもっていたかに思われるが、敷衍（in detail）していない。

3　贈収賄事件――「法」と「道徳」の垣根

雪嶺は「拝金主義」（mammonism）を最も嫌った政論家の一人であり、かつスマイルズの「自助論」を一貫して支持した哲学者である。だから、政治に「金」はつきものだとみなしながら、「金」まみれや金に物をいわすのを、特に瀆職や汚職を蛇蝎の如く嫌い、教師や坊主の金儲けを嫌悪し、「金」と馴染む者を排撃すること常だった。

だがその結果、「法律」と「道徳」の区別を曖昧にする愚論を展じることしばしばだった。

1　雪嶺が、5／15事件を（消極的に）支持したのも、テロに加わった多くの兵士が、金はもちろん、地位や名誉を望んでことを起こしたからではない、と見たからだ。また戦略・戦術に欠けたと認知しながら、「乃木大将」を軍神（軍人の誉れ）とみなした理由でもあった。
疑獄事件で召喚されたケース、である。
《司法官の前で言い逃れのあらん限りを尽くし、金があれば幾人も有力な弁護士に依頼し、法律で抑えられぬようにするのは、単に正直不正直の問題でなく、法律の不備および欠陥を前提とし、免れうるを免れないのを愚としてのことなれど、法廷内と法定外と、すこぶる正直の見解を異にし、一廉の紳士然たる弁護士が、被告に遁辞を教え、答えにくいことは知らぬ存ぜぬでとおしなさいと勧め、それが少しも怪しまれず、当たり前のことになっている。》（「司法官の前で」昭9／8／7）
だが《我が標準は世間の賛成ではなく、我が確信、義務、および良心である』（ヒルデンブルグ元帥）を引き、「法」（刑罰）よりも「道徳」に準ずるべきだとする。ただし、例外がある。他人に迷惑の及ばぬかぎりにおいてで、肉親や友人の刑が「自分の口一つ」で定まる時、知って知らぬと明言するも、あながち咎むべきではない。それ以外は、およそ司法官の前で虚言を吐くことが悉く道徳に背く。》（同右）
2　だから「財務省」汚職（次官起訴）、「教科書（汚職）事件」や「帝人事件」等に対しては、逮捕あるいは起訴されれば、グズグズいわず、白状すべし、という調子であった。こんな極端までである。
《公人の罪悪に関して告訴するのは容易のことではなく、証拠をつかまえねば誣告で罰せられるべく、その証拠をつかまえるは並一通りのことではできない。》だから、告訴人が私怨をもってしたとて、法律の制裁を加えるにおいて感謝すべき順序となる。訐いて直となすは褒めたことでなければ、……、告訴を奨励し、官庁の廓清に功ある人々に勲章を与えるべきではないか。》（昭9／5／23）

政敵や競争者を「告訴」し、一方には「罪」を一方には「勲章」というのである。なんぼなんでもアホらしい。雪嶺から最も遠い行動原理である。ネジの巻具合がおかしくなったとしかいいようがない。

4　マスメディア――ラジオの講演と新聞の広告

雪嶺はジャーナリストである。なのに「ラジオの講演」と「新聞の殺風景な広告」が嫌いだという。

ラジオの講演は内容空疎で、新聞の広告は「誇大宣伝」だというのが、理由だ。そもそも「活字」の人で、「広告」＝「嘘」とみなしている。だが、書く。

《所で雨もふらぬのに散歩せず、八時のラジオを待ったのは、他にも事情があるとし、主として例のヒットラー氏の弔辞を聴こうとしたのである。これは当人が近来の名物男たるが上、特殊の聲調が人を動かすのを武器と知られたるに因る。彼の地で午前十一時、故元帥の棺に対し、その功徳を頌し、祖国の将来に、無限の感慨を及ぼす所、簡短ながら、大ドイツの運命を双肩に担うの意気を示した。さすがに人を動かすの聲調と思わしたが、彼は口舌の雄ではなく、胆の人、知の人、良心

の人であろう。彼の声を聞き、始めてラジオの効用を知った。》（昭9／8／9）
「広告」や「宣伝」を最も効果的に使った政治家で、いまなおヒットラーの右に出るものがいない（、といわれる）。雪嶺は、ヒットラー総統がナポレオン一世、ビスマルク宰相とならぶ、政・軍の大天才と称した。それがラジオの聲調から窺うことができた、と書く。
マスメディアも広告も、その機能は、今日も変わっていない。「新聞」に載らなければ「事件」は、「広告」がなければ「商品」は、存在しない（も同然だ）。雪嶺はこれを解することが出来なかった。

3 『二日一言』（昭9／8／13〜10／8／9）

1 新官僚問題

《そこに二・二六事件が起こり、理屈もヘチマもなく、暴力沙汰となれば、政党の意気地ないことが甚だしく、軍部の裁判に生んだとも潰れたともいわず、へちゃばった儘に立を得ないとは、愛想が尽きて物が言えない。そこで官僚が軍部を先に立て、虎だ、虎だ、恐ろしい大虎だと叫び、新官僚の旗を押し立て、例のお役人の行列が通って往く。新官僚が何ほど旧官僚と違うかが明白を欠くも、いくらか師直の悪どい憎々しさを減じたらしく、あまり悪いことをしなかろうというのが取り柄となり、それがいつまで続くかが疑われる。》（「新官僚と旧政党」昭9／12／24）
雪嶺は「政党政治」の革新（reform）を期待しない。使命が終えたと断じる。対して、代わって政治進出する「新官僚」の「革新」に期待するか？　しない。

だが、問題は「新官僚」の中核が、「革新官僚」であったことだ。日本を革新する国家プランを持つ、満鉄から満洲建国へという路線＝国家社会主義を推進した勢力で、基本はドイツ国家社会主義に同調する、「民有国営」路線である。（ただし雪嶺は革新官僚を、満鉄＝満洲建国を果たした国家社会主義の推進者、とは明示的に語ってはいない。だがである。問題の所在は分かっていた、と思われる。なぜか？

2　問題の中核――満洲問題

昭和が10年を迎え、非常時が4年目に入った。平時に向かっているのか、列国を敵に廻し、帝都を焦土にすべき覚悟をすべきか、
《問題の中核なる満洲帝国が基礎を鞏固にし、安寧秩序を維持し、日本帝国と提携し、東洋の平和を確保し、その資源を開発し、全人類に寄与すべきを証明し、他国を好むと否とに拘わらず、次第に瑞雲の立ち登を見るべきか、ここが辛抱のし時でないか。》（昭10／1／1）
「辛抱のし時」。然り、かつ然りだ。満洲を「日本の生命線」とする雪嶺の理由でもある。したがって、列強米英そしてソが軍事支援する支と「戦端」を開き、全面戦争に突入することをこそ避けなければならない。（だがはしなくも、雪嶺が推奨おく能わざる近衛（第2次）内閣が、昭和13年1月、宣戦布告なき（いわば「終戦」なき）戦争に突入したのであった。

3　雪嶺の戦史観

《明治二十四年北洋海軍提督丁汝昌(じょしょう)が鎮遠定遠二戦艦を率いて横浜に来着したとき、日本に一戦艦なく、たしかに顔負けし、丁も顔負けさせようとしてのことであったけれど、日本はそれで屈するような意気地なしでなく、四年も経たぬうち、巡洋艦と水雷で迫り、かの北洋艦隊の降伏を余儀なくした。日本は漸次海軍の威力を発揮するに定まっているにせよ、チャン［コロ］に脅威され、馬鹿にされ、目に物見せようとし、何が何でも準備を整え、奮い起り、戦って勝った。

清国に勝ったと思えば、露独仏三国が干渉し、遼東を還付するかさなくば彼らと闘うかといい、地団駄踏んでも及ばず、なかでも世界陸土の六分の一を占め、兵数の最も多い露国が、韓国に手を伸ばし、思わせぶりを示すにおいて、小さな日本は露国と戦って火中の栗を拾ったと見えたが、柄が小さくても魂があり、ダビデがゴリアテを打ち倒したごとく、寡を以て衆を撃ち、連戦連勝した。独も仏も、黙って見ており、当年の三国干渉は春の淡雪と消え失せた。のみならず、干渉の張本ツアールが惨殺され、第二張本カイザーが位を退き、他国に流寓すること、気の毒とも何とも言いようがない。

やれやれと思えば、今度は太平洋の彼岸なる米国で、ハワイ島に艦隊根拠地を造るとか、アリューシャン群島に航空隊根拠地を造るとか、ミッチェル将軍が五十機をもって日本の帝都を全滅しうると明言したとか、金にあかせて日本征伐を仄めかすところ、日本で休息する暇なく、それ相応に用意せねばならぬが、チャンからロスケ、それからヤンキー、相手変わって主変わらずさても忙しい世の中、今少し気楽に生活しえないかと考えるものの、それが帝国の興隆を促しては、いやいやながら、敵国外患に感謝しておく。》(「敵国外患」昭10/2/19)

たしかに、概観(一見)すれば、「過去」(既決)はこの通りである。だが「未来」はどうか?「未決」なのだ。もし、こと志と違うコースを歩んでいるとわかったとき、どうする?

どのようなケースを選択しても、コース変更できるためには、デモクラシイ(多数決支配)すなわち民主(政党)政治が、とりわけ議院内閣制がなくてはならない。米が国際連盟を提唱しながら加盟しなかったのは、米議会が大統領(内閣)府の決定を覆す、加盟を否決したからだ。

「非常時」の日本は、「政府」が決定したことを「議会」は否決できるか? できなかった。これを以て雪嶺は、「非常時」あるいは「非常時の非常時」において、議会の歴史的役割は終わった、と断じる。これこそ、雪嶺ならびに日本国民にとって最悪のコース選択だった。(理由は後述する。)

4 『初台雑記』(昭10/8/11〜11/8/9)――2/26事件で第2次「非常時」

*書名に「初台」とある。雪嶺は、大正9年(1920)渋谷の初台に(はじめて)新居を「建て」、移った。

**昭11年6月、雪嶺主宰『我観』が『東大陸』と改題。三宅雪嶺と中野正剛(雪嶺女婿)の2枚看板となった。一見して、2/26事件(軍部クーデタ)が「改題」契機となっていることは明らかだ。

結果、「同時代観」で大正期を書く雪嶺と、「時論」で独ナチに遅れるなと説く中野、この二人の言説が同心円的に接合してゆく。

1　「主義の純正」

雪嶺が思想家として最も困ったところは、否、致命的なのは、「主義の純真」を掲げ、その基準を「清貧」に置いたことだ。

1　俸禄千石でも抱えられなかった伊藤仁斎、食を求めて諸侯に仕えなかった浅見絅斎(けいさい)を例に引き、記す。

《絅斎の学統より出た梅田雲浜は『妻は病床にありて児は飢えを叫ぶ』の句で現に世間に知られるが、雲浜が佐幕側になれば勿論、勤王側でも小遣銭に困らぬ筈であって、それに困った所にその主義の純正を認むべきでないか。同志が互いにあい救うのが当然のことながら、御用の旗を押し立て、御用の鳴り物を鳴らし、御用の手当を頂いては、いかに主義が立派で、主義が正々堂々であっても、主義のためか札束のためか、はてなと首を傾けることがある。近来非常時でも、むしろ非常時の故か、金廻りの良い所は随分良く、御用の大量生産で饒(うるお)うらしい。》(昭10／8／17)

2　では、雪嶺は吉宗に重用されたことを理由に、荻生徂徠の古文辞学を否定できるのか？　マルクスは定職をもたず、清貧のなかで『資本論』を書きあげたなどという「伝説」をもとに、マルクスの学説を承認するのか？

はたまた、美濃部達吉の学説を「天皇機関説」とひとくくりにし、反国体論と裁断を下す政府等の攻撃に賛同するのか（している）。雪嶺は、美濃部自身が自説を「天皇機関説ではない」と明々白々世間に表明すべきだと主張する。だが、帝国憲法は、「天皇大権」を掲げながら、天皇の政治関与を最小限にする内実（したがって天皇に政治責任を求めえない）になっている（ことを誰よりもよくよく承知しているのが、雪嶺自身であった）。

そしてこともあろうに、ヒトラーやレーニンという独裁者を、無私で清貧の人に準(なぞらえ)ている。

3　そもそも、「主義」の「純正」とは、勿論、清貧か否かにあるのではない。新井白石は清貧に甘んじなければならなかったが、『西洋紀聞』や『読史余論』等数々の名著・卓論を残しえたのは、甲府綱豊の侍講になり、綱豊が将軍家宣となって幕政の一中心に座ったことと深くつながっている。

雪嶺は、白石の業績を千石の幕吏になったことで否定できるか？　できはしない。

雪嶺は、政治で「天皇機関説」、経済で「共産主義」が「邪説」だと断じている（11頁）。では「国家社会主義」はどうか？　「全体主義」はどうか？　独の「国力」増進という「事実」に乗っかって談じているかに見える。その「事実」がどこに向かうのか、については、判断停止している（かに思える）。

2　2／26事件の責任は政府にある

1　非常時が敗れる時

「非常時」は5／15事件を端緒とする。だが雪嶺はそれを軍部テロとみなかった。ところが「非常時第五次新年」（11／1／1）となっても、国防費が嵩んだだけで、世はようやく平時に復するらしく、「平時の業務を励精し、持久を心がけるに若くはない。」ということになった。だが、「事変」は忘れた頃にやってくる。2／26事件で、政府首脳刺殺を目した軍事クーデタ（政権奪取）である。都内に「戒厳令」（枢密院の判断）が敷かれ、「反乱軍」は4日後に鎮圧される。

そして、雪嶺、この事変を正面から捉えようとしないこと、5／15事件と同断だ。

2　「市中の事変」

コラム（昭10／2／28）は、「市中の事変」と題して、もっぱら諭吉『福翁自伝』の上野大戦争を引き、論じる。さらに、翌回「人の死」（3／1）では、5／15事件で暗殺された犬養首相に代わって首班指名を受けた斉藤実と蔵相となった高橋是清が、今回それぞれ内相と蔵相として殺された。ただし、高橋83、斉藤79歳で、ともに「天然に寿命」であり、「往生安楽したかも知れぬ」などと、ぬけぬけと書く。

3　政府に責任

さらに「身代わり」（3／3）を書き、「事変の責任」（3／5）では《五・一五事件や、二・二六事件や、政府外から起こった事変でなく、まったく政府内から起こったのであって、政府で栄典に与った者は直接間接に悉く責任を負わねばならぬ。》などと、「責任」の所在を拡散・転嫁しようとしている、というほかない。

事変は、政府転覆＝「昭和維新」を狙った、軍部クーデタであった。この事変は、明治維新以降、政府が軍部をいかにコントロールするか、がはじめて政治（経済）問題の中心軸になったことを意味するのだ。

5　『面白くならう』（昭11／7／11〜12／8／9）「どうかならう」

0　書題「面白くならう」に触れないわけにはいかない。「序」にある。

《昨年の八月、支那事変が起こったか起こらぬか位の頃、「面白い時代」とするに早く、「面白くなりそう」とし、次に「面白くならう」とした。

引き続いて戦争が大きくなり、人命を損し、負担を重くし、それでなにが面白いと云うようなものの、損害が空しく損害に終わるのでなく、やがて国運が発展し、民力が増進するを考えれば、希望の燃え、心の浮き立を禁ずるを得ない。……。

太陽に黒点があり、何にでも欠陥があるにせよ、東大陸に事変が起こり、世界に革新の勢いが漲ろうとする所、結果が知れなくても、男性として面白く感じて誤るまい。そこで一昨年から昨年にかけて「面白くなろう」。はたして面白くなったか、なりつつあるか。》

雪嶺、時代の変わり目を「事変」（trouble, an emergency）に求める。「結節点」で、解決が求められる結び目だ。それを「北支事変」とみる。慧眼だ。だが問題は、「解き方」だ。（結論からいえば、結び目はさらにこんがらがった、といわざるをえない。）

1 「新官僚」

雪嶺は「新官僚」の登場に注目して、注記する。

彼らは社会主義はもとより、《国家社会主義に分類されるをも否定しつつ、前に社会主義者が唱えたと大差ない意見を述べ、これを実行に移すを以て国策とする。

替れば替るもの、主義者が駆り立てられ、何処に生息するかと言われる頃、官僚の中堅が国営を振翳（ふりかざ）し、資本家を尻目に掛ける。固より社会主義もピンからキリまであり、社会民主党は存在を許されないけれど、官吏もサラリーマンであり、必ずしも資本家側に立たず、資本家の儲ける儘にすべきでないという所、可なりの変化でないか。旧官僚が富貴を併せ、資本家を同階級と考え、新官僚が瀆職しない限りに於いて金なく、サラリーマンの列に入ると考えること、表面に何事もなくて、随分の変化とせずに置けぬ。『新しい官僚』は自ら承知してのことか、それとも気づかないのか。》

（昭11／10／22）

多少とも注釈がいる。

1 「新官僚」は、1932年、満洲事変と5／15事件によって生まれた、議院内閣制を「無効」にした「挙国一致内閣」（斉藤実内閣）以降に登場した潮流である。当然、雪嶺は興味と関心を懐いている。

2　「社会民主党」とは、社会主義者党の「ピン」で、ドイツ社会民主党に代表される共産主義=マルクス主義者党のことだ。

3　新官僚は「国営」をかざす。「非」資本主義的だ。だが「国家社会主義」ではないと主張する。ナチス独やファッショ伊と区別するためだ。政党に従属しない政治勢力をめざすが、政党の存在そのものを否定はしないからだ。

4　新官僚は「反」資本主義（=共産主義）を標榜するソの政治経済を容認しない。この点では、「民有国営」が基本で、ナチス独やファッショ伊の政治経済路線と同じだ。

5　いうまでもなく「新官僚」は、日本で突如生まれたものでも、雪嶺の頭の中で生まれた存在でもない。「民有国営」の流れは、政治経済軍事の一体化を図った「満鉄」（南満洲鉄道株式会社）経営（=民有国営=国家社会主義運動）のなかで生まれ、満洲事変と軍部テロを契機に日本へ「移植」されたという側面をもつことも忘れない方がいい。

満鉄は日本国家社会主義の実験場で（も）あったということだ。

6　「新官僚」は、日支戦争の拡大とともに、内閣直属の企画院に統合され、より若い急進（ラディカル）勢力を吸収し、国策=大政翼賛運動を主導する1グループ、「革新官僚」と呼ばれるようになった。

2　日本はまだナチス化、ファッショ化していない

雪嶺は、そして「新しい官僚」も、ナチス独やファッショ伊に大きな共感(シンパシィ)を懐きつつも、それに同化することができない。《論より証拠、日独伊として手を引き合い、相共通する所があっても、日本はまだナチス化せず、ファッショ化せず、議会で議論するの余地があり、政党も先ず安心なもの。》(昭11/11/28)と記す。

雪嶺は「憲政の常道」(＝議会の多数派から内閣総理大臣が指名されるべき)を「過去の遺物」とするが、《政治は概ね事実問題に属し、政党内閣が官僚内閣よりも能率が挙がり、弊害が少なければ》、政党内閣といえども何の憚ることもない。「議会」が内閣不信任案を提出したり、議会解散を断行したり、予算案を否決することを、否定はしない(昭12/5/17)と。

3　近衛内閣は軍が「組閣」をボイコットして生まれた

だがしかし、「元老」が総理大臣を指名し、組閣をうながす方式に、議会(絶対多数＝政友・民政)が不信任案を突きつけた。議会は解散。総選挙の結果、「元老」(西園寺)が組閣を命じたのが「政党」ではなく、「軍部」に抑えが効くと目された宇垣一成(陸軍大将)であった。ところがこの組閣を陸軍がボイコット(2/26事件後の昭11/5　軍部現役武官制復活)し、宇垣内閣は流産、近衛内閣が成立する(昭12/6/4)。

雪嶺、この近衛文麿内閣「待望」論を援用し、《藩閥准閥[藩閥に准＝準じる閥]でごたごたする時代、三条公が首相[太政大臣]として適当であったろう。門閥も時には可なり口をきく。》近衛公は五摂家筆頭で、門閥で三条公に優るだけでなく、《才識において三条に勝るとし、輿望は家柄をもってする所が少なしとしない。》（昭12／6／6）と。

輿望を担って登場した近衛は、どこに進んだか。

1　戦火の拡大＝盧溝橋事件↓北支事変↓支那事変↓「国民政府を対手にせず」声明↓「東亜新秩序」建設声明

2　国家統制経済の構築＝臨時資金調達法等公布（統制経済開始）・企画院設置・国家総動員法・農地調整法・電力管理法（＝日本版国家社会主義）

これが近衛の第一次組閣、わずか一年半の「赫赫」たる「成果」（!?）である。そして、雪嶺が望んだ「道」でもあった。

6　**『戦争と生活』**（昭12／8／11〜13／8／10）

「進行しつつある事変」から、書題が決まる。だがその「事変」がいかなるものか、コメントがまったくない。

*表紙に筆で書題、お握りと梅干しの挿絵。はなはだ珍妙だ。

日本は眦（まなじり）を決して、対「国民政府」、国民政府を唆（そその）かす英・ソ・仏・蘭、太平洋を挟んだ実力ナンバーワン米との、愛国戦争肯定にのめり込んでゆく。だが日米開戦までに、4年余かかった。もちろん引き返し可能である。この時点で、雪嶺のコラムは、まだまだ「余裕」が感じられる。

1 「帝人事件」の無罪放免は許しがたい

雪嶺、蛇蝎のごとく嫌ったのが、瀆職（贈収賄）と拝金主義である。この隔日コラムでも、何度も何度も出てくる。その論調は、ネーションすなわち「国と国民」を「汚す」だけでなく、ついには「滅ぼす」、というロジック（論理）だ。その極論は、米が拝金主義（mammonism）に因って（身を任せて）壊滅する、というロジックだ。典型が「帝人事件」だ。

《帝人事件は第二百四十一回の公判でようやく求刑するに至った。これから先に何となるかが測られないけれど、そこまで継続し来たった勉強は並一通りでなく、中には其れで一命を落としたのもあるとか。何の怨みがあるのでなく、人を罪に陥れて半文（はんもん）の利得もないのに、謂ゆる爬羅剔抉（はらてっけつ）、寸毫も仮借しないこと、公職を怠るまいとの意に出ておろう。人間のすること、絶対に公正を保証し難いにせよ、能う限りの公正を期待するを察することができる。拷問類似の事があるとは、恐らく全く否定するを得なかろう。普通の問答で、すらすらと罪状を自白する者があるかどうかも、現代の道徳程度を考慮に入れずに置けぬ。》続いて、

《ソクラテスの言に『罪を犯しては、刑を免れるよりも刑を受けるが宜しい』》とつけ加える。（昭12／8／15）

雪嶺は、帝人事件（昭9／4検挙）も含めて、「教科書事件」等、瀆職事件で逮捕されたら、当初から、判事の前ですらすらとありのままを語るのは人間として当然だ、と主張する。くわえて241回も公判を重ねたのだ。万遺漏なかろう、という口吻だ。

ところが経財界だけでなく、大蔵官僚を巻き込み、斉藤実内閣を総辞職に追い込み、大臣等も多々逮捕されたにもかかわらず、公判開始から3年半を経た昭和12年12月、265回目の公判で、事件は「空中楼閣（でっちあげ）」であるとして、全員無罪の判決が下った。

この結果に対し、雪嶺の隔日コラムは完全に沈黙。

これではコラムの読者は啞然、開いた口が塞がらないではないか。

*山本夏彦は断じる。「汚職は国を滅ぼさないが、正義は国を滅ぼす」（『わたしの岩波物語』文藝春秋1994）と。そして書く。

五・一五、二・二六事件で、血盟団や青年将校は犬養総理や高橋蔵相を殺害した。理由は、総理が満州事変に反対し、蔵相が陸海軍の予算を削りに削ったからだ。だが当時の新聞は（もとより朝日も）、今と同じく毎日のように「政治の腐敗を難じたから読者は信じた。」暴力はいけないが、青年将校の「憂国の至情は諒とする」と書いたから、読者も諒として、減刑嘆願書が全国から集まった。これにくらべれば十億や百億の贈収賄なんて、ものの数ではない、たかが紙屑である、汚職は国を滅ぼさないが正義は国を滅ぼす。

「今も昔も大衆は正義が大好きで、政財界の不正をあばくと自分は正義のかたまりになった気がするから新聞はそれに迎合する。……

岩波は朝鮮戦争は韓国が仕掛けたと言った。ハンガリー事件のときはソ連の肩を持った。中国には蠅は一匹もいないと書いた。文化大革命を支持した。……。社会主義は善であり資本主義は悪だから、サギをカラスと書いてもちっとも悪くないのである。

戦後の岩波の歴史はミスリードの歴史であること朝日新聞に似ている。」と。

以上、わたしも完全に賛同する。

2 我田引水の言葉と論理(マナー)

「日本に仇する者」(昭12/10/18)でいわれる。

《李鴻章が……生命線から遠い韓国をば、兵力を持って日本の勢力より離そうとし、……敗戦して政府の権威を失い、ついに革命で清朝が滅亡したこと、日本にせずもがなの楯突いた結果といえる。……》

1 「韓国」(朝鮮)は、清、とりわけ「北洋将軍」李鴻章にとって、実効支配する「属州」であった。まさに李(とその代理人袁世凱)の「生命線」である。対して日本は、その朝鮮を「独立国」と承認し、その独立達成を以て、朝鮮を日本の「生命線」(a lifeline)とするべく目論んだ。この戦争は、雪嶺『同時代史』が記すように、日本の圧勝に終わる。ただし、雪嶺も確認するように、日本は清(北京)に軍を進めなかった。清帝国との全面対決を避けたのだ。

また言われる。

《英国が日本と同盟したのは大出来であり、……。南阿戦役で青息吐息の際、彼の放れ業を演ぜねば、東洋に於ける〔英の〕顕性及び潜性の勢力が何となったかが測られない。英国が日本と同盟した間は国運が栄え、米国の機嫌を迎え、日本を袖にしてから、とかく左前になり、ドイツ及びイタリーの勃興に頭痛鉢巻せずに居れない。》（昭12／10／18）

この記述（論理）は、明らかに、英と日の主客が転倒している。「我田引水」の類で、『同時代史』の記述に反している。

2 「日英同盟」は『同時代史』で雪嶺が書きとどめているように、日本にとってまさに「天佑」に等しいものだった。この同盟あればこそ、日本は不平等条約改正の突破口を獲得し、さらにかろうじて露に勝つことができたのだ。（もちろん、英は露を牽制できたが。）

3 したがって日本軍は、北清事変（一名「義和団の変」1900〜01）で、連合軍（列強＝英米仏露独伊日墺）の一翼を担い、「南ア戦争」で足を掬われていた英軍の「代役」をも見事に果たすことができ、力量が国際的に評価された。

ともに「日英同盟」という前提があればこそだ。雪嶺は『同時代史』でまさにそう論じている。

4 ところが、隔日コラムにおける雪嶺の言は、英が栄える（前提）条件に日英同盟をおいている。

事実は大英帝国の衰運は、欧州戦争以降顕著となり、その趨勢を止めるために、英は米との連携を第一にして、（日本を仮想敵国とする米の意向を受け入れる形で、）日英同盟を破棄する。これが英国の選択（英国ファースト）だ。日本にとっては痛恨の選択であった（筈だ）。もちろん、日本外交も雪嶺もそうとは（口に出して）いわないが。

まとめていえば、日本本位（＝李と英劣位）に語られた記述であって、事実経過を語る論理とはいえない。『同時代史』の記述と異なる、経緯を逆順にした、雪嶺らしからざる、手前勝手な理屈と断ぜざるをえない。

3 「下駄」を履け、寺鐘を潰せ

昭和13年である。開戦まで4年を余すところだが、すでに「戦争生活」ははじまっている、と筆の勢は語る。戦争はいつはじまるかわからない。そして戦争には金がいる。ところがこの時期、国際連盟は（個別的に）対日経済封鎖を決議し、いわゆる「ABCD包囲網」（日本が命名）が敷かれた。

とはいえ、「表紙」の絵、「おむすびと梅干し」が示すような、耐久生活に甘んじよ、と直截にいっているわけでもない。

《『金より物』と云い、物に重きを置くようで、いざ貯蓄となって金に限り、『貯金報国』とか、『愛国貯金』とかと張り出し、物について全く忘れた形になっている。これも已むを得ないこと、いまの貿易状態で物と物との交換ならず、必需品を買うに金を以てし、それも山吹色の黄金でなくてはならぬとあっては、すぐ金にならぬ我楽多道具なんか、火にくべて惜しくない気がするも無理

と云えぬ。》（昭13／7／1）

《戦時で皮革が払底し、洋服に下駄で差し支えないというが、……外国人が見たとて決して可笑しくない。》（昭13／7／15）

《『四天王寺頌徳鐘銘』にある四万二千貫の大釣鐘をば、一山の会議で国家に献納するに決した》ことを歓迎し、しかも鳴らぬ鐘とて《廃品利用の最上出来》。

「尊皇攘夷」を唱えた水戸の烈公は、領内の梵鐘を潰して大砲を鋳造し、外国勢に備えたのだ。《全国に寺鐘がいくつあるか。四天王寺の鳴らぬ鐘に倣い、続々処分してはどうか》（昭13／7／25）ただし言葉の上では、切羽詰まりすぎて、やりすぎの観を否めない。「非常時」のステレオタイプ思考にはまってしまった、としかいいようがない。

4　戦果報告、国民党政府は逃げ場がない！

以上の「戦争生活」の記述は、《徐州付近の戦争》で勝利し《北支と南京が打通》し、（黄河の決壊で追撃中止となったが、）国民政府は「武漢」を棄て、さらに奥地の重慶に逃げ込んだ、とする、《世界で特筆するに足る》戦果報告（「徐州付近の戦争」昭13／5／22）と、どう見てもそぐわない。

7 『事変最中』（昭13／8／12〜14／8／9）

*「事変最中」は昨年（昭13）からで、幾年続くかわからないが、「最中」とする他ない。こう雪嶺は「序」に書く。でもまだ（わずか）「開戦」（日米決戦）まで、2年余、である。

1 必勝法?!

《焦土の覚悟は万已むを得ない場合に限ってのこと、苟(いやしく)も避け得る以上、戦争は必ず勝たねばならず、負ける戦争は如何にしても避けるに若くはない。敵地に入って戦うのが第一策、国境を守って戦うのが第二策、敵兵が国境に入るに対し、寸土の地を争うのが第三策、国内にて敵と戦い、戦うたびに多数の屍を委棄して退き、如何に退くべきかに忙殺されるは、下々の下策、政府の名あって其の實なく、否、一日政府の存在するは一日民衆及び世界の禍となる。》（昭13／8／18）

負ける戦争は避ける。国内にて戦うのは愚の愚策。これが「先手必勝」と同じく、雪嶺の戦争必勝法である（らしい）。自分では、何か重要かつ最善のことをいっているようなのだから、閉口する他ない。

満洲＝日本の「生命線」を守るためには、（満洲）「国境」線を越え、北支で、全支で戦うべきだ。こうなる。しかしこれは負ける戦いはするな、特に自陣地で戦うな、といっているに過ぎない。もっと悪いのは、「現況」を述べているに過ぎないことだ。しかも「劣勢」に陥ったときのこと、さらには自陣で戦わなければならなくなった時のことは、いちおう語られてはいるが、考慮の外に置かれている。

2　御用学者よ、御用学者らしくしなさい

雪嶺は「御用学者」を「肯定する」。その肯定の仕方が面白い。

《『御用』と呼ばれることが研究の自由の妨げがあり、即ち真理として是認するところをば、権力者の干渉で否認し、官職及び俸給のために良心を売るを余儀なくされるとの疑いを招くを嫌がるらしい。

しかし政府で大学を設立するは、自ら信ずる方針で国家に役立たしめようとするのであり、何も好き好んで教授を任命し、我儘勝手、支度い放題に振舞わしめようとするのではない。……教授とても放任すべきでなく、偸盗（ちゅうとう）したのを法律で処分すると同じく、学生の師表たるに足らないものを処分せねばならぬと心得ること、処分の当不当は姑らく措き、職務に忠実たるを失わない。……

御用学者の待遇を受けて御用学者らしくせず、御用を務めるに及ばぬとし、監督者から注意せられるに対し、同僚と結束して運動するかに見えるは、果たして筋道の立った行動とすべきか。……御用学者よ、身分相応にしなさい。》（「御用学者」昭13／8／28）

スピノザは御用学者を拒否し、ヒュームは拒否され、カントやヘーゲルは受け入れた。ちなみに、雪嶺は拒否し、漱石は受け入れ（後に拒否し）た。露伴はいったん受け入れたが、性に合わなかっ

たのか、逃亡。

3 「米国の前途」は「複雑」

「日本に味方したものが勝つ」というのが雪嶺の、近代史（日清・日露・欧州戦争）を引き合いにした、言葉の上では、身びいきもはなはだしい戦争観である。実態は日本ファーストだ。

ただしそんな雪嶺にとっても、米国は厄介である。「複雑」だからだ。その理由は、「世論政治」つまりはデモクラシイにある。

《時として健全な分子が世論を制し、時として不健全な分子が勝利を占め、如何に方針が決するかは予め知るを得ない。何分にも現代持つ国の第一に立ちながら、建国以来一世紀半、基礎が固まったようで固まらず、……一旦事変が起ると供に、目が廻るような局面が展開することもあろう。》（昭14／4／13）

つまりは「複雑」で「未知数」で、「お調子もの」だが、その実力は測りがたい、というわけだ。その原因も「民衆政治」（多数支配政治）にあるとみている。まったく正しい。

雪嶺は、その米国を日本の主敵と見なす。日英同盟を壊し、米英日海軍力比5・5・3によって日本の軍事力を殺ぎ、世界1の資源と資金をもち、「反日政策」をとり、ABCD経済封鎖を敷き、次期世界大戦で勝敗を決める因子、制空権を握る大空軍力を整備強化し、日本本土を標的に大空襲作戦を展開しているからだ。

また、日本（と雪嶺）にとって、どう考えても、この空襲を防御すべき策を見いだすことは出来ないことにもよる。

じゃあ、日米戦争は、「必勝」を期しえない戦争、米陣地（本国）に一指も掛け得ない戦いになりうるのではないか？　まさにその通りというほかない。だがしかし、と雪嶺は想到する。米は若い、未知数だ。「苦戦」に陥ったことがない。不健全な部分が勝ちを制する場合がある。失敗はある、と。

エッ、「敵失」あるいは「僥倖」頼みか、ということになるが、それでいいの？「いいのだ！」とはいわないが、「いいとも！」と言外に語っている。

8　『変革雑感』（昭14／8／10〜15／8／8）「全体主義」は日本帝国の「根底」

「皇紀二六〇〇年」は、初めての祝皇紀年である。ときあたかも、英仏が独に宣戦布告、第2次欧州大戦が「公式」に開始する。かくしてコラムの内容が落ち着く。そして「雑感」としながら、「新体制運動」を基盤とする「全体主義」にはっきりと立つ、と宣言。日米開戦まで、1年余。

1　第2次「欧州大戦」勃発

1　《我が国の今回欧州大戦に於ける感情は、先ず『ポーランド負けるな。ドイツ勝て』と云う所であろう。》（「今回の大戦」昭14／9／8）、と雪嶺は記す。自身の率直な「感情」吐露でもある。

英仏は、独の波蘭（ポーランド）侵略を理由に、ようやく対独宣戦を布告（昭14／9／3）。「欧州大戦」が「公式」に幕を開けた。

しかも「大戦」はたんに英仏対独（伊）さらには欧州全体を巻き込むにとどまらず、東西を、したがって日米を巻き込む世界大戦の端緒である、と雪嶺はこの開戦を歓迎の意で迎えた。

雪嶺は、独の勝利を望み、かつ確信する。同時に、かつては中欧の大国であったが、軍事大国独（晋）と露に挟撃され、「国難」に何度も翻弄されてきたポーランドに同情を禁ぜざるをえない。だが日本は、英仏米と対立し、独（伊）と連携している。しかも英仏は衰運、独は盛運の勢い。ポーランドに満腔の同情をはらいつつ、「ドイツ勝て」が優る理由だ。

2　パリ陥落

ところがパリがあっけなく独軍に侵攻され、陥落（昭15／6／14）した。雪嶺は「腰抜！　首都明け渡し」（昭15／6／18）と痛罵する。

3　大英帝国存亡の危機

そして次コラムで、《太陽の没しない大帝国も何時何となるかが測られず、戦おうとして加奈陀（カナダ）に遷都するか、講和しようとしてヒットラー総統に屈服するか、……幾代か世界に重きをなした英帝国が今や岌岌乎（はらはらどきどき）危急に瀕している。》（昭15／6／22）と記す。

4　戸惑う米

さらにあまり間をおかず、《さすがに大きなアンファンガテ（甘やかされた子どもたち）も目を白黒するばかり、これで悟る所あれば何よりなれど、それほど頭の運りが良いかどうかが疑わしい。天然の資源に恵まれ、有頂天にのぼせ上がった米国も、英仏のあまりにもろく破れた結果、ここと〔このところ〕戸惑いの体たらく。》（昭15／7／2）

遺憾ながら、さい先は「よし！」という雪嶺の高笑いが聞こえてくるようだ。

2　面妖なり、「男の意地」

隔日コラムである。事実誤認、判断の誤り等々、「あって当然」というわけではないが、避けようがない。もとより雪嶺とて例外ではない。

だが、何を書こうとしているのかわからないもの、当てこすりに過ぎないごときものは、避けることができなければならない。特に雪嶺にはそうであってほしい。

ところが「男の意地」（昭15／2／8）は、どうか。避けて当然というべき「例」である、と思える。

1　齋藤隆夫の質問

《問題の齋藤氏は議会の古つはもの、千軍万馬を往来し、いくさについて何一つ知らぬことなく、打ち物とっても、弓矢にかけても、天晴れの武者振りと云える筈であって、それが質問戦の第一陣に乗り出し、民政党にその人ありと知られた剛の者、我と思わんものは誰彼の差別なく、出でて戦え、見参見参と呼ばわった所、背こそ小兵なれ、五尺小身渾是胆（小身ながらすべて胆）、第七十五議会の晴の場は是なんめりと見えたのに、見方からか何処からか、ヤンヤと囃し立てられたに拘わらず、にわかに一天掻曇り、雷さえおどろおどろしく、桑原桑原という始末。

齋藤氏が質問の責任を負って、民政党を退いたのは何のためか。質問を誤ったとするのか。誤ったのでなければ、累を民政党に及ぼしたとするのか。一時間半の質問中、若干の不用意の語がでるは已むを得ない所、それを取り消すのは当然のことながら、せっかく蕩々と質問し、それが大体において、誤って居るとし、責を引くなど、頭脳の健康な人として有り得べきかどうか。誤って改めるに憚る勿れとは、事柄によりけりであって、茶碗を落として割ったとか、不用意のことはいくらでも陳謝すべく、茶碗を投げつけて割り、それで陳謝しては、女のヒステリーならばともかく、堂々たる男として仮初めにも敢えてすべきかどうか。》

2　問題の齋藤（隆夫　1870~1949）は、第75帝国議会（昭和15／2／2）、で「支那事変処理を中心とした質問演説」を行なった。いわゆる「反軍」演説といわれるもので、以下は要約だが、その内容を察することができよう。雪嶺はこれをまったく記していない。

1.近衛声明は事変処理の最善を尽しか
2.東亜新秩序建設の内容は如何なるものか
3.事変以来の政府の責任を論じ、現内閣に質す

等々である。雪嶺もこの質問に対する政府答弁を聴きたい1人ではあるまいか。

3　この質問中、議場はおおむね静かだった。ただし衆院議長は「聖戦の美名」などを理由に、職権で議事録から全体の過半を削除させ、さらに齋藤自身は、直後の議会で、議員の圧倒的多数票により、議員除名処分を受けた（3／7）。

この経過を、雪嶺は、「女のヒステリー」（？）さながら、齋藤が爆弾質問・演説をし、何の説明もなく自説を撤回し、民政党を辞め（議員辞職し）た（かのように）と記している。頷けえない。

4　雪嶺は先の引用文に続いて、英の自由思想家（信仰の自由＝無神論者）ブラッドロー議員が、議場で（国教）宣誓を拒否すること数度、そのたび除名され、そのたび立候補して当選したことを《男の意地を張り通した》面白い例として掲げ、この「意地」を齋藤にも求める。

だが、心配ご無用。齋藤も衆議院から除名されたが、翼賛会の推薦を受けずに、昭和17年総選挙で当選を果たし、雪嶺いうところの「男の意地」を貫いた。

3　皇紀二千六百年

《百年又は千年の記念で皇紀を祝賀するは、国史ありてより以来、実に本年〔昭15〕に始まる。……然し国運が発展せねば、それも大いに発展せねば、特に皇紀二千六百年を祝賀するに至るまい。……開港問題に迷った後、驚くべき速度で進歩し、小国から中国、間もなく大国に列し、翻って国運の発展を顧み、今更のように皇紀の祝賀に、想い至ったのであり、皇紀の祝賀が国運の発展を象徴するとし、高く萬歳を唱う。》（昭15／1／1）

だが『同時代史』は、この皇紀祝賀大デモンストレーションに寸言も割いていない。なぜか?「昭和15年」は、日本敗戦後の記述(無機質なレポート体)であった。祝賀気分はマイナス百パーセントである。

『変革雑感』1巻は、《聖戦の真っ最中》に迎えた、戦勝前の祝賀気分にも満たされており、さすがの雪嶺も、千鳥足の体である。

1 《帝国は根底において全体主義》である

これが本書『変革雑感』の《結語》である(といっていい)。えっ、と思うだろう。少なくとも、ここまで繙読してきたわたし(鷲田)にとってはだ。なんたる「飛躍!」(陥穽(トラップ))と感じざるをえないからだ。

《帝国は根底において全体主義であり、欧米より自由主義、民主主義、社会主義を取り入れたとて、他山の石とし、経験を豊富にするに止まり》、英の「合衆王国」あるいは米の合衆国とはことなり、明治大正の藩閥政治や政党政治期には考も及ばなかったような人が、《全国の投票を待たず、同様の形に於いて責任の位置に立つに至った。補弼の臣として、全国の輿望を担う人として、関白の家から最も関白らしい人一君万民の前に現れた。これも天佑と云えぬでなかろう。》(昭15/7/25)

「一君(万民)」を「補弼」する人、近衛公の登場をもって、日本の全体主義、即ち言葉を加えれば、歴史的に形成され、洗練されてきた、自ずからなる「全にして一」、日本が(建国以来)理想とした「国体」、すなわち「一君万民」の「全体主義」が成立した、というのだ。独ナチスのヒトラーや伊ファッショのムッソリーニのような付け焼き刃の全体主義ではなく、「根底なる全体主義」、というわけだ。（根底とは原理的＝根本的、即ち始めから終わりまでということである。）

まあ、なんという近衛公に対する肩入れであるか、といいたくなる。

2　近衛内閣の「実績」

なぜに近衛が雪嶺にとって好ましいのか？

第1次近衛内閣は、北支事変（12／7／7）を奇貨として、（米英仏ソが後援する）全支進攻を決定。

第2次近衛内閣は、第2次欧州大戦が開始して発足（15／7／22）。

この政府は、皇紀2600年のさなか、ただちに「南進政策」を策定（7／27）、つれて北部仏印に進駐開始（9／23）、即刻、日独伊三国同盟調印（9／27）、間髪を入れず大政翼賛会発足（10／12）、日ソ中立条約調印（16／4／13）と、あらかた日米開戦の離陸「準備」を終えたところで、第3次（昭16／7／18～10／18）を挟み、東条内閣（1884～1948　第2・3次近衛内閣の陸相）にバトンタッチ（16／10／19）した。東条内閣は、近衛が敷設した軌道の上を走り、日米開戦へと踏み切ったのだ。

3　近衛の戦略は南進策

近衛内閣の歴史的役割は、見ての通り、「南進論」である。いかなるものか。

4　ノモンハン事変

雪嶺の隔日コラムにほとんど顔を出さない「事変」に、ノモンハン「事件」がある。満洲とモンゴルの国境線をめぐる日ソの大規模な軍事衝突（バトル）（昭14／5～9）で、「事件」（case）と称されたが、あきらかにその規模と激しさと損害からいって、「戦役」（戦争 battle）と呼ぶにふさわしいものだ。

当初、赤軍（ソ蒙軍）は準備万端、兵力（日本の4倍）や戦車・装甲車・火砲（数倍）で圧倒した。だが、関東軍の反撃は、陸軍中央本部の不拡大命令（国境線を越えた空爆厳禁等）をなかば無視して行なわれ、総体ではほぼ互角の形で終わった。

ただし、「報道」は、事変前（大本営）も事変後（ソ日報道機関）も、そして今に続いて、関東（満）軍は陸戦でも空戦でも、ソ軍の圧倒的な機械部隊の前に、壊滅的な敗北を喫した、大本営の命令に反して戦闘を指揮した諸将校は厳罰に処された、というものだ。

なお次巻『爆裂の前』では、ソ連が《近くノモンハンで機甲部隊の威力を示したけれど》（昭16／6／24）と記される。

*以下は、ソ連崩壊後の調査結果（最終報告ではない）である。

総兵力

	日	ソ（モ）
兵員	6万弱	8万弱
戦車	92輛	438　装甲車385　火砲542

損害

戦死者	7696	9703
戦傷	8647	15952
生死不明（内捕虜）	1221（566）	
戦車	29輛	戦車・装甲車　397
航空機	160機	251

これをもってソ（モ）軍の「圧勝」といえるだろうか？　たしかに機甲部隊はソが圧倒している。しかも陸軍中央は、基本戦略として、北支から全支へと進攻する「南進論」をとり、「北進」を禁じ、越境・空爆を禁じ、関東軍の反撃を厳禁したのだ。

理念的にいえば、雪嶺も日本軍も、反ソ（反共）路線である。ところが近衛内閣ならびに中央軍部は、基本戦略を北進論（反ソ）から南進論（反支英米仏蘭）に転じた。だから、ノモンハン事変で反攻に転じ、共産軍を撃退しようとした関東軍諸将多数を退任、左遷、免職に追い込んでいる。

ところで『同時代史』（第6巻）に、「謎」のような記述がある。

「ノモンハン事件」の勃発（昭14／5／11）から「停戦」（9／16）までの推移を略記し、《大本営軍部発表にて外交交渉に入り、停戦するに意見の一致を見るとあるが、この間に注意すべきものあり、楽観すべきにあらざりしと後に知らる。》（365頁）

これは「敗戦後」に書かれたものだが、ここで「注意すべきもの」とはなにか? 「事柄」なのか、「者」なのか、その中味も判然としない。

5 独仏なくても「東亜超国家」

この1巻、「(変革)雑感」とあるが、雪嶺の「気炎万丈」、止まることを知らず、というところだ。1例を示す。

1. 「非常時」(5/15事件)以来、満韓台の事情(現況)に触れることはない。それでいて日満支一体によって、国民国家から「東亜の超国家」への道が開かれる(昭15/4/1)という。

2. 《全体主義で興隆する独国の如き、伊国の如きがなくても、もはや勢いの変ずるものとせずにおけぬ。況んやかの両国が全体主義で覿面に国運の躍進を証明するにおいてをやか。帝国は帝国独特の国性があり、濫(みだ)りに他に倣うを要しないけれど、ナチスがファッショから暗示を得てファッショより活躍するが如く、我が新体制がナチスから暗示を得てナチスより活躍するかどうか疑問でないとしない。帝国には晴天子上にましまし、ヒットラーの独裁を許さず、近衛とヒットラーと、性格および来歴からして大きな距離あるも、国運を発展し、世界に大々的の役割を担当するに於いて、……》

余裕綽々のように見える。そはいいながら、《東西に呼応して、世に持たぬ国と呼ばれるものが如何に力を伸ばし、人類の進化に寄与するかを示そう》(昭15/7/23)なのだ。快=怪「気炎」の類という理由だ。

4 「全体主義」とは？

雪嶺は哲学者である。「定義」（規定）の人だ。なによりも解せないのは、日本の「全体主義」を、最低限度、たとえば「国粋保存」程度には「規定」する必要があるのに、していないことだ。

雪嶺が（陸羯南とともに）掲げた「国粋保存」とは、「大日本帝国憲法制定が日本建国以来の盛挙」にして「日本国民は大典と時を同じくして生まれた」という規定である。

だが、「日本は根底なる全体主義」であるとは、独（ヒトラー）・伊（ムソリーニ）の付け焼き刃的「全体主義」（Totalitarianism）と比較して、自ずからなる「一君万民」の全体主義が成立したという言葉だけなのだ。

ならば日全体主義は、独ナチスや伊ファッショ、あるいはソコミニズムのような、政治・経済・軍事の国家（と個人）独裁、思想・信条・芸術の国家統制の徹底をめざすのか？

然り、と、雪嶺はいわない。いいえない。ただ独・伊（・ソ）の全体主義＝国家社会主義が、独・伊・ソの政治経済とりわけ軍の強化・躍進の「要」（keystone）であることを強調するだけだ。しかも雪嶺は独・伊・ソの全体主義の否定的「現実」に目を塞ぎ、口を閉ざす。

その雪嶺には、Ｐ・Ｆ・ドラッカー（１９０９〜２００５）というまだ無名の青年が「全体主義の起源」（The Origins of Totalitarianism）という副題をもつ『「経済人」の終わり』（１９３９＝昭

14）を書いて、「全体主義」の政治経済の「限界」を指摘している事実をさえ、夢想だにしていない。この書こそ、「全体主義」の政治経済の「現実」を明示し、告発した「最初の書」である。のちに『断絶の時代』（1966）や『ポスト資本主義社会』（1993）を書き、知日家となるドラッカーの最初の著書だ。

雪嶺が「国粋保存」でなによりも強調したのは、「万世一系」＝皇室伝統とともに、日本（国家）と日本人（国民多数＝大衆）の持続的繁栄（富国強兵）であり、自由（デモクラシイ）の拡大であった。断じて独伊ソ流の、デモクラシイ（その保証としての民選拡大）を圧殺する国家（個人）独裁の富国強兵ではなかった。

ちなみにいえば、ヘーゲル（1770～1831）『法哲学』（1820）は書く。「皇帝」は「一者」（国家・国民を統合する唯一無二の象徴存在）である。そのために皇帝は、「議会」や「政府」の決定に（ただ）「署名」し、後継者を産むこと（皇統維持の「生殖活動」に専念）によって、国と国民の統合を唯一無二担うことができるのだ、と「規定」した。「象徴」皇帝のあまりにもあけすけな、しかし正確な規定ではないか。しかも日本帝国憲法のスピリットをこれほど簡潔に言い表したものもない。

雪嶺は「全体主義」を、日本史上の政治経済の理念的表現である「一君万民」と誤読し、足がよろけ、転倒し、「杖」なくして独歩できなくなった。結果、『同時代史』の事実上の執筆「中断」であり、「隔日コラム」という「杖」頼りの晩年を歩んだ。こう断ぜざるをえない。

9 『爆裂の前』（昭15／8／10〜16／8／8）

「序」にある。《前途春の海を眺めるが如く希望に満つるを覚える。爆裂で破壊する音を進軍ラッパとも聞く。》

雪嶺独特の「独断」（直観）とでもいうべき「緊張」感が戻ってきた。ただし、日米開戦前である。だがこのまま進んでいいのか、という「不安」と「緊張」が重なって湧き上がるのを禁じえなくなったからではないか？　日本にとっても、雪嶺にとっても、最終「分岐点」にさしかかった、といっていい時機だ。雪嶺の筆も、微妙に揺れている。そこを読み取って欲しい。

1　独は「石油」で負ける（？）

英は「金貨」でルイ14世（仏）に勝った。「いまや勝利を得るのは最後の石油であって、それを所有すべき我等であり、ヒットラーではなかろう」と記述した奇書（『ルイ十四世とヒットラー』）をロンドンタイムスが報じたとして、雪嶺は断じる。

《ナポレオンが仏国革命の阿鼻叫喚に現れた如く、ヒットラー内憂外患の荒敗没落に奮い起ち、……石油がなければ之に代わるものを造り出すまでのこと、……》（昭15／8／12）

ところがその独が独ソ不可侵条約（昭14／8／23）を破棄、ソに侵攻した。これが日本はもとより雪嶺にも不可解。

1　ヒットラーは20世紀の英雄＝ナポレオン
ナポレオンはロシアに侵攻し、敗北＝撤退した。ヒットラーのソ連侵攻に、同じ轍を踏むのでは、という一抹の不安がよぎって当然ではないか？　だが雪嶺は、（ナポレオン同様）独の破竹の勢いを語り、勝利を確信、（ナポレオン同様）独伊による欧州統一を期待する。

2　ソ侵攻の理由は何か？　雪嶺推察すべきは、ドイツ（参謀本部、特に先にモルトケ）が、仏と露に対する二面作戦を基本にしたことだろう。仏を叩いて反転してソを叩くという作戦をヒットラーも踏襲した、と。だが、ヒットラーは叩くのではなく、ナポレオン同様、深く侵攻し、雪泥に足を取られている。

3　それに、雪嶺も記すように、独ソ「両虎の戦い」は消耗・共倒れ戦で、アングロサクソン英米に利をもたらすだけである。（昭16／9／6　9／9）。

4　だが決定的だったのは、雪嶺が覚知できなかった、独（ヒットラー）のソ侵攻理由だ。英紙が報じる、「石油で独に勝つ」である。

独になく露（ソ）にあるものは何か？　最重要な軍・産エネルギー物資、石油だ。爆撃機も戦車も、そして軍事工場も、石油なしには動かない。現代（第２次欧州）戦争を戦い抜けない。

＊北大スラブ研のレポート（２０００）を参照しよう。

露の石油は、20世紀初頭、バクーが世界最大産出量（１０００万トン）を誇った。革命後、アゼルバイジャンが国有化されたが、内戦と干渉戦で破壊された。それがピーク時（1930年）1000万トンに回復。

1937年、独軍が、石油基地占領を目して、コーカサス北方方面に進入、撤退、破壊した。（1940年2200万t、45年＝1149万t　＊参照　村上隆「旧ソ連におけるエネルギー生産の統計的分析（1860〜1961年）」2000）

5　独の石油（欠）事情と、伊も、また日本もまったく同じだった。伊がエチオピアに侵攻し（英に撃退され）たのも、日本が南進したのも、独のソ侵攻と同じ理由からだった。独伊日は「持たざる」国が、「持つ」国英米仏に挑戦し、必勝を期したが、「石油」を持つ3国に敗退した。短絡を恐れずにいえば、こうなる。

2　英（ロンドン）は独の空襲にいつ白旗を揚げるか！

《ロンドンは何となるかは、今尚問題に属するも、空襲に次ぐに空襲を以てせられるなど、昨年まで万に一つと想像され、それも夢のような話しと考えられたのに、近頃夢どころか、現実の最も現実的なものとなって居ること、善かれ悪しかれ、二十世紀の科学の著大な進歩を証明せずに置けぬ。万に一つも可能性のある以上、その防御に準備せねばならならず、種々の工夫が凝らされたのであって、さすがにロンドンの防御は相応に行届き、敵国より取っ換え引き換え襲撃してくるのをば、何とか防ぎ止め、首相チャーチルが飽くまで強がりを言い、参ったのマの字も言わぬ所、これも科学の応用の嘆美に値するを示す。》（「空襲対防空から」昭15／9／19）

このようなコラム振りが、まさに雪嶺の雪嶺たるゆえんだ。なぜか？

1　雪嶺はつとにチャーチルを、親子2代にわたる頑迷固陋と指摘するのを常とした。しかし、ロンドンも、なによりもチャーチルが、独の猛攻に耐え、弱音を吐かない。いまや、独の空襲を凌ぐ可能性が、万に一つ起こりうる、という思いを懐かせるほどになっている。

2　もちろん、雪嶺は、ロンドンが、そしてチャーチルが白旗を揚げるのを、今か今かと待っている。じゃあ、なぜロンドンが、なかんずくチャーチルが弱音さえ吐かないのかを、あたかも賛嘆する思いを懐かせるような書き方をするのか？

東京が、（そして近衛が、と名指すわけにはいかないが）、米の大空襲に弱音を吐いたり、白旗を揚げたりしない保証はない、と思い懐いているからだ。どうしてか？

3　日本に大空襲に対する「科学的」備えがまったくといっていいほどないからだ。関東大地震（大火災）に東京はまったく無力だった。なぜか？　濃尾地震（明治24＝1891　死者7200）の後に設立された「震災予防調査会」が、関東大震災（大12＝1923　死者10万余、焼失家屋21万余）にまったく寄与せず、調査会が東京大学地震研究所に引き継がれたが、大空襲の防備にまったく活かされていないからだ。

4　雪嶺が、米の大空襲に備えることの重要性を、様々な角度、爆死や家屋焼失だけでなく、文化財の保存等を絡めて、隔日コラムで多々論じている。だが、政府には馬の耳に念仏で、焼け石に水のありさまであった。

5　したがって、米の大空襲の前に、日本は日本人は「打つ手はない」、といわんばかりの言葉を投げつけている。

だが、雪嶺にも、疎開、特に山のなかに逃げる、程度以上のことはいえない。ロンドンの、チャーチルの痩せ我慢に、賛嘆のため息を漏らす理由でもある。

3　「支那事変は人力を以て防ぎえなかった」

1　《ワシントン会議［1921］は実に徹底的に日本帝国を東洋に束縛するの献立を以てして居り、それが現に進行しつつある支那事変の遠因を形づくるは明々白々、当時勢いに余儀なくされたにしても、絶えずその経過に注意を払い、国民政府の要人と往来し、隔意なく両国の利害得失を議したなら、果たして戦禍を避け得なかったどうか。》（昭15／10／7）

雪嶺は、「世界平和」の名の下に、不当な比率の「海軍軍縮」（英・米・日比、5・5・3）を呑んだ我が国の全権並びに政府（さらには世論）の不明を指摘する。

まったく雪嶺らしくない論理だ。雪嶺、ここでワシントン軍縮会議（大10＝1921）が「遠因」だとはっきり述べている。「戦禍」を避けえた要因も明確に掲げている。

だが、北支での衝突を、そこ（満支国境域のこと）で止めず、「国民政府を対手とせず」と宣じ（昭13＝1938／1）、「全支」へと戦禍を拡大したのは、誰あろう、近衛内閣（第1次）であった。

そして、そんな近衛を手放しで賞賛し続けてきた雪嶺自身の不明を先ず恥ずべきだろう。ところが、重ねて、いう。

2《賞は重きに従い、罰は軽きに従うと云うは善く、初め吉、後に凶なるは、吉で賞すとも、やがて凶となるを忘れてはならぬ。支那事変は人力を以て防ぎ得なかった所にせよ。》

まるで、雪嶺は、対支開戦2年半をへて、国民政府軍を支那大陸の奥地まで追い込んだ、と宣伝これ努めながら、「凶」を予感するに至ったというべきか？（*この予感、決して的外れではなかった。だが日米開戦（昭16／12）間近の熱狂のなかで、かき消された、というべきだろう。）

3《ワシントン会議の成立した以上、日本において早晩大陸から退却するか、それとも必要の前に法律ないとするか、二者の一を選ぶの他に道がないことになる。》

「必然論」＝「二者択一論」は、雪嶺の論理（経験論）ではない。ただし、すでに日本は、政治と軍事の道を決定し直す機関（オルガン）（＝デモクラシイ）を失っていた。この道を掃き清めた言論人の一人が、雪嶺その人であった。万死に値する、というべきだろう。

10 **『爆裂して』**（昭16／8／10〜17／8／10）

序（17／10）*やはり、「悲壮」感を拭いえない。

・第一次大戦後、「制海権」（*「海を制するものは世界を制する」＝マハン　1840〜1914）の重要性に基づき、ワシントン会議で英米日の海軍比率（*艦艇保有率）を5・5・3にした。かくして英米・日の対立は決定的になり、大戦は不可避となった。

・日米開戦後、対支戦の現況記、なし。泥沼化か？ ただし雪嶺は、支の歴史と国民の「力」＝「社会的底力」を評価。むしろ支は「国家」というより「大社会」である、と。

1 「今回の太平洋上の作戦」（昭16／12／14）大成功

1 「三人超大馬鹿」（昭16／12／12）は、米ルーズヴェルト、英チャーチル、支蔣介石を槍玉に挙げ、《本月の八日まで太平楽を謡い、我が事成るとしつつ、俄然夢を破られ、周章狼狽する所、滅多に見られぬ三人超大馬鹿。》と笑い飛ばし、余裕綽々、日米開戦を記す。その翌々日、

2 《今回の太平洋上の作戦の如く、言い古したほど言ったことが、その儘に実現し、成功し、寧ろ予想以上の出来栄えを見たことがない。……いざとなって立ち上がるや、もどかしかった所が着々希望の如く進行し、斯くも誂え通りになるものかと不思議な位に思える。》（昭17／12／14）

だが、雪嶺の行論は、日米開戦は両国が勝つか負けるか、行き着く所まで行かざるを得ない、ということになった。

3 そして昭和17年元旦、雪嶺は意気軒昂、「全世界大変動」（昭17／1／1）を宣言する。大変動のメルクマールは、「空中交通の急進」、焦点は制空権の確保で、ルソン島はおろか、太平洋の制空権と制海権が日本帝国に属した、と記すのだ。

雪嶺は、なるほど勝って「兜の緒を締めるとき」（1／20）と諭すが、日本軍の連戦連勝の因は、「日本側で米英の力を過大評価」し、「米英側で日本の力を過小評価」（1／24）した結果だとし、

「シンガポール陥落」（2／17）に続き、コレヒドール（マニラ湾港要塞）の陥落（12000人投降）に次いで、珊瑚海（オーストラリア北東岸、ニューギニア南東岸、ソロモン諸島、ニュー・ヘブリデス諸島、ニュー・カレドニアに囲まれた範囲）の海戦と、日軍の連戦連勝を謳うのだ。

2 米機初襲来

昭和17年元旦、雪嶺は太平洋の制空権われにあり、と書いた。ところが、《十八日昼食の終わる頃、高射砲と共に異常な音が響き、はてと思えば警報が伝わり、屋上に登って見るに、遠近に飛行機が飛び、かすかながら追いつ追われつするかに感じられたが、それが間もなくラジオで敵機の初来襲と知れた。》（「外敵の襲来」昭17／4／21）

雪嶺が恐れていた「空襲」（敵機襲来）が現実となったのだ。だが、敵の攻撃は、用心に越したことはないが、緒戦における敵の大敗と比較できないほど小規模だった、と記す。その通りだが、この日の空襲は、日本が太平洋上の制空権を握っていない「証明」でもあった。

雪嶺は、空襲の「実地演習」になったという。だが、空襲への備えのない現状に対して、それを知る雪嶺はもとより、敵機襲来を実感した人たちの恐怖はいかばかりなものだっただろう。

*こういう記録が残る。4／18 米機（B25）日本本土初空襲、16機が東京、名古屋、大阪、神戸などを攻撃。全国で約50人、都内では葛飾、荒川、品川各区で39人死亡。

3 「米国の敗軍俺蔽(エンヘイ)」（昭17／5／24）

雪嶺は、事実（国内の被害現況）をコラムに記さない（*書けない）。対して、物質文明に偏した米国の敗戦隠蔽（報道）を批判する。

日本はどうか？ 雪嶺はどうか？ 例外ではない。すでにミッドウェー海戦（昭17／6／5）で4空母を失い、南太平洋の制海・制空権を失った「事実」を、報じ、局面打開を図る方途を広く日本国民に訴えたか？ 否だ。報道統制で、出来ない相談だったが。

11 『激動の中』（昭17／6／12〜18／8／6）

*全179編、他巻より90頁余減じたが、欠はない。

この巻、「序」に執筆期日がなく、装丁も「並製」で質素。書題「激動の中」とあるが、激動の中の「衰勢」にある戦況が、雪嶺の書く気分を善くも悪くも占領している（と思われる）。

1 「支那民族の実力」（昭17／11／5）

《支那は清朝が衰亡してから独立の実を失い、……、「国家」としてこそ歯痒い限りなれ、民族として人口が世界に隔絶し、打っても叩いても繁殖し、底力がいたって強く、何等か大事を成し遂げるに堪えるを認めねばならない。》

その大事業に、「万里長城」（全長500里）がある。秦始皇帝がはじめ、漢武帝、隋煬帝等が

「放漫」の限りを尽くし、自滅したものの、水運（交通）を開き、交易を拡大するという大事業を成し遂げる力を顕した。宋朝は、兵力最も弱かったが、司馬光『資治通鑑』等を残し、清朝で乾隆年間に古今の図書を収蔵した。

支那は、「国家」（近代国家）として統一体に欠けているが、《何等か大きな事業を成し遂げる力あるとみて誤るまい。》

これが、雪嶺が支那の長い歴史から教えられ、学んだ支那の「本姿」（real sights）であり、その総体を、雪嶺は東（支）西（欧）比較を通じて自由奔放に論じた、「遺稿集」とでもいうべき大連作、『人類生活の状態』（上下）、『学術上の東洋西洋』（上下）、『東洋教政対西洋教政』（上下）、『東西美術の関係』であった。その概要は第1部1・4で示したとおりである。

2　スマイルズ『自助論』の最上解説

1　《中村敬宇翁と『西国立志編』と相い離るべからざる関係になっていた事福沢諭吉翁と『西洋事情』とのように思われたが、西国立志編がスマイルス著『自助論』の翻訳たるはいう迄もない。中村は幕末から一応の儒者であるが上、英学でも相当の先生であり、誰れ知らぬ者がないのに、スマイルスは文学上で一向に知られず人名さえも載せられぬので、下らぬ男のように考えられ、あるいはスマイルスの凡作が中村の名訳で幾倍も引き立ったと言われもした。ところがスマイルスが文学上で何と扱われても、欧州各国語に翻訳され、ラツボツクの全世界良書中に入れられた。『自助』

という語が前からあったにせよ、スマイルスの書で広く宣伝され、彼自らの発明と同然になった。》

２《中村は文学者として聞こえ、スマイルスは医者から鉄道に移り、あまり文学と関係ないようで、原書と訳書と孰れが解し易く、孰れが成る程と感ずるかとなり、原書を挙げねばならぬ。訳文はいちいち文字に根拠があるにせよ、中村は他にもスマイルスの著書を訳し、スマイルスと妙な関係が結ばれたが、スマイルスは一八八六年（明治十九年）『生活と勤労』と題したのを発行し、これは中村に於いて翻訳せず、明治二十四年病んで没した。》

３《スマイルスは一八一二年（文化九年）の生れ、中村の天保三年に生れたのに先立つこと二十年、兄貴も兄貴、余程の兄貴であった。それにも拘わらず、中村が没してから一三年後に没し、中村の数え歳六十に対して、スマイルスの数え歳九十三となる。『生活と勤労』には『大人物』、『大壮年』、『大老年』、『才能及び天才の決闘』等々の題目があり、年齢に重きを置いた所も少ないとしない。中村は短命という程でなく、人生五十と云うより十年も越したけれど、スマイルスの寿命に比べて三分の二に足りない。人に依って壽にして恥多いのがある半面、壽なるを以て業を成し遂げるのもある。ミケランジェロは九十歳で終わり、ラファエロが三十八歳で終わり、それで業績と孰れが孰れと言いがたいと云うが、或いは宏壮と美麗との対立とし、男性的の雄大で千古に超越するに於いて、何人も彼の大老人の前で脱帽せずに置けまい。》

４《スマイルスの一八一二年〜一九〇四年の生活は、英国の全歴史を通じて最も繁盛、最も健全、最も感化多い時代であって、自助心の鼓吹に最も力があったとして誤ることがなかろう。それから第一次世界大戦に跨がりて最も豪華な役目を演じたようで、そこで成熟期を過ぎて爛熟期に入り、世界的帝国として仰がれると同時、何時如何に国運が変動するか測り知れず、大は前の反逆国なる米国の機嫌を取り結ぶに汲々とし、小はペテンのあらん限りを尽くして恥じず、スマイルスの自助論を泥土に委ねて省みる所がない。今から省みれば『西国立志編』は英国覇業の虎の巻、これを世界に広めて自ら衰亡の途を急ぐ、夢ならぬ夢の跡。》（「夢の跡『西国立志編』」昭17／9／5）

全文である。4段に区切ったが、段落のままで、注記は必要ない（だろう）。スマイルズ『自助論』の最上の解説になっている。

ちなみにいえば、福沢『学問のすゝめ』と中村訳『西国立志編』は、明治前期の2大ベストセラーで、日本人に甚大な影響を与えた。そして雪嶺の数多い「人生論」は『自助論』に大きな影響を受けている。

このコラムも、戦況の劣勢が歴然とするなかで、多少とも、「冷静」にならざるをえなかった雪嶺の一端を示すものだ。

3 米の「絶大空軍」は、第二の無敵艦隊（Armada）（昭17／10／27）

1 「大空襲」は必至　日軍は無敵の空軍と筆誅の高射砲で戦う。だが大震災に劣らぬ損害を覚悟し、保全を図る要ある（昭17／10／18）

2 ところで米の「絶大空軍」は、第二の無敵艦隊（Armada）である。空爆に備え、防空壕で生命を保全するを専らにせず、「生命財産」（国有公共も含む）の損害を最小限度に抑える「備え」が必要（昭18／3／10）。

3　だがその備えなし。いまや「母屋」より「倉庫」が必要で、空爆のない地（隧道＝丘陵山岳・河川沿に横穴等＝「将来の重要工場」）へ疎開等を要す。

雪嶺の関心の中心は、すでに退勢のなか、日本の歴史文化財、とりわけ移動可能な書籍や記録の保存に集中している感がある。

4「米兵を懲らすには」

それでも、国家（国民）の「存亡」を賭けた戦いだ。日本は、雪嶺も、最後まで諦めるわけにはいかない。だが開戦から2年、万策尽きたの感がある。

《米兵を膺懲（ようちょう）するには彼の本土空襲が何よりなれど、それは其れ相当の準備を経てのこと、それに先んじて米兵の恐れる所は我が体当たりであろう。……、罷り間違えば体当たりで敵味方諸共に自爆することが、敵の恐怖心を誘う所以となっていないか。……》と自問し、自答する。

《南洋に夥しい飛行機の渡来し、頻りに襲撃しつつあるも、俄仕込みにて練習の怪しきに加え、度胸が何の程度に出来上がっているかが疑問に属し、日本の母がスパルタ人に増し、子の体当たりで敵と同死するに満足する旨を明らかにすることが、差し当たって米兵を懲らすに効果的と思われる。》（昭18／7／31）

1　敵と「同死」をさそう「自爆」攻撃は、もちろん、雪嶺の独想などではない。

連合艦隊総司令長官で、昭和16年12月8日、ハワイの米太平洋艦隊基地の先制攻撃を指揮し、昭和18年4月、ブーゲンビル島上空で爆死した山本五十六元帥の、対米基本戦術の一つだ。雪嶺の「破れかぶれ戦術」とは異なる。

2　この時期、哲学者雪嶺は日本の「勝利」はない、ほとんどない、万に一つあるかないかだ、と是認せざるをなくなった。

もっとも「神風特攻隊」が編成・初出撃したのは、昭和19年10月のことだ。

3　だが日本人雪嶺は、日本の敗戦を認め、白旗をあげるを是としない。思うに「最後の一兵」まで戦うべきだ、と考えている。なんて諦めが悪い、と思うなかれ。負けは仕方がない。問題は「負け方」だからだ。

だが、その負けかたの道筋を、雪嶺はどうしても見いだすことが出来ない。なぜか、がわからない。（*伊は劣勢に追い込まれ、国王も首相等も国外逃亡し、昭和18年9月、独の占領下で、連合軍に秘密裏に、無条件降伏した。）

12　**『雪嶺絶筆』**（昭18／8／12〜19／4／1）

本書は、雑誌形式の装丁で、戦後（没後）出版（昭21／12／15）された。

構成は、《戦前編》77編（**欠日**　18／8／8　8／10　8／12　8／16　9／5　9／11

9/13　9/17　9/19　9/23　9/25　9/27　10/1　10/3　10/13　10/15　10/21
10/23　10/25　11/6　11/10　11/12　11/20　11/22　11/28　12/3　12/7　12/9
12/26　12/30
19/1/1　1/3　1/5　1/7　1/9　1/17　1/19　2/2　2/4　2/14　3/10　3/19　4/1　計約42編）

《戦後編》（500字）　20/10/15　10/17　10/19　10/21　10/23　10/25　10/27　10/29
10/31　11/2　11/6　11/12　11/12　11/14　11/16　11/19　11/21　11/23　11/26
11/28　11/30　12/3　12/5　12/7　（計24編）

＊『帝都日日新聞』は、1944年（昭和19年）4月3日、東條内閣批判等により発行停止命令を受け休刊、また雪嶺は19年（06）から約4カ月、肺炎のため静養。（7月『東大陸』を改題、『我観』として復刊）

《戦前》

1　「悪事」は千里を走る

戦時、戦況に関する記述は、なきに等しい。わずかに、「好事」はラジオと新聞で囃し立てるだけだが、「悪事」が案外に知れ渡る（18/8/26）と記す。

これは政府や軍さらには財閥に対する揶揄か、批判かははっきりしない。だが、雪嶺にはもはや戦争に対する「当事者」意識はない、といえる。そのコラムの音調は、「引かれ者の小唄」に等しい。

2 「金ゆえに残念な次第」（昭18／12／12）

1 安田善次郎氏、安田銀行を興した、三井、三菱に次ぐ財閥だが、《金の話になれば血相が変わり、別人のようになるとの事であった》。その安田が《朝日平吾という貧乏人に大磯別荘で殺された。詳しいことは分からぬけれど、金を出すか出さないかの話しの結果らしく、金とて何程の額でなく、身代に比べて爪の垢ほどでもなかろうに、それが非業の死を遂げたこと、金の計算で天下一品でも、その額の計算で案外に不得意、……。滅多に寄付金しないのも噂に上がり、……、つまり金を使うよりも、金に使われたが惜しい。》

2 雪嶺は、米国を拝金主義で指弾し、没落に値するといわんばかりの調子を奏でた。その伝で、安田善治郎の拝金主義を非難し、貧乏人による刺殺も金の因果の報い、といわんばかりだ。

だが、このコラム、すべてが伝聞推定で出来上がっている。安田は、渋沢栄一とは真逆の「陰徳」（善行は密かに行なうべし）の人で、もちろん公益にも慈善事業にも金を出した。（東大の安田講堂はその1つ。）

雪嶺の言は、安田刺殺を使嗾された「男」（仮名）とまったく同じ目線で安田を見ている。

3 この目線こそ、米国を見誤り、日本財閥を見誤った、目線と同じだ。「残念な次第」は、雪嶺の歪んだ拝金主義批判（忌避）である。

3 「無駄に死なぬよう」（昭19／2／8）

雪嶺は敵機に突っ込んで自爆する「戦法」の要を説く。敵を恐怖に陥れるためであって、けっして無駄死にではない、という。ただし空軍力で劣る日本海軍の対米基本戦術に一致する。

だが空爆死を「無駄」な死とする、ひいては、世に生まれたからには、生きること（昭19／2／6）、「無駄に死なぬよう」（昭19／2／8）に、と重ねて、注意を喚起する。

なお、「漆器と陶磁器と」（昭19／4／1）が、敗戦前の、発刊禁止のため、最後の稿。

《戦後》

4 「真実を知り得た進歩」（昭20／10／31）

《本年八月十五日の一日で我が民衆の国家観が極端から極端に移った。……極少数を除いて真に寝耳に水であったけれど、必然の勢いを知ったと知らなんだとて、前と後とで知識に莫大の違いがある。》

1　雪嶺は帝国憲法を、「国粋保存」であるとし、君主（天皇）は君臨すれども統治しない、日本独特の一君万民の政治体制と見なした。

2　では敗戦によって、我が民衆の国家観が極端から極端に移った、と見なすのか？　そうだとして、それを是とするのか？　これには雪嶺自身が「答え」を用意していない。

3　敗戦で、日本の国家観が根本的に変わったか？　1つの解答がある。

昭和20年、敗戦で茫然自失している日本人でただ1人（？）、この敗戦はまさに《千載一遇の好機である。植民地、軍部、軍事産業という日本前進の桎梏となっていたものが一掃されたからだ。かくして、日本の「前途は洋々なり」》（石橋湛山「更生日本の門出」『東洋経済新報』昭20／8／25）と。

石橋は、戦前、日露戦争以後の領土拡大政策を批判し続けた剛直のジャーナリストであり、戦後、「天皇（象徴）制」と「主権在民」は両立すると主張、吉田内閣で大蔵大臣（のち占領軍によって公職追放）を、そして昭和31年首相（自民党総裁）に就く。

天皇（象徴）制と民主制の「両立」こそ、帝国憲法に体現された雪嶺の「国粋保存」論であったこと、改めて想起したい。

5　「わが日本は軍閥に誤られ」

1　《わが日本は軍閥に誤られ、とんだ目に遭い、回復が容易でないにせよ》、《突破に次ぐに突破を以てせば、逆運が幸運となって輝く。》（「逆運に処して」昭20／11／2）

だが雪嶺は、この逆運を幸運に転換する結節点＝軍が間違った、と叫ぶ。然り。「軍事」が先陣を切る「新体制」＝国家社会主義体制を妥協なく後押ししたのが、他でもない雪嶺自身であった。

2　《二大戦役後、政権以外で事業が難しく、やがて政閥から軍閥へ推し移り、弊害の積み放題、外国に知ったかぶりで軽々しく開戦し、敵の軍備の意外に整ったのに目を白黒しても既に遅く、絶大の損失を忍びて平和を冀い、外国の旗が国内に翻るを見ては、……》（「不羈独立での活躍」昭20／11／23）

3　軍閥の跋扈を指摘、《東条の文武兼務にいたっては言語道断、切腹の仕方さえ知らぬ男、それが最要路に立つに至って時事知るべきのみと云うどころではない》（昭20／11／28）と指弾。

6　財閥が軍閥を支援し

《三菱で他の重大会社と共に軍閥を支援し、いずれが音頭を取ったか、国家を金儲けの機関に濫用し、腐敗軍人をして勝手放題に活躍せしめ、滅茶苦茶の戦争して降伏するなど》、《言語に絶する愚挙悪挙を演じるに終わった。》（昭20／11／30）

問題は軍閥や財閥ではない。国家を金儲けの機関にした軍閥、財閥である。こう雪嶺はいう。だが「非常時」体制で、新体制＝政治・軍事・経済の三位一体的統制を推奨し、米英と開戦に踏み切ることを賛美・推進したのは、雪嶺であった。

7　「軍閥は弊害より大罪へ」（昭20／12／7）

そして最後のコラムだ。

《軍閥は、……、国家に大罪を犯し、それもただの大罪ではなく、絶大罪を及ぼし、……仮想敵国の当事者が勉強するほどに勉強せず、……目先勘定にて軽々しく開戦し、停戦すべきを停戦するを敢えてせず、万民を塗炭に陥れ、茫然自失するとは、驚き入った次第ではないか。……これも戦争廃止となるの前触れと云えば其れ迄ながら、一応は軍閥の罪状を糾明せずには置けない。》

以上の1〜7までは、「自己自身を知る」（自己認識）を基本命題とする哲学において、「自己自身」を「他所」に置いた、自分の言説を他人事として忘れた、雪嶺自身の心奥胸をこそ貫くべき、まさに致命傷である。哲学＝自己認識者として「万死に値する」言葉だといわざるを得ない。

昭和7年（1932）、5／15事件＝満洲事変の「非常時」以来、2／26事件をターニングポイントとし、そして昭和16年（1941）末、日米開戦＝「非常時の非常時」以後、さらには敗戦後も、雪嶺は、哲学者として「死に体」を曝した、といわざるをえない。まさに「晩節を汚した」のだ。それも15年に及んだ。決して短くない期間だ。まこと無残である。他所ごととしてではなく、自戒とせずにはおかれない。

むざんやな　甲の下の　きりぎりす　　芭蕉

3　人生論『世の中』（大3＝1914）

*『世の中』（560頁）は雪嶺人生論の主著であり「集成」である。哲学論における原論『宇宙』と哲学集成（エンティクロペディ）『人類の学』の生きたエキス（精髄）をも兼ねている。つまりは大衆の生きる哲学であり、わたしいうところの「純哲」に対する「雑哲」の中核である。

それは著述出版にも現れている。『宇宙』に『縮刷宇宙』があるごとく、『世の中』に『縮刷世の中』（1914　689頁）がある。くわえて『続世の中』（1917　582頁）があり。さらに敷衍すれば、その後の（編纂をも含めた）数多くの人生論は、『続世の中』さらに『人の行路』（1937　526頁）をふくめ、『世の中』の「変奏」（バリエーション）であるといっていい。

3・0　哲学の真骨頂

1　人生論――哲学の王道

1　学術研究上、哲学はプラトン、アリストテレス以来、認識論が主流をなし、だが認識論の「前提」として存在論（＝形而上学＝第一哲学）が立てられるという形が主流となった。これに哲学史（研究）を加えることができる。

対して、人生論や人生訓のごときは、俗流哲学、哲学の堕落形式である。哲学者の片手間仕事、小説家がエッセイを書くようなものだ、などという評価が一般的となった。

しかし、思い起こして欲しい。

ソクラテス以前、哲学の原始＝星雲（カオス）状態と位置づけられ、「ギリシア自然哲学」、総じて「哲学以前」と一括される哲学者群は、存在の根源を問い、タレスが万物のアルケー（原基）は「水」であるといったように、存在論を基軸にしていた、とはいわれる。間違ってはいない。

だが、である。タレスからデモクリトス等に共通した哲学傾向はなにか、だ。人生論、処世術であった、という紛れもない事実が、なぜか等閑視されてきたことだ。

自然研究（観察）家が、ときたまたま、人生訓を口にしたのだろうか？　逆である。人生の賢者たちが、ときに万物の根源（原基）を問い質したまでのことである。
哲学の基軸を人生論に置く流れは、古代ローマ期の哲学者たち、たとえばキケロ（『友情論』）、プルタルコス（『英雄列伝』『モラリア』）等に顕著であったが、中世期に確立される「スコラ」（学校）哲学以降は、哲学の「支流」（tributary）、せいぜいよくて哲学者の「ため息」や「余技」の類（例えばモンテーニュ『エセー』やパスカル『パンセ』）、あるいは哲学的思考とはあいいれない通俗（俗人）哲学に他ならない、と蔑視かつ忌避され続けてきた。

2　だが雪嶺哲学の真骨頂は人生論にある。こう断言してもいいのだ。

もし雪嶺の人生論を通俗哲学とよぶのなら、通俗＝大衆哲学こそ哲学の王道である、それがなければ哲学はたんなる学術上の1分野（「純文学」＝「私小説」に比すべき「純哲」＝「私哲学」）に過ぎなくなる、といっていい。これを雪嶺において見てみるといい。

哲学徒（student）なら、研鑽を積めば、『哲学涓滴』を書くことができるだろう。あるいは、『宇宙』のごときを書くことも可能かもしれない。だが、哲学徒が、『世の中』（大3）や『想痕』（大5）を書くことは難しい。不可能に等しい。ましてや、社会に新しく旅立とうという青少年向けに書かれた修養論『内実の力』（大9）や処世訓『志行一致を計れ』（大15）のような本を編むことはできない。政治経済歴史文化を含む人間社会と個人生活の小局と大局に、時局と歴史によく意を通じる努力なしには、「剽窃」以外では、とても書くことなど不可能だ。

幸福論や人生論の傑作として、よくヒルティ（スイス）やアラン（仏）の『幸福論』、幸田露伴の『努力論』があげられる。しかし、その量からいっても、質からいっても、人生論は雪嶺の著作に極まれり、とわたしならいう。人生論の究極は、「訓戒」にあるのではない。人間関係の把握と運用にある。いかにひとを理解し、ひとと関係を結び、かつひとを動かすかにだ。まさにスマイルズ『自助論』(1859)やカーネギー(ディール)『人を動かす』(1936)のように。

3 『世の中』はいう。

《団体の長となる者には、ややもすると陰で笑われる嫌いがある。人の悪い者はこれを指さしておめでたいという。しかし、そのおめでたいところも、場合によっては必要である。主領となる者は、煮ても焼いても食えない者よりは、少しおめでたいほうが多い。煮ても焼いても食えぬのは、智恵は余りあるが、主領となるには適しない。主領となっても、大きな運動をなすには適しない。大きな運動をするには、多数とともにしなければならぬのである。》(『世の中』)

ごく普通のことをいっているように聞こえるだろう。しかし、この言葉を、アランにも露伴にも見いだすことは難しいのだ。

どんなに智恵があっても、煮ても焼いても食えない勝海舟や大久保利通では、ともにする大戦の「主領」にはなれない。西郷のためなら・とともなら「生死も問わない」僚友・同伴者等がいたからこそ、倒幕運動が団結をはかり、巨大なエネルギーを発することができたのだった。巨魁走って大戦(西南戦争)を暴発せしむることも可能だったのだ。

2　人物論――人生論の集約

1　明治期、もっとも活発なジャーナル活動分野の一つに、人物論＝人物批評があった。人を罵り貶めるだけの人物論がある。雪嶺は英詩人ポープ（1688〜1744）の人物論は罵り貶めの典型であり、人間学の逸脱である、という。人物論の多くはこれに似ている。対して、雪嶺は人物に興味をわかずにはおれないという質で、豆を噛もうと噛むまいと、人物を語ってやまない。彼の歴史論も、時局論も、学術論も、もしその各域で生動する人物論がなければ、その面白さ、説得力は半減していたに違いない。

時代思潮がある。時代に支配的な思想潮流を掬い取ることは思想家の重要な任務である。しかし、文学がそうであるように、哲学もまた、あるいは広く思想一般が、「著者」（author＝主人）をもっている。どんな好条件の「土壌」のもとでも、才能ある著者（人物）が現れないかぎり、哲学の花は咲かない。実は結ばない。芭蕉「一人」が現れなかったら、俳諧革命は不可能であった。こう断じていいのだ。

芭蕉の言説とて、時代が生んだものではある。だが、その時代に還元不能だ。俳諧は芭蕉が「創造」した成果である、ということだ。その独創は、芭蕉の作品に即して考察されなければ、ついに見いだしえない類のものである。天才論、英雄論が人物論の中核をなす理由だ。雪嶺が英雄論をよくする理由でもある。

2　人物論は、人間関係論である。さまざまな人間関係の比較検討を通して論じられる必要がある。雪嶺はいう。

義経とカエサルを比較して、ともに決断の人で、それが彼らを勝利に導き、軍事的天才の名を恣にした。しかし、義経は（兄頼朝の命に服して）腰越を押し通らず、引き返し、鎌倉から追われる人になった。対して、カエサルは（国法を犯して）ルビコン川を渡り、ローマに凱旋し、ナンバーワンになった。政治上の知略に通じ、勝利の行方を見通せたからだ。たんなる軍事上の天才と軍事・政治上の天才との差である（「猪突的精神と猪突的人物」『人物論』１９３９）。

3　雪嶺は、明治史を、とりわけその政治を語る場合、さまざまな人材を登場させてみせる。が、主役を配することを忘れない。領域によって、局面によって、その対抗馬、あるいは助力者、そしてたんなる追随者等をつぎつぎと登場させるが、主役との関係で論じることをついにやめない。

西郷、木戸、大久保の３傑亡き後、雪嶺描くところの政治劇の主役を占めたのは、常に伊藤博文であった。

山県有朋も、大隈重信も、井上馨も、総じて伊藤との関係を背景に述べられる。ある１つの能力を取り出せば、山県も大隈も伊藤に優るところがある。しかし、政治という総合力（大観）と凝集力（決断）を競う舞台では、伊藤が別格的にトップの座を占め（続け）た。

思うに、伊藤の死（暗殺）後、日本の政治史から主役が、単純化していえば意志決定者がいなくなって、日本の政治の混迷がはじまった、ともいいうるのである。端的にいえば、韓国「併合」であり、満洲「独立」である。陸・海軍の暴走だ。

4　歴史に「イフ」はない。しかし、歴史を常に「偶然の産物」（非連続の連続）とみなす見地がなければ、単純な必然論＝結果論に堕してしまう。雪嶺は人物の大きさを測るために、「イフ」を連発する。たとえばこうだ。

大村益次郎（長州）が暗殺されなかったなら、3傑や伊藤ではなく、大村が維新後の政治舞台の中心に位置し、想像を超えた活躍をする人物になっていた。

征韓論も、西南の役も形を変えていた。たとえば、廃藩置県で鹿児島を特別扱いしなくて済んだ。つまりは、西郷の下野も、西南の役も生じなかった。もし西南の役が起これば、大村が征討の衝に当たり、小さいうちに火を消し、軍事と政治にまたがって力を振るっただろう。したがって大久保が事実上の首相となる出番もなかった。

同じことは長州の廣澤兵助についてもいえる。廣澤が暗殺されなかったなら、神経衰弱の木戸とともに（に代わって）長州を代表し、大久保と対抗しえただろう。廣澤は事に臨んで懊悩せず、平然と難局を処し、同僚の信頼をえることができた。そうなれば、伊藤が大久保に依存したりせず、長閥が大久保を牽制あるいは抑えこみ、その「独裁」を封じえた。

大村と廣澤（のいずれか）が暗殺されなかったなら、維新後の歴史の中で果たす登場人物の役割もまったくさま変わりしていた。

維新後の政治の中心に伊藤博文をおく雪嶺は、「イフ」を導入することで、歴史を、人物を相対化し、歴史のより大きな可能性を語るのだ。重要なのは、「現在」と「未来」の可能性を見いだし、その実現を図るためにである。

3　人生相談——思考の生命力の源泉

雪嶺に哲学体系がある。哲学的歴史論がある。歴史書さえある。人生論に不足なく、人物論の横溢がある。

1　しかし、それら全部の「根底」にあるのは何かと問えば、時局論というほかない。人生の時局論であり、最簡潔にいえば「人生相談」(advice on life) である。

人生相談が表層で、人生哲学 (philosophy of life) が核なのではない。時局という「細部」(偶然の連続) に論理 (ロゴス＝神) を通そうというのである。正確には、「細部」にロゴスが通る (宿る) という体である。

「はじめにロゴス (言葉) があった。ロゴスは神とともにあった。ロゴスは神だった。」(ヨハネ伝) だ。

2　ロゴスが裸のまま闊歩するというがごとき「哲学書」を雪嶺は書かない。雪嶺が書くものは、小論であるか大論であるかにかかわらず、一読すると、そこに哲学的思考が生動していることがわかる。細部＝時局論がつながると、総体＝大局論になる (なりうる) という体なのだ。

以下は、昭和7年、「帝都日日新聞」に隔日記載し、その1年分が合算・出版され、昭和19年まで刊行された時局論の最初の稿の冒頭と結語部分だ。もっとも一稿、全（およそ）１０００字の短文である。（なお遺稿集として敗戦後のコラム［およそ５００字］も入る『雪嶺絶筆』が昭和22年に出された。）

《自分は相当の老人、東日大毎の徳富氏より三歳の年長、時事の武藤〔山治〕氏より七歳の年長、二紙の新聞執筆を余計なことと思うほどであって、自分が新聞に書くなど、真っ平御免をこうむっていた。幾年も前から老人相応のことに従事し、その進行を楽しみにし、他の方面で道草を食いたくない。新聞は文字通り新しきを要し、若々しい青年の舞台であって、老人の昔話するところと違う。何を好んで時間を割き、青年の仲間入りし、その活動を妨げようぞ。あまつさえ貧弱新聞に顔を出すこと、悲惨この上もなかろう。》ところがだ。

世に多く貧弱新聞がある。富強新聞などない。大新聞は金がすべての富弱新聞ではないか。ところが、今回、野依氏が、貧強新聞を創刊し、乗るか反るかの活躍を決心した。成功か失敗かわからぬが、傍観しておれず、依頼されただけのことはしなければならない。

《本来出しゃばることを好まぬ上、現役者の邪魔にならぬようにするので、あってもなくてもかわりないことになろうが、何にしても貧強新聞の誕生を祝賀せずに置けぬ。野依氏ももはや当年の青年野依でなく、日こそ暮れなけれ、思い切って野依式を発揮するを要す。野依式がいかに帝都日々新聞に発揮するか、帝都及び地方における諸新聞の問題とするにたる。》（昭7／7／10）（『一地点より』）

3　73歳の文章である。自分が新聞に書くなぞは、場塞ぎ、青年の進行の妨げだ。それに、自分にはやるべきことがある（『我観』連載の「同時代観」（『同時代史』）の執筆と完成）。しかも新聞の多くは貧しく、論調などといえるものではない。大新聞は金次第で論調を変える。こんな貧弱、富弱新聞に書くのは、真っ平御免だ。

ところが野依氏が新機軸で、貧強新聞を出すという。金はないが、しっかりした論調をもつ新聞である。傍観視できない。野依氏ももはや若くはないが、まだ引退するには早かろう。ここで野依式を発揮する必要がある。それで、はばかりながら小論を書くわけだ。

雪嶺の執筆宣言である。「貧強新聞」だから書く、というのがいいじゃないか。見得を切っている。書きたいことを書く、思考の自由こそ、哲学の生きる土壌であり、哲学の生命力の源泉だ。これが雪嶺の終生追い求めてきた境位である。自由な時論で哲学精神を育む、これが雪嶺の行き方である。否、日々の時論がなければ、この精神にカビが生える。雪嶺はそう思っていたに違いない。

4　昭和17年後半以降、こと志と違って、日本国家（国民・社会）も、帝都日日新聞も、雪嶺自身も、敗戦へ、国家・国民・社会衰滅への坂道をどんどん滑ってゆく。ブレーキがかからない。デモクラシイの政治機関を麻痺させたままだからだ。

しかも、敗戦と国家死滅の現実＝危機のなかで、雪嶺は「軍部」が悪く間違った、などと哲学者ならいえない「愚痴」と「呟き」を残しつつ、亡くなった。「無残！」といわざるをえない。

じゃあ、雪嶺の書いたもの、その「哲学」は水泡（バブル）に、無に帰したのか？　そんなことはない。唯一ある方式(メソッド)は、つねに「試行錯誤」（trial and error）である。雪嶺には究明不能であった。重要なのは、雪嶺になりかわって、なぜ日本も、雪嶺も滑る道をたどらざるをえなかったか、を究明することだ。

3・1 『世の中』（大3）

＊1 「集成」ではない。「凡例」にあるとおり、「題」を設け（したがって「目次」Contents= 全体構成を予め考え）、「談話」したものの「筆記」である。いわゆる聞き書きだ。1篇およそ10枚弱、およそ1篇7～9節に分かれる。

＊2 たとえば、「職業問題」（228～235頁）だ。脚外に節名が付く。

1「職業難は新しき事実に非ず」、
2「人口問題は今更の事に非ず」、
3「職業難は教育普及の結果に与る事多し」、
4「事実の変ぜしよりも知識の進みしなり」、
5「職業難はむしろ社会の進歩を促す」、
6「自己の適所を知らしめざるは教育者の罪なり」、
7「職業難の声は消滅する時なし」、
8「先輩青年の留意すべき点」、
9「勤勉の度に応じて報酬を得る社会は遊んで多く報酬を得る社会に勝つ」。

＊3 節名をたどれば、行論の概略がわかる。さらに各篇はそれぞれ独立した論で、「百科全書」の1項目と

なる。

＊4　かならず篇題に関連する「人物」が登場する。おのおの見本（サンプル）であり、実例（サンプル）だ。

1　「小なる愉快と大なる愉快」

《故伊藤公の生活は放縦である。愉快と思われた。しかし、飲食に奢らなんだ。飲食はなんでもよい方である。葡萄酒とて好いのを選ばなんだ。平生飲んでいるのは値の安いのであった。女とて溺れるほど愛するに至ったのはない。桂公の夫人はかつて美人として名高かった。公は懇望して貰ったのである。が、後に間柄が面白くない。双方ともに愉快とし難い。伊藤公も、桂公も、愉快なる生活と思われており、実に愉快なる生活とすべきであるけれど、その愉快は贅沢が出来るというような所にあるのではない。贅沢で、愉快に感じられるのは限りがある。これくらい贅沢のできる者は、挙げて数えられぬ。謂ゆる成金なるものの多くは贅沢において、これに勝って居るであろう。贅沢を愉快とするは、愉快の小なるものである。いわば初年級である。大人染みてくると口腹の欲よりも心の楽しみを得たくなる。伊藤公なり桂公なり贅沢は好きであっても、その孜孜汲汲努めたのは贅沢を求めるよりも、何等かの事業を成し遂げたいのである。成る可く大なる事業を成し遂げたいのである。酒よりも、色よりも、金よりも、事業欲の盛んなるのである。》（「生活の愉快不愉快」明43　10～11頁）

1　いうまでもないが、雪嶺は、「英雄色を好む」などを肯定し、推奨しているのではない。淫蕩は悪癖であり、個人の性癖である。当然、非難の対象に値するとみている。伊藤の「放蕩」ぶりは、新聞雑誌上を連日のように賑わし、叩かれた。その攻撃を雪嶺は当然視している。

2　だが、内閣制度、帝国憲法制定、日清・日露戦争勝利、韓帝国承認、等々は、伊藤が先導した国家（政治）事業（プロジェクト）である。この事業（＝国家）績を淫蕩（＝個）癖と天秤に掛けるわけにはいかない、とみなす。

3　雪嶺は、日本連合艦隊司令長官東郷平八郎（元帥）より陸軍第三軍司令官乃木希典（大将）が好きである。清廉潔白さにおいてだ。軍人＝業績としては露無敵艦隊に「完勝」した東郷が、旅順攻略に失策を繰り返した乃木に、断然優っていたのにだ。

4　雪嶺は清廉癖で、酒・女・金に潔癖であった（と思える）。潔癖症といっていいほどに（わたしには）感じられる。それが人物評にも偏向を生む理由となった。

たとえばルーズベルト（米大統領）が金欲惚けで、ヒトラー（独総統）やレーニン（ソ共党書記長）が清廉潔癖だと（よくも知らないで）評した理由（悪癖）である。なによりも汚職を憎んだ。

2　**「専制国が自由国に劣る所以」**

《彼の専制国が何故に自由国に劣るかというに、それには種々の理由があるが、中にも前者は少数が元気盛んで、多数は元気が無く、後者は多数が割合に元気を保ち、以て平均して国民の力を多く発揚しうるというのが主な理由と言わねばならぬ。憲法政治の行なわれるようになったのも、この自然淘汰の結果である。しかし何事にも統一ということは必要である。各自勝手気ままな事ばかりしていては、到底社会は進歩も何もあったものでない。が、そうかといって制限し過ぎても力が伸びなくなる。ここにおいて、部分的に独断専行を許す必要が生じた。軍隊は最も命令が厳かで、かつ最も服従を要する所であるが、一部一部に独断専行を許すを得策としてきたのは、畢竟人々をしてある範囲において思う存分に自己の力を発揮せしめんとするの意に他ならない。即ちある範囲においては、人に任せて妄りに干渉をしない。善いも悪いもその人の責めとするのである。そうして、これが効能あるやり方である。》（「元気」明43　49頁）

1　「自由国」の典型は、雪嶺の見るところ、米国である。自由は米国の「活気」と「発展」のもとである。日本国家の活気や発展も、建国以来、「自由」の拡大とともにある。

2　だが米国の「自由」の第一は、拝金主義の自由（経済主義＝金次第）であり、私権（持つ者）の専制主義を生み、結果、貧富の格差の極大化にいたり、国家統一を破壊し、やがては国家衰滅に至る。

3　「自由」と「国」との関係は、「自由」と「個人」（国民）にも当てはまる。「自由」は諸個人の活気と進歩のもとである。しかし私権の専制主義、すなわち自由の制限なき行使（放恣）は、利己主義と排他主義の温床となり、逆に、少数に自由と富裕、多数に不自由と貧困を生み出す。

4　上意下達を原則とする「軍隊」でさえ、各部署内において、「独断専行」を許すべきだ、と雪嶺はだめを押す。組織の活性化のためだ。

5　ただし「自由」の行使には「責任」がともなう。

3　**「弱者の武器　無能の傲慢」**

《さる能力がなくて人に従うことを嫌がっては、人によく取り扱われるべきでない。力も無い癖に変に気位が高い、イヤに高ぶって居るとして嫌がられる。同じ位の能力ならば、頭が低く腰が低く、早く用を弁ずる方が滑らかに事を運んで行かれる。オベッカはよくないことであるが、言葉なり態度なりを和かにするは弱者の武器である。柔よく剛を制するところである。心にもないオベッカは罪悪であるが、人に敬意を表するは順序として当然である。頼むべき能力なくして傲慢に振る舞うのは、自ら困難を招くものである。身に能力あらば兎も角、能力ないのに上役の者が己を知らぬとて不平をいうのは、到底昇進することが出来ぬ。下らぬ者に頭を下げるよりは、貧乏に暮らす方がよいとならば、それも悪くない。貧乏はいやであるし、頭を下げることもいやであるし、さりとて己れ自ら運命を切り開く能力もなくては、うまく生きようがないではないか。》（「生活難と処世難」（大1　224〜5頁）

1　福沢諭吉は書く。「人は生れながらにして平等である、と云えり。」と。誰が言ったのかを、諭吉は書いていない。（わたし鷲田が）察するに一人は、ホッブズ（英）だ（ろう）。諭吉より一世紀前の哲学者だ。

諭吉、続いて、記す。だが世の中には賢愚・富貧・貴賤の差が厳然としてある。（現実は不平等だ。）なぜか。学ばない・努力（industry）しないからだ。（言外に、愚・貧・賤なのは、努力しない自分自身のせいなのだ、とするのだ。「自助論」だ。）

2　雪嶺が諭吉と違うところは、「処世術」まで語ることだ。「弱者の武器」であり、「柔よく剛を制す」である。

3　だが、「弱者」の多くは、「自分は恵まれていない」、「疎まれている」等々、自分の「不幸」を他者、社会・周囲・身内等のせいにし、かえって頑なになり、「孤立」し、「弱者の武器」をみずから放擲し省みない。

4　ところで、雪嶺自身、どんな境涯にあっても、努力に次ぐ努力を止めない。オベッカを使わない。ただし、ヒットラーやムッソリーニ、それに近衛文麿に対する「賛嘆」（評価）は、度を超し、異常ですらあった。なぜか？　「不明」のゆえではすまされない。

4　**「星亭は何故に衆議院を圧倒し得たか」**

《[1]星亭は何故に勢力を振ったか、彼に非難すべき事が種々あるが、兎も角横行闊歩の姿であった。

これ、もとより様々の事情から来ているのであるが、彼のかつて洋行せんとする時衆につげて云った。政治家たるには三つの資格が入る。即ち腕力と、金力と、智力とである。我が輩は既に腕力と金力があるが、まだ智力が足らぬ。故に今回知力を養いに行くのであると。

[2]その果たして真意に出たかどうかは疑いないでもないが、何程かかかる心掛であったのは争われぬ。彼に頼むべきほどの腕力があったか、頼むべきほどの金力があったかは別として彼は平素頻りに書物を読んだ、様々な書物を読んだ、その書物を活用した跡が見えず、演説でも討論でも、学者らしい事を云わぬ。けれど、色々の事を知って居った。問えば知って居る。唯、現れた所より見れば、思想は明治五六年頃より大差ない。……

[3]彼は唯、読むべき書を読んだ。自ら知識に於いて劣等でない事を信じて居った。そこで知識のある階級に対しても大胆不敵な事をした。彼の謂ゆる知力は生き馬の目を抜くような者でなく、知識を以て養った根底のありたるを期して居ったのである。衆議院を圧倒し得たのも偶然でない。》

（「読書法」明43　329〜30頁）

*引用文を、仮に3段に分けた。

1　「生きた読書術」これが雪嶺の眼目だ。

伊藤博文は、大久保利通なきあと、藩閥政治のトップになる。その伊藤が、政党政治（立憲政友会を結成　明33）に乗り出す。衆議院（民会）で多数派を握り、端的には国家運営の要、「予算案」

を通すためだ。

2　民主政治（選挙や政党間の駆け引き等）に不案内な伊藤は、党の運営を星亨（自由党）の裁量に委ねた。星は「おしとおる」と渾名される「豪腕」の持ち主だ。星は議会で多数形成を果たす。文字通り、日本議院内閣制の発足がなる。

3　星はその「豪腕」ばかりが強調される。が、その背景に、読書に支えられた「知力」がある、と雪嶺は喝破する。これこそ生きた（政治）読書の好例だ。ホッブズは「読書」とは「生きた世界を読むこと」だ、と断じた。「知の源泉」としたのだ。

魑魅魍魎が棲まう政界を押し通った、押し通ることが出来た星亨の豪腕の秘密に学びたい。

4　なお、政友会結成時の首脳、まず星亨、次いで伊藤博文、そして原敬（幹事長→総理大臣）がつぎつぎに暗殺された。雪嶺の見るところ、日本民主政治衰退の一因である、といえる。

5　「今は平和的事業競争時代」

＊「今」とは日露戦争後で、「競争」とは米・独との競争である。

《競争と言っても種類がある。何でも好い事で負けるのは面白くないが、差し当り商工業に於いて負けぬようにありたい。英国も、仏国も、其他盛んな国は皆進歩しつつあるが、米国及び独国は殊に長足の進歩をなしつつある。日本も進歩の速やかなる国ではあるが、遅ればせに進んで来ただけに、何時も他国の後を追うようになって居る、然しながら競争としてそれでは足りない。さらに対等以上でなくてはならぬ。處が彼らの進歩はなかなか早い。我は後から出て、彼らの進歩の結果を見て工夫するが為、何等かの便利を得られはするが、競争となっては其位では足らぬ。どうしても互角の勢いを期せねばならぬ。》（「日本に必要なる人」明42　566〜568頁）

1　清・露との国力を賭けた戦争（競争）で日本は勝利した。いまや平和時の事業、特に商工業（富国）競争で日本は勝たなければならない。だが一足飛びには行かない。当面の競争相手は、日本の先を行く米・独だ。

2　たしかに、先を行く国（人）から学ぶ（真似ぶ＝応用する）有利さは日本にある。だがスピードを高め（「猪突猛進」）なお新工夫を凝らさないと、スピーディな米・独に追いつき、それを追い越す事は難しい。

3　だが、と雪嶺は一拍おいて、商工業では（も）、「正直は最良の術策」（「正直に勝る知恵〔策〕」はなし。Honesty is the best policy.）だと断じる。意想外だろうか？　そうではない。商売の秘訣（the tricks of a trade）であり、成功の秘訣（the secret of [a key to] success）なのだ。

4　しかも正直なのは、いちばんが英国商人で、米・独の商人でも総じて日本商人より正直である、とつけ加える。

5　そして最後にいう。「一にも元気なれ二にも元気なれ」と。「陰気」じゃ、（まわりが）やりきれない、(じぶんも) やりとおせない。単純だが鉄案だ、と雪嶺とともにいいたい。

6　そしてつけ加えたい。戦時であろうと平時であろうと、競争は、差別と選別の源泉ではない。努力と成功と幸福 (元気) の源だと。

6　山路愛山『世の中』(名著評論社　1915)

*「名著梗概及評論」シリーズの第一作にして、全 (新書版) 171頁。「全面否定」をかかげた評言集である。だがそこには、雪嶺人生論「批判」の紋切り型(ステレオタイプ)が、余すところなく如実に出ている。以下は愛山の「節」題と、それに対するわたしのコメント (*) だ。

1　「現代語の雪嶺文集」である『世の中』は、雪嶺の座談を漢学素養のない文士が筆記したものである。誤字、誤謬等々に満ちている。

*「コメント」いうまでもないが、「人生論」は「大衆」が読むもので、極まれば「人生相談」にいたる。プルタルコス『モラリア』(人倫論集) のように、あるいは伊藤仁斎『童子問』のように、『世の中』全編これ「人生相談」だ。

2　「俗人たる雪嶺」　本書には哲学者らしい「趣味」は毛頭無い。ただ浮世の常識を説くばかりだ。

*然り、「浮世の常識」こそ人生論の本領土だ。「深遠」を誇る浮世離れの奇説から最も遠い。

3　「現状維持の平凡なる教理」《この書はただ『実業之世界』の記者が題を出して雪嶺の答え

を求めた答案である。》

*愛山は雪嶺の『宇宙』をはじめとする「哲学」論を読んでいない（と自ら記す）。だが『世の中』で、雪嶺は、「俗人」（大衆の一人でもある）として語るのだ。

4 「小さい楽天主義」

*雪嶺は、どんな「否・苦」のなかにも「肯・楽」を見いだしうるとする。ニヒリズム、あとは野となれ山となれ式は、みじんもない。それが雪嶺の公理だ。とりわけ人生論の哲理だ。

5・6 「到底一種の成功論」（上下）

*雪嶺に限らない。the irony of fate（運命の皮肉）即ち「人間万事塞翁が馬」で、古今東西人生論の要諦だ。だから「毎日毎日」（day by day）、「試行錯誤」（trial and error）がその「エレメンタリ」（elementary）であり「ウェイ」（way）だ。

7 「古典時代の人生観」

*「国粋保存」が雪嶺の歴史観だ。だが古い革袋に新しい酒を盛るではない。新しい革袋（立君民主制＝帝国憲法体制）を以て、日本人は真の日本人になった、と喝破したのが雪嶺だ。立君デモクラシイ論だ。この点で、愛山はマルクスの唯物史観（二級論）に対し、三級論（国家＝紳士と平民の共同体）とする、独特の国家社会主義論を展開した。シェイエス（仏）『第三身分とは何か』（1789）にその原型をみることができる。

8 「活動主義」

＊雪嶺は拙速主義＝突貫主義だ、と愛山は批判する。だが、一人一人の人生に、「試行錯誤」以外のウェイ（way）があるのか？　ない。

9　「全体の統一、部分の独立」

＊当たり前（自然）だ。異常時には「全体の統一」が前に出、平時には「統一」が後退し、「部分」が突出する。

10　「部分の悲観、全体の楽観」

＊愛山は、雪嶺の保守主義（全体の楽観）を批判したいらしい。だが全体の悲観と消滅を願ってこれをいうのか？　ないが、愛山にはその傾向がある。

11　「現代を謳歌する人」

＊これも10のバリエーション。

12・13　「三宅雪嶺はいかなる人ぞ」（上下）　雪嶺は自分を語らない。

＊人生論は、雪嶺ならずとも、おのれの哲学を、そしてなによりも生き方を直截に語らない。一人一人（相手）の身に即する。これが「人生論」の要諦だ。

14・15　「雪嶺の時勢観」　時世の変化に鈍感

＊鈍感であれば、自分の一生に即して通史（『同時代史』）を、自分の毎日に即して隔日コラムを書くなどと云う手間暇に身を曝さない。

16　「人物論」

＊136〜170頁。活字ポイントを半分にし、人名を抽出し、「引用」文で示す。雪嶺『世の中』の人名索引となっている。便利だ。

＊1　以上を要約すれば、『世の中』を「人生論」として取り上げ、批評すべきなのに、愛山はそうしない。人生論を評する資格をはじめから放棄しているのだ。「人生論」を哲学に不可欠の分野とする知的営為に対する無理解、無謀をあえて行なったとしかいいようがない。

＊2　ただし愛山は、「余に感化を与へたる書物」（明39）の冒頭、少年期に『西国立志編』（スマイルズ『自助論』の翻訳）を読み、《天地の間僕の如きものと雖も、脚を着くるの地あるを知り》と書いている。「人生論」の効用を説いているのだ。

けだし『自助論』は、人生論の白眉であり、雪嶺も、翻訳でも原書でも読んでおり、愛読書といっていい。その「解説」を隔日コラムで書いている（11の2参照）。

＊3　愛山書は、その「年譜」にも記されていない、死の2年前に出されたものだ。この（営業妨害にも等しい）駁論にも拘わらず、『世の中』『縮刷世の中』は版を重ねた。

＊4　山路愛山（1864〜1917）は、終始、平民主義者で、最終的に、日本国家は皇室を中心とする国民の共同生活体である、とする独特の国家社会主義論に到達した。政論・歴史・人間論の大局で、雪嶺と意見を同じくする、といっていい人物だ。

3・2 『人物論』（昭14／3）

＊『人物論』は、『武将論』（昭13／8）『英雄論』（昭14／2）とともに、千倉書房編纂になる、雪嶺の人物論3部作の1冊である。『英雄論』には、大阪朝日新聞に「東西両洋の英雄」と題して連載・編纂された『東西英雄一夕話』（大7／10 政教社）が（人物「写真」を除いて）まるまる編入されている。

代表的な人物論を紹介しよう。

1 小栗上野介——才において一世に隔絶すれど、天下の大勢に反抗す

＊『人物論』「半百年生死録」

《明治に入り、有為の人物の早く死せしは先ず指を小栗上野介〔忠順〕に折るべし。小栗が敗れて勝安房が勝てるは、明らかに旧幕と維新を画す。才幹に於いて小栗第一に居り、当時個人的によく匹敵する無し。外交の衝に当たり、財政の衝に当たり、海軍の衝に当たり、著々政務を処理し、而して幾多困難に遭遇して惑わず、幕府の下に国乱を平定し、以て世界に宣出さんとする所、双肩に国家を負担するの概あり。

其の弁に長じ、八方に応酬し得ること、今の侯大隅に酷似すというが、方針を定め、百難を排して施設すること、たしかにこれに優る。春秋に富み、勢力に秀で、若し時を得ば諸豪をも後に瞠着

たらしめたるべきに、勢い去りて官軍の将に召され、道に殺さる。勝安房が西郷と並び称せられるけれど、小栗は勝を用い、これを支配せし者、盤根錯節を切り捲る才は勝の上にあり、而して小栗が勝の盛名に掩われ、有るか無きかに取り扱わるるは何ぞ。……彼才に於いて一世に隔絶すと謂うべきが、その才は天下の大勢に反抗するに堪えず。頭領の才なりとて、大廈の覆るを防ぐこと能わず。》（216〜17頁『日本及び日本人』臨時増刊号「明治大正半百年記念号」大6／9）

1　小栗忠順（ただまさ）（1827〜68）。幕末、幕府で要衝（外交・財政・海軍）に当たり、雪嶺評するとおり、幕臣第1の有為（才幹 ability）人物であった。（*併せて、官民共同の兵庫商社の設立を計り、横須賀造船所の設立を計り、幕府主導による文明開化を推進した。）

2　小栗は対「官軍」徹底抗戦を主張したが、将軍慶喜に容れられず、罷免、上州に引退直後、官軍に拘束、ただちに河原で斬首された（「道に殺さる」）。

3　維新後、勝海舟は西郷と並び称される。雪嶺は小栗が、「地位」だけでなく、「才」でも勝に隔絶したと断じる。

4　*ただし、とつけ加えなければならない。「才」があるあまり、小栗には「かわいげ」(charming) に欠けるところがあった。江藤新平が佐賀の乱で斬首されたことと通じる。西郷や勝にはあったものだ。

2 「近衛文麿論」

＊『人物論』の掉尾を飾るのが「近衛文麿論」だ。「隔日コラム」の5『面白くならう』で詳論したように、近衛内閣待望論＝「人物」論だ。

要は、「非常時」（5／15軍事テロ）論である。さらには「非常時の非常時」（2／26軍部クーデタ）論で、日米決戦「必至」論に直結した。日米対決に対応する「新体制」の樹立が、それを領導する新トップが必要だ、と雪嶺は記す。誰か。

1 衆目の一致するところ、近衛文麿公だ。《家柄は五摂家の随一》である。明治維新の（宰相）三条実美公を凌ぐ。＊だが「天皇」に最も近い人物に政権運営を委ねるべしとするのは、国体（帝国憲法＝立君民主制）に反する。

2 政党内閣（政治）の弊が極まった。《政党内閣の弊を誰が矯めるか。政党内閣の弊に困って居るとて、五・一五事件が起り、政党で何と心得たか。世間で言いがいがないと思うほどに勢力をそこねた。これは日本のみの機運でなく、日本で先例とした英国内閣にもいくらか相似た例があり、さしもの多数党の自由党もあはれはかない少数党となった。》

3　《『天は自ら助くる者を助く』近衛公が健康に気遣い、喫驚尽力するにおいては、それ相当の事あるとして間違いのありようがない。》（『実業之世界』昭13／3）

4　近衛第1次～3次内閣は、日支全面戦争を決定的にし、日米開戦を不可避とした。この「人物論」の錯誤が、雪嶺「我観」（歴史観）の決定的ピン・ポイントとなったといいうる。しかも、雪嶺自身、戦後もこの点を訂正していない。

5　同時期、同盟国独ヒットラー、伊ムッソリーニだけでなく、敵国米ルーズベルト、英チャーチル等の「人物評価」はすべて正確ではない。正確化を期してもいない。戯画の類で、大枠間違っている。

人物論、とりわけ指導者論の正否には、国家の運命を決定する政局論の正否がかかっている。三条・岩倉↓大久保↓伊藤↓原↓桂までは、大枠、雪嶺の政局観と宰相評価が一致している。それが方向性を失うのは、議会政治（デモクラシイ）の動揺であり、（2・3・5で示したように）軍部の逸脱（入閣拒否権発動）である。

3・3　『英雄論』

1　「史記とプルタルク列伝」

*『英雄論』299頁

《古代の英雄は史記とプルタルク列伝とで略略尽》す。ともに《いわば列伝体に編纂され》る。欧州の英雄の典型は歴王（アレクサンドロス大王）である。《兵を以て進む所、よく敵し得る者がない。》

対して支那を統一した《始皇は政治的技倆があって軍事的技倆が無く、長城を築いて自ら守のほかないと云える》。この点で漢高祖も同じだ。

1　国内比較

実際、歴代王朝の編年史である『史記』でも、項羽（本紀）と漢高祖（本紀）が対比列伝体をなす。（ちなみに雪嶺の英雄論も、総じて、列伝体である。西郷と大久保、伊藤と山県、というようにだ。比較対象をもたない孤絶の英雄像（論）は、中心や均衡を失い、「理念」的なものになる。後醍醐天皇像や楠木正成像のようにだ。

雪嶺は、プルタルク（プルタルコス）をよく学んでいるというより、人物論は同時代人を比較対照（対比）し、それぞれの特徴（中心）を明らかにするという、平凡だが正しい行き方である。）

2　東西（国際）比較

支那で歴王に比することができるのは項王（項羽）だが、彼は軍事的天才ではあっても、支那英雄の典型ではない。漢の高祖（劉邦）が支那英雄の典型で、方（計）略は張良、軍事は韓信、経済は粛何（しゅくか）に若かず、《只よくこれを用いて天下を得たと明言し》た。

3　プルタルコス

近代の欧州読書界に最も大きな影響を与えたのは、プルタルコス『英雄伝』と『モラリア』（道徳論）である。大袈裟なものいいではない。例えばギリシア・ローマ時代の「思想」を知るためのダイジェスト版、モンテーニュ（仏　1533〜92）『エセー』も、シェークスピア（英　1564〜1616）『シーザー』等の戯曲も、プルタルコスがいなければ存在しなかった、ということができる。

2　西郷と大久保

*『英雄論』

《日本の英雄として秀吉は家康よりも一二段上に在るは確実にして、その由りて来たれるは家康の忍耐すべくして忍耐せざりしに在り。彼は老いて益々壮といはれしも、あるいは老衰して負担力を減ぜしならんか。徳川時代に人物少なく世人の眼に映ずるは維新前後に傑出せる者に若くは無し。中にも西郷隆盛と大久保利通とは中心を形づくれりとすべく、其の果たして能力を以て秀吉及び家康に拮抗するやの断定し難きも、器局〔量〕大にして国威を発揚せんとするに於いて秀吉と隆盛と相い当り、計画堅実にして国家の秩序を維持するに勤むるに於いて家康と利通と相に当る。隆盛は負担力なきに非ず、議容れられずして郷里に退き、佐賀の乱に出でず、萩の乱に出でず、而して薩南の乱に賊魁と呼ばれ、醜類と罵られ、平然健児と倒れたるは、大いなる忍耐にして、利通の大阪遷都を奏上し、武力を以て佐賀の乱、西南の乱を鎮圧せるは、強き決断なるが、孰れかと言えば、西郷は決断に於て優り、大久保は忍耐に於て優る。

西郷は小事に於て決断せず、悉く人に任せ、而して能く大事を決断す。兵力を以て徳川氏を倒すべしとせる、実に西郷の決断に負う所多し。西郷なくとも幕府の倒れたれど、徳川氏の勢力の失墜すること、彼のごとく速やかならざらん。》

1　雪嶺の見るところ、日本歴代の最大「英雄」は、秀吉である。秀吉は「水のみ」(無というよりマイナス)から出発した。信長は小なりとはいえ代官、家康は領主からの出発だ。

その力、智略・武略ともに抜きんで、気宇雄大で、可愛げがあり、人心収攬に巧みだった。文字通り、無から絶雄(関白)に登った稀人だ。(*この評価軸のもとに、司馬遼太郎『新史太閤記』の秀吉が仕上がったといっていい。谷沢永一が早く、長く主張したようにだ。)

2　大久保は明治維新の、家康は元和偃武（徳川幕政）の礎を築いた。大久保と家康を同列に置くのに、異論はないだろう。

だが、秀吉と西郷を同列視することは可能か？　可能だ、と雪嶺はいう。「大事」における「決断力」によってだ。秀吉の成功は、「大事」＝「大機」における決断に誤らなかった、とする理由は何か？　優勢、劣勢を問わず、勝機をつかみ取ろうとして、猪突であるか待機であるかを問わず、身を挺した点にある。

3　ただし、秀吉と西郷を同列において論じると、おのずとその相違点がクローズアップされることになる。これも人物論の重要さだ。対比スポットに光を当てれば当てるほど、おのずとその違いが明らかになるからだ。

西郷の知略政略軍略のいずれをとっても、秀吉のそれに遙かに及ばないこと、いうまでもない。いうならば、秀吉は「西郷＋大久保」に対比できるというべきではなかろうか。

3　伊藤と山県

＊『武将論』38〜39頁

《長州での軍事天才高杉晋作は明治以前に没し、大村益次郎は軍事に最も重きをなしつつ、刺客の手に倒れた。長岡の河井継之助は負傷して果てた。長州の井上馨、薩州の伊地知正治、土佐の板垣退助、鳥取の河田景与等は軍職に就かなかった。高杉の下、伊藤博文は相応に働き、むしろ山県よりも力を示した。高杉は戦争を起こそうとし、山県に計ったが、山県はまだ時期が早いと云って応ぜず、伊藤に計るや、伊藤は即座に応じ、それで勝ち続け、旗幟がよくなって山県も加わった。伊藤が後に軍職を帯びず、軍部に軽んぜられながら、独り山県に対してははばかるところなく、我が輩とても軍職を帯びれば相応のものという態度に出たのはそれからである。山県が後に軍部で最も重きをなし、それで幾らか伊藤に譲るを余儀なくされたこと、伊藤が政治に我が物顔するに拘わらず、山県が我が輩とても政治の出来ないものでないと仄めかすのと、互角の形になった。大村兵部大輔が歿して前原一誠が後継者となったが、種々の事情で職を罷め、山県がこれに代わった。》

1　雪嶺は、高杉晋作（長）を「軍事天才」と称し、高杉・桂、西郷・大久保を「四傑」と呼ぶべきとしたが、高杉は「維新」前に歿する。

軍事は薩の西郷に対し、その西郷と対照的な、長の大村益次郎とする。じつに的確だ。

2　幕府の第2次征長戦で、恭順派多数の中、高杉（奇兵隊創設者）が単身蜂起し、山県（奇兵隊隊長）が躊躇し、伊藤が高杉の後を追い、蜂起に成功、恭順派を退け、大村が長軍を指揮し、勝利し、討幕の烽火とした。

3　大村は蘭学者上がり、独力で洋式軍略家となった。雪嶺の見るところ、大村は薩（西郷）を抑える長の切り札となるはずであった。だが、暗殺される。

4　伊藤や板垣退助は、維新後、軍属につかなかった。だが、ともに幕末動乱や戊辰戦争での活躍があった。ために、陸軍トップに立ち続けた山県に、終生、軍事面でも山県にひけをとらない態度を示し続けた。

5　武将として（火中の栗を拾うことを躊躇しない）秀吉や高杉、伊藤や板垣（土佐陸軍を率いて討幕軍の一翼を担った）に、雪嶺は、政治家以上の「英雄」評価を与えている。（*これも司馬『花神』等々が活写している。）

6　雪嶺の人物論・英雄論・武将論に登場する「人物」は、政治と軍事（および、わずかに経済）の領域において、突出している。戦国期と軌を一にする、明治維新期から昭和維新期にわたる、日本近代革命期の特徴でもある。

*おそらく雪嶺の歴史観は、英雄（人物）史観という批判を免れえないだろう。だが「人物」（somebody）なしに「物事」（something　ひとかどのこと）を語りえない、とだけ注記しておこう。

3　人生論『世の中』…………402

3・4 『志行一致を訃れ』（大盛堂書店　大8）

＊本書は「三宅雄二郎述」で「とくに青少年の修養として遵守すべきものを纂録（さんろく）」したと「序」にある。「述」であり「纂録」（集録）である。校閲、造本（紙装仮綴）も粗雑というしかない。しかも、書名・出版社を変え、４度出版された。「商道」にもとる（といえる）。

だが「大学生」を標的にした、紛れもなき雪嶺の修養法（self-improvement method）であり、カーネギーの『人を動かす』であり、人を動かすためには自分はどうすべきか、を主題とする「人生論」の本筋なのだ。「ハウ・ツウ」のない、吉野源三郎『君たちはどう生きるか』（昭12　新潮社）とは真逆の人生論といってよい。

雪嶺より少し後輩のあのむずかしがりの夏目漱石が、「弟子」等に与えた忠言（アドバイス）＝「渾身を込めて現在に働け」と同じ性質のものだ。漱石は大学教授になることを放棄し、朝日新聞社嘱託（専属）となったとき、大学屋（教授）が商売なら新聞屋も商売だ、と喝破した。これには雪嶺もびっくりだろう。福沢諭吉は「学商」といわれたが、漱石はその先を行くかの激語を発したのだ。ま、漱石には、尻まくりの性癖があったが。（詳しくは拙著『漱石の仕事論』［彩流社　２００５］を参照されたし。）

1　「志行一致」とは

《自分で何事をか志したならば必ずこれを行はねばならず、行なはぬのは志し方が誤ったか、努力

が欠乏したか、その一を免れぬ。》

《僥倖を考えた所で何の役にも立たない

人は必ず自分の力が判るものでなく、力あると思って力がなかったり、力がないと思って力があったりするが、判らぬことは経験しているあいだに自ずから判ってくる。こういうことはできぬ、これならばできると知れてくる。しかし初めから大略（おおよそ）判らぬことはない。全く判らず、自分の思わぬ立身することもあるが、数の上では甚（はなは）だ少ない。そういう僥倖を考えても何の役にも立たぬ。先ず自分のできると考えたところに志を立てるべきである。

力が明白に判らぬのでは、はっきりと決めるに及ばず、漠然と決めてよい。しかし決めた上はこれを成し遂げようと決心すべきである。出来ることとて余り小さく限ってしまっても先が伸びなくなるので、相応の余裕をつけ、多少変化しうるようにするの必要がある。けれども余裕ばかしになっても仕方がない、……》

1　雪嶺は、「言志一致」を立てる。「言行一致」や「知行合一」に対してだ。その要は、「自分の思うこと」を「やってみなはれ！」である。何か乱暴に聞こえるだろう。そうではない。なぜか。「言志一致」は、「他人」＝「世間」に害を与えないからだ。たしかに自分に嘘をついて、自分に害を与えることがある。ならば《出来ぬと思ったら初めから志さぬがよい》

2　だがしかし、「やりたいこと」とは何か？　それがはっきりしている人は、素晴らしい。だが稀の稀だ。ほとんどの人にとって、「やりたいこと」は「やってみなければ」わからない。
3　さらに重要なのは、「やりたいこと」がみつかるのは、僥倖や偶然ではない。「やりたい（と思った）ことを続け（経験し）てみて、はじめて「やりたいことか」「そうでないか」がわかる。
4　だが相応に続けた。でも「やり（続け）たい」こととはならなかった。こと「志」とは異なった。
ではその間に続けた努力は無駄だったのか？　そうではない、と断じたい。「努力」の程度に応じて、「技能」が身につく。その技能はあとあとの「仕事」で必ず生きる。
5　逆に、あれもこれもチョイスするが、そのどれにもフィットしないといって「すぐ」に転身をはかると、どんな「技能」も身につかない。（＊わたしは、経験則に照らして、最低3年は続ける必要がある、と考える。）
チョイスを頻繁に続けていると、どんどん素寒貧（すかんぴん）に、不見転（みずてん）になる。はては使いものにならなくなる。少なくない。（＊こういう人にかぎって、おのれの不運を呪い、幸運者を嫉妬し、世間を呪う。）

2　専門＝職業の選択

《好きだと思う方向に向かうが順路である
……、なんといっても好きこそものの上手なれ、好んで修めるところには、いやいや修めるところよりも同じ労力を以て多くの効果を得ることができる。

普通学を修めている間に、自分は、何が最も好きであるかがよく分かる。好きなことで専門を修めることができるならば、これに向かう順路である。……。

人の好き嫌いは、いろいろ変ずる事がある。好きと思ったことが嫌いになり、いやと思った事が好きになったりする。かつ好きと思って十分に修養するとしても、周囲の事情のために中途で止めねばならぬようになる事がある。……［だが、］

困難は何事にもともなうものであって、能力があるとて、社会は乳母が小児を育てるようにはしてくれぬ。何の同情もなく却って迫害するような事もある。そこが辛抱のしどころであって、一時困難を忍びて、わが能力を証明しさえすれば、知る者は知ってくれる。社会は喜んで位置を与えてくれる。》

1　選択の「順路」は、「好きこそものの上手なれ」である。

たしかに好きだと、おのずと熱も力もはいり、何事にかぎらず、上達が速い。

ただし「順路」とは、多く、「入り口」のことで、好きはその熱が冷めやすいのも事実だ。

それでも、好きが、入口と出口で、紆余曲折あるいは迷路でつながる場合もある。

2　だが専門あるいは職業に何を選ぶか、は「好き」では決まらない。なぜか。「好き」で飯は食えないからだ。

＊1　漱石は「哲学」好きだった。だが、予科の同期に哲学力抜群の友人がいたことと、哲学では飯が食え

ない、というので、大学では英文科を選んだ。それでも、卒業後、東京高等師範を皮切りに、中学（松山）、高校（熊本）で英語を教え、英国留学を経て、東大（講師）になった。だが教授の席を断り、朝日新聞社嘱託で作家になった。ようやく好きな道を見つけたというべきだ。

*2　本書で、雪嶺の一生を一瞥するだけで、好きと何を以て糧とするかとの問題は、簡単ではない。雪嶺だけではない。

3　だが何を選ぶにしても、順風満帆は、むしろ稀だ。順境もあれば逆境もある。逆境続きのこともないわけではない。ただしどこにいて、なにをしていても、「逆境」に堪える力を失わないことが重要だ。

4　雪嶺は、《最後の問題はすべて能力の如何にある」という。

無慈悲な言い方に聞こえる。しかし「能力」は広・狭、深・浅等々多様な意味をもつ。瞬発力と持続力、観察力と推理力、先見力と集約力、等々、その両極線上の位置するところで、多様な力を示す。広く浅くと狭く深く掘り進むと、両極にオールマイティと器用貧乏、あるいはエキスパートと視野狭窄を産む。

雪嶺は間違いなく超能者の一人だ。だが、「飛躍」や「超絶」ではなく、あらゆる分野において、一日一日、一つ一つをとてものこと大切にした。凡人（多数派）の「順路」でもある。

3　職業・本分・道楽

《職業と本文と道楽と出発点において違う

〔1〕……夏目漱石が高等学校教授となり、文科大学〔東大〕講師となったのは、何のためであるか、収入のためとしたところもあろう、少なくとも一時全くそのためにしたろう。他に生計の立て方がなかったろう。生活の点において学校に奉職したのは職業とみなし得られる。

〔2〕しかし米屋が米を売ると同じ心得でなく、わが他人に優って居ると信ずる英文学で何か貢献したいというので、これを本分としたろう。

〔3〕而して道楽に『吾輩は猫である』を書いてみた。世間で評判になり、それから興に乗って小説を書き、後朝日新聞で小説随筆等を専らにする事になった。その収入は教員の俸給と比べて遙かに多い。

〔4〕而して夏目漱石の夏目漱石たるところは、教員としてではなく、英文学者としてでなく、一種の小説家、もしくは文学者としてである。道楽が職業となり、本分となったのである、この種の類の例はいたるところに認められる。》

同趣のことを、漱石自身が、『文学論』に書いている。

1　本分は変わる。それが普通だ

《余は少時好んで漢籍を学びたり。これを学ぶこと短きにもかかわらず、文はかくのごときものなりとの定義を漠然と冥々裏左国史漢より得たり。》

1)漱石は、大学の本科（文科大学）に進むとき、「文学」研究を「本分」（duty）として選ぶ。本分とは第一義の生き方で、「生涯を挙げてこれを学ぶ」ところのものだ。

2)そして、漱石は英語教師になる。選んだ「本分」が、「職業」（job）となり、それで生計を賄う。漱石が、最初に選んだ本分と職業とは、一見して、つながっている。松山中学、熊本五高で教鞭を執っているあいだは、本分と職業との間に、葛藤が兆したようには見えない。なぜか？

1つに、漱石が生涯を挙げて学ぼうとした英文学への傾倒が、まだなされていなかったからだ。簡単にいえば、漱石はこの時期、教師ではあったかもしれないが、自立した英文学研究者ではなかった。自分の本分で立つ「決意」も「実力」も備えていなかったからだ。

2つは、漱石が生涯を挙げて学びたいと思う動機となった「文学」とは、左国史漢すなわち『左伝』『国語』『史記』『漢書』をモデルとしたもので、西洋文学とは明らかに違っていた。漱石が英文学を専攻したとたん、その幼稚なる選択を後悔した（に違いない）。

3)漱石は、松山中学の教師時代から、友人の正岡子規に混じって、俳句をひねり出したのも、西洋文学と職業上かかわることに対する違和感からの「脱出」というか、西洋文学に癒やされない乾きを潤すという意味があった。気散じの類だ。

この時期、漱石において、「文学」とは、「本分」や「職業」としては仮の姿で、「趣味・道楽」

(amusement; hobby) としてのものだった、といいたい。

こういうことは、漱石ばかりでなく、ほとんどの人に生じると思う。むしろ、自分が若いとき選んだ「本分」が生涯にわたる本分になることは稀だ、といっていい。

2 自分が選んだ「本分」を見極めることで、その「本分」を捨てる

《大学を卒業して数年の後、遠きロンドンの孤燈の下に、余が思想ははじめてこの局所に出会せり。……ここに気が付きたるは恥辱ながら事実なり。余はここにおいて根本的に文学とはいかなるものぞといへる問題を解決せんと決心したり。》

1)漱石に突然転機がやってくる。明治33年、文部省が「英語研究のため満2年間英国へ留学を命ず」という辞令を発したからだ。漱石はすでに34歳になっていた。半端な歳ではない。

もし、漱石がイギリスに留学しなかったなら、おそらく、『文学論』を書く程度の英文学者、夏目金之助は「誕生」すらしていなかっただろう。『明暗』などを書くにいたる作家夏目漱石はけっして生まれなかっただろう。可能性としてなら、大学教授夏目金之助は生まれていたかもしれない。京都帝大が創設され、人材を捜していたからだ。また、『吾輩は猫である』を書く作家夏目漱石は生まれていたかもしれない。さらに、子規や高浜虚子に伍すほどの俳句作家漱石が生まれていた可能性も高い。

2)だが、漱石は留学に向かった。夏目金之助と漱石を分かつ、端緒が『文学論』に表現された文学研究であり、その終端が文学作品『明暗』だ。つまり、漱石の本分の新・真展開がはじまり、開

花がめざされたのだ。

漱石はうかうかとロンドンまでやってきて、西洋文学に直面し、はじめて本格的に、自分が少時より抱いていた漢学でいうところの文学と、英語・西洋でいうところの文学との違いの「極所」に気がつき、「文学とは何か」の根本を解明することに立ち上がる。

この点に気づくまで、留学の1年間をムダに過ごした漱石は、あとの1年を下宿に立て籠もって、この課題を果たすために全力を尽くす。そのため肉体的にも精神的にも消耗を来たし、精神疾患の疑いをもたれるほどに衰弱し、留学から帰還する。漱石は吐き捨てるように、次のように書き記す。《「ロンドンに住み暮らしたる二年はもっとも不愉快の二年なり。」》《帰朝後の三年有半もまた不愉快なり。》

3)しかし、ロンドンと違って、この日本から逃れるべくもない。漱石の意志を超えた意志は、日本臣民たる光栄と権利を支持するために、いかなる不愉快も避けるべきではない、と命じる。《この学術上の作物が、いかに不愉快のうちに胚胎し、いかに不愉快のうちに組織せられ、いかに不愉快のうちに講述されて、最後にいかに不愉快のうちに出版せられたるかを思へば、……、余にとってこれほどの仕事を成就したるだけにて多大の不満なり。》

明治40年に出版された『文学論』は、漱石が選んだ最初の「本分」の「成就」だ。しかし、同時に、文学研究という本分と訣別する契機でもあった。漱石の本分は、小説を書く（作家）に移る。

3　「本文」と「道楽」の融合　稀な人生コースではない

漱石は、自分が選んだ本分（あるいは職業）に（ある程度）没入し、（ある程度の）成果を生みだして、はじめて、本格的な本分に移行する。

しかし、意識するしないにかかわらず、漱石に生じたことは、多くの人にも生じる。年齢でいえば（21世紀の現在）35歳前後だ。大学を出てから10年、それまで打ち込んできた「仕事」の評価が（一応にせよ）でる。ということは、そこが本格的な最初の「岐路」になるというわけだ。

この「転機」をうかうかと過ごしたら、20代の「曖昧」なまま、40代を迎えてしまう。おそらく、漱石に「留学」という偶然（という名の必然）がなければ、五高教授として不満を抱きつついつしか満足（諦め）にいたるという人生を送ったのではないだろうか。

晩年（といっても50歳の直前まで）、小説を書き、漢詩をものするというように、西洋文学と漢文学の創作にいそしんだ、文学を「本分」としつつ「道楽」とするような、短いが、短すぎない、濃密な作家人生を送ることはなかっただろう。

4　フリーランサーの生き方

雪嶺の生涯は、与えられた時代や運命をひとまずは受け入れ、しかしそれに同調あるいは屈服せずに、独自の道を倦まず弛まず切り開き、総じて果敢に生き抜いた、稀な「自立」の生涯の「見本」となった、といいうる。

その一生の生き方を一言でいうと、フリーランサーの人生といいうる。

4・0　まだ何ものでもないが、すでに何ものかである

雪嶺は生を得た。いまだ「何ものでもない」が、すでにして「何ものか」であった。

1　金沢藩（100万石）の家老本多家（5万石）の藩医（漢学者）の家に生まれ、母方も医者で熱心な漢学者の家であった。いうなれば実学をこととする、真摯な学問の家系につながる。しかも父も義父も江戸で蘭学を熱心に学んでいる。

2　金沢藩は大藩だが外様であった。家臣の子弟は学問・技術で身を立てる、これがおのずと藩の基本方針となった。明治維新後、金沢が大学区制の中心の1つになり、英・仏学校を設立し、子弟の教育に熱心であった理由だ。英・仏・独語を幼年期から学ぶ、エリート養成教育が、日本各地ではじまった。雪嶺はその最初期の学徒である。

3　雪嶺は名（雄次郎　後に雄二郎）が示すように、家督を継ぐ必然がなく、自由に（独力で）自分の道を歩む（切り開く）チャンスが与えられた。結果的には、幸運であった。

4・1　高利貸とフリーランサー――官職を辞めるまで

1　フリーランサーになった理由

雪嶺は「官途」（「学生的官吏」）を離れた。28歳で辞表を出し、29歳で辞職する（最後は明29／3　内閣官報局）。それも「お役所仕事」を嫌ってのことだ。しかし、フリーランサーになった理由にもう1つある。広い意味では「家計」上の理由だ。

雪嶺に4歳年上の兄（恒徳）がいる。『自伝』でいうには、親類中でも、学校中でも評判がよかった。東京大学で一緒に寄宿し、学科は優秀ではなかったが、働き者と思われていた。対して、雪嶺は「働きがない」と思い（思われ）、哲学科を選んだのだった。（哲学を専攻しようとしたが、定職を得がたい、という理由で英文科に進んだ漱石と逆である。）

兄は、司法省の口があった。が、断り、同省からブラックストン法律書の翻訳を託され、郷里でそれに携わり、相当の収入を得た。また石川県専門学校に職をえて、2つの収入口によって、「家事」は都合よくゆくはずであった。

ところが、郷里で、兄は、周囲におだてられ、学校をやめ、政治活動等に熱中しだし、ために出費がかさみ、家事が左前になり、（結果、「家」を放り出して、弟を頼る形で）逃げるように上京する。だが雪嶺も高利貸を頼る他に算段が付かない。当然、証文に雪嶺が連印せざるをえないということが重なった。その上、雪嶺自身、愛知英学校時代にやはり連帯借用に判を押したため、高利がかさんでいた。この2つの借金を抱え、利子分も払いきれず、「官吏の俸給」さえ差し押さえられる羽目に陥ったのだ。

官吏をやめると、「裁判」にかかってもいっこうにかまわなく、「俸給」の差し押さえもなくなり（そもそも「俸給」そのものがなくなり）、払えるときに払う、ということが可能になる。これがフリーランサーになった第一の理由だ。

兄は、逼塞してから、文字通り働こう（稼ごう）としなかった。借金はすべて雪嶺の肩に掛かり、高利貸に押しかけられる日々が続く。それでも、兄は、日清戦争後、台湾総督府にようやく出仕（軍属）できたが、赴任後、すぐに現地でコレラに罹って亡くなった（明28／11）。ようよう高利貸しの急迫もゆるむ。生活に一種の「安定」が生まれる。

2　では雪嶺は「働き者」ではなかったのか？　そんなことはない。

官職を辞す直前には、東京専門学校（後の早大）や哲学館（後の東洋大）で、論理学・哲学を「看板」教授（非常勤）として教えはじめた。そもそも東大（哲学）卒は、当時、日本では稀少価値であった。そして雪嶺は日本人で3人目の哲学科生だったのだ。

じゃあ、雪嶺はいやいやながら教えたのか？　たしかに哲学を学校で教えるなんぞ、あまり楽しい仕事ではない。だが哲学「教授」は、自分が学び研究する「哲学」に、とにもかくにもとつながる仕事であった。それあるか、雪嶺、教科書（「教材」）を書いて、出版している。哲学（非常勤）

教授の方は、借金返済に目処が立ってからも、続けた。

他に数校で、英語講師（非常勤）をかなりの時間数こなしている。「定収入」を失ってのちは、主として、これら「非常勤」講師の収入で借金を返し、生活（広い意味で研究も含む）の糧を稼いだといっていい。

3　それに、学生時代から、「世間」のことを、もっと広く「世界」のことを、まず「新聞」（記事 news）で知り、雑誌（評論 critique）や著作（専門書 research）でより広く深く探索（search）することを好んだ。図書館が雪嶺の「大学」であった。新聞や雑誌に書くことを忌避ないし遮断するアカデミーの住人と異なるところだ。

といっても、新聞（ジャーナル）と大学（アカデミー）の関係は一筋縄ではない。

雪嶺自身、自らリサーチしたものを、書き・発表することが嫌いではなかった。むしろ好んだ。それに当時「新聞」等で「学生が書く」がむしろ流行った。雪嶺もその流れに乗ったわけではないが、むしろ好んで、チャンスがあれば断ることなく書いている。

それに、わずかにせよ、ときに「稿料」が入ることもばかにはならない。というより「書く」（発表する）こと自体に加え、「励み」になる。とにもかくにも「報酬」のある仕事になる。

これが、結果的には、雪嶺がジャーナリストとして立つ契機になる性癖（mental habit）の1つであるといっていい。

4・2　ジャーナリスト雪嶺――アカデミズムとジャーナリズム

1　アカデミズムからジャーナリズムへと「主戦場」を転じる例は、稀にだがある。例えば「民本主義」の吉野作造（1878〜1933）であり、あるいは「東亜共同体の哲学」の三木清（1897〜1945）といってもいい。

一見すると、雪嶺もその例に属する。だが違うのだ。雪嶺は「独自哲学」の足場を固めると同時に、ジャーナリズムに殴り込むがごとく躍り込んだ、というべきである。

2　帝国憲法と『日本』と『真善美日本人』

まず本書「0　哲学の本意」をまるごと参照して貰いたい。

最縮尺すれば、「時局」（帝国憲法＝日本「国体」成立）と『日本』（クオリティ紙）と雪嶺「哲学」とが、符牒をあわせるように（三位一体的に）重なって「出発」を果たした、ということだ。

3　雪嶺、独自哲学の形成（体系化）とジャーナリストとしての八面六臂（all-round）の活躍がはじまる。そして『宇宙』（明42／3）を刊行し、くわえてジャーナリズムでも頂点に立つ（その一例、1905年（明42／6）、発行部数ナンバーワンの総合雑誌『太陽』（博文館）の「人気」番付、雪嶺は「理想的記者」の1位に選ばれた。）

人気と実力を兼ね備えた、世界でも稀な言論人になったというべきだろう。

さらに進んで、『日本及日本人』で哲学体系を、『我観』で「同時代観」を連載し、各紙誌で連載する「人生」論が一本になって『世の中』（大3）をはじめ、あいついでベストセラーになる。雪嶺は稀有なベストセラー作家にもなったのだ。

このとき雪嶺、すでにして50代の半ばに達しようとしていた。

4　官途を離れた。収入は、当面の間、ジャーナリストとしてかかわる新聞・出版経営からは見込めない。最初はむしろ持ち出しだろう。大学の講師に精を出す。それに新聞雑誌に書く。収入のために（も）書くのだ。多く書かなければならない。というか、ジャーナル界は、雪嶺のようなんなテーマにもアプローチ可能な、とりわけ広い意味の「政治」テーマに接近可能な才能を欲していた、というべきだろう。

この事情が（も）雪嶺を多作家にした。結果、筆一本で生きる力を与えたのである。フリーランサーはなかなかにしんどいが、このしんどさを経なければフリーランス一本ではやってゆけない。その証左に、雪嶺が新築の家を持ったのは1920年（大9）、59歳のときであった。ちなみに夏目漱石（1867〜1916）は、帝大教授の席を蹴って、作家になった。しかし、フリーランサーにではない。朝日新聞社の専属社員（客員）で、定収（教師時代の総定収と同程度の額）が保証されている。漱石にもかなりの「額」を稼ぎ出さなければならない「家庭」事情があった。（雪嶺にはこれがなかったが。）

5　漱石は講演（及び講演料）を好まなかった。それでも講演を引き受けざるをえないときがある。漱石はある講演で、講演会にしきりに登場する雪嶺を揶揄している。漱石は講演を忌避するだけでなく、謝礼など取らぬ、と見得を切っている。しかし、雪嶺にとっては講演料は重要かつ不可欠な収入なのだ。

講演である。主催者がいる。金主がいる。講演料の支払い元である。雪嶺は講演料を「生活」の大きな収入源としている。ところが、雪嶺の講演は、主催者に都合の悪いことをずけずけというのだ。否むしろ、主催者や共演者を槍玉に挙げるためにこそ講演しているという流儀にさえ窺える。そのやり方が、聴取者の喝采を生んだ。ために講演の引きもある、というわけだ。

有り体にいえば、雪嶺は収入のために講演等の副業を行なう。しかし、自分の思想信条を抑えたり、ましてや反してするのではない。講演だけではない。大論であれ小論であれ、大新聞・雑誌であれ小新聞・雑誌であれ、自分の意のおもむくところを、意の通じるように述べるのだ。

収入支払い先に折り合いをつけるような議論はしない。これが雪嶺の行き方で、これこそフリーランサーの真骨頂だろう。

4・3　フリーシンカー——哲学者魂

スピノザ（蘭　1632〜77）は「無職」であった。資産家の生まれだったが、遺産を放棄して生きた。ハイデルベルク大学の哲学教授として招聘されたとき、これを丁重に断っている。大学のオーナーである王と教会によって、哲学する自由を制限される恐れがある、と思ったからだ。カントやヘーゲルと異なるところだ。

漱石は帝大教授のポストを蹴った。だが、文学する自由を制限される、と考えてではない。文学表現と哲学表現に違いがある。哲学は自分の信じるところを、原理的かつ論理的に述べる。思想信条の旗幟鮮明さと論理の一貫性にこそその特長がある。文学にも、哲学的表現が含まれるが、一部分に過ぎない。（なお、私は、哲学が文学的表現をとりうることを否定しているのではない。）

明治39年、漱石は、京都帝大創設予定を見越して、同文科大学の教授として招聘されたが、断っている。作家専業で行きたかったからだ。明治41年、雪嶺に同大学文科大学学長就任の「要請」があった。雪嶺は迷わず断っている。雪嶺は、哲学する自由、もっと広く、考え表現する自由が制限されることを嫌ってのことだっただろうか？　おそらくそうではないだろう。

表現の自由が制限されれば、大学をやめるまでだ。なによりもお役所（帝大）努めが嫌だったのだ。この点では、漱石と一脈も二脈も通じる。

スピノザは、王にも、教会にも、世論（多数者の意見）からも独立自由に考え表現することを望んだ。王や教会が絶対的な力をもっていた時代である。雪嶺の時代、国家権力や党派や世論が大きな力をもっていたとしても、それから自由に独自な見解を発表する自由はあった。雪嶺はこの自由をこそ、考え表現する人間の生命線と考えたのである。

ただしいうまでもないが、自由とは、~からの自由という消極的意味ではない。種種さまざまな「矛盾も拘束もある現実」を突破しえてはじめて獲得される自由である。

4・4　「非常時」と隔日コラムニスト

1　昭和7年（1932）、『帝都日日新聞』で隔日コラムの連載がはじまる。雪嶺、学者でも、ジャーナリストでも、文筆家でもなく、あるいはそれらすべてでもある、哲学者の真の姿＝「人生と世界」を哲学で生きる思考者に、すなわち、いささか大ぶりに構えれば、フリーシンカーが世界でもまれに見る現実（個人）となった、と断じることができるのではあるまいか。稀有のことである。

2　雪嶺が直面した「非常時」の「現実」とはなにか？　満洲事変と5／15事件（軍事テロ）である。

まさに日本の「非常時」が開始した、という。雪嶺はこの「非常時」の「突破」（解決）を隔日コラムの「主題」におく。隔日コラムの集成（1『一地点より』〜12『雪嶺絶筆』）までは、「非常時」から「非常時の非常時」（満洲独立と2／26事件→日米開戦→敗戦）を隔日論評する。

3　雪嶺は「非常時」の言説を看板に、日米開戦とその勝利をめざした。しかしその言説は、後戻り不可能なコースを辿るもの、というほかなかった。

雪嶺が真の日本国と日本人が始まったと喝破した、帝国憲法の「立君民主制」（日本国体）を否定するコースである。約言すれば、トライアル・アンド・エラーを許容しない、デモクラシイ（民主制）の「停止」を主張する。

4　雪嶺は、「新体制」を称賛・推進する政経軍の三位一体制（＝民有国営の国家社会主義）を積極主張する。

したがって、雪嶺のコラムは、日米開戦を回避する道だけでなく、開戦してからは停戦や和平への道をもシャットアウトする、猪突猛進としかいうほかない、簡単明瞭だが、単純でもろい性質のものである。かくして、「全体主義」は日本の国体である、などという暴論までも飛び出す始末であった。

5　デモクラシイの必要の根本は、トライアル・アンド・エラーである。間違ったら、大衆＝多数者の総意に任すシステムで、どんなに格好悪くとも、錯誤をご破算に出来る、すなわちやり直し可能な政治体制だ。その保証が衆議院の「意志」であった。

もちろん、敗戦し、「廃墟」（同然）になっても、やり直しは可能である。実際、日本はそうなった。

6　しかし雪嶺は、みずから「晩節」の「晩節を汚した」。なぜか。

敗戦の責任を、あげて軍や東条首相に負わせているからだ。しかも「同時代観」（『同時代史』）を中途で投げ出さざるを得なくなる。哲学と歴史と時局の三位一体的統一を、バラバラにする起因だ。

それほどに「時局論」は魔物である。時局の趨勢を読み「誤る」ことをほとんど避けえない。

（もちろんわたしは時局論など有害無益だといっているのではない。）

雪嶺は、つねづね、例えばウィルヘルム2世（独皇帝）が生を長らえたために、ドイツが敗戦し、廃帝になり、他国で残りの生を送らざるを得なかった、ドイツの敗戦前に歿していれば、幸福な生を生きぬくことが出来たのに、と何度も揶揄し、諭すように語った。そして雪嶺自身、日本の敗戦で、同じ境遇に陥った。

もちろん、敗戦時、雪嶺の生はまだ4カ月ほど残っていた。雪嶺は錯誤に挫けず、日本（民族）の覚醒を訴える挙に出る。「失敗から学ぶ」と掲げてだ。だが、おのれの失敗の哲学因を明示しなかった。なによりも残念なことであった。無残な、痛ましいことであった。

5　年譜と著作

＊雪嶺著書で△を付したのは、未見未詳

1860年（万延1）　1歳

7月1日、恒（ひさし・立軒　加賀藩家老本多家の儒医）と滝井（蘭医・黒川良安〔村田蔵六や佐久間象山の蘭語の先生〕の妹）の三男（長兄幼死、姉トキ子、次兄恒徳〔憲　〔自伝〕）として新竪町で生まれる。幼名雄次郎のちに雄叔、さらに雄二郎

第1期　準備期　哲学徒へ

1866年（慶2）　7歳

河波有道の塾に入り、四書五経などを学ぶ

＊「自伝」（『婦人之友』193601～12）で、前田家、その宰相である本多家、それに三宅家と母の黒川家の略歴がじつに簡潔明瞭に説かれている。維新後、本多（五万石）当主が、刺殺され、その敵討ちがあった。「第二の忠臣蔵たるに相違なく」（自伝）とある

1871年（明4）　12歳

金沢の仏語学校に入学

1872年（明5）　13歳

全国8大学区制で、金沢（県立）英語（はじめ外国語）学校に転じる

1875年（明8）　16歳

名古屋愛知英学校（＊8→7大学区制　金沢校廃止）に入学

1876年（明9）　17歳

愛知英→東京開成学校（翌年、東京大学＋予備門に改称）に入学。もっぱら図書館に通う

1877年（明10）　18歳

東京大学予備門　図書館での読書が面白い上、明治10年は薩摩の戦争で新聞に興味を覚え、日課をそっちのけにしたこともある

1878年（明11）　19歳

２月　呼び出され、試験の点数は足りていたが、出席日数不足の理由（試験後に規則「変更」）で、落第（3人）。→３月　退学覚悟で金沢に帰り、士官学校入学の準備をしたが、９月予備門に復帰

1879年（明12）　20歳

東大文科大学校（哲学科）に入る（唯１人）

＊学部に入っても、教授の講義（多くは雑談）より読書（自学自習）

1880年（明13）　21歳

1883年（明16）　24歳

１月「日本人民固有之性質」△　＊「日本民族の性質」（『東洋学芸雑誌』第16･17号、＊筆名・石浦居士　「真善美日本人」に発展　中野目徹『三宅雪嶺』参照）

４月21日　褒賞給費金月７円を受ける（優等生）

７月10日　東京大学文科大学校卒

７月28日　東京大学御用掛（a government employ without official rank　准判任〔判任並＝雇員〕＊勅任→奏任→判任（准助教授 a（part-time）clerical（事務・書記）assistant　月給50円）として同学編輯方に勤務。課題は「日本仏教史」の編纂

寄宿舎を出て下宿屋（月15円）へ

新聞雑誌に投稿はじまる

1884年（明17）　25歳

７月　北海道旅行（アイヌ視察）

11月　秩父暴動を取材（自由党の機関誌『自由新聞』1882～85

の「記者」として）

1885年（明18）　26歳

東大が帝国大学に改称

1886年（明19）　27歳

3月、大学令公布で東大編輯局改編、文部省編輯局助手に移動。与えられた仕事は、チェンバレン（＋物集高見）の日本文典編纂の助手（実際は、チェンバレンの自宅で口述筆記　『日本小文典』[1887]や修辞書[の教科書]編纂

6月　文学士三宅雄次郎著『**日本仏教史 第一冊**』（集成社 188606〔刊行日なし〕）。菊判　紙装仮綴　本文55頁

6月『**基督教小史　第一冊**』（集成社）　菊判　紙装仮綴　本文18頁＋「註説」（漢訳旧約聖書からの引用）9頁の小冊子

1887年（明20）　28歳

3月　東京専門学校（政治科）で哲学担当（～1910年まで）＊このころ兄上京（?）

役所仕事に嫌気、教科書編纂はままならないを理由に、9月頃、文部省編輯局に辞表を書く（自伝）

10月　後藤象二郎の招待を受ける（芝の三緑亭）

10月12日、父恒、金沢で死去

哲学館で西洋哲学史担当

1888年（明21）　29歳

3月　内閣官報局辞職

3月『**社会学一**』（文海堂・井洌堂）　46判　紙装仮綴　本文179頁

4月　志賀重昂・杉浦重剛ら仲間と「政教社」を創立、雑誌『日本人』＊を発行

*4/3『日本人』創刊号「創刊の辞」

〈當代の日本は創業の日本なり。然ればその経営するところ轉た錯綜湊合せりと雖も、今や現前に切迫する最重最大の問題は、蓋し日本人民の意匠と日本国土に存在する万般の圍〔囲〕外物とに恰好する宗教、教育、美術、政治、生産の制度を選択し、以て日本人民が現在未来の嚮背を裁断する在るや、吁嗟斯の千載一遇の時期に際し白眼以て世上を冷視するは是れ豈日本男児の本色ならんや、予輩不肖自ら惴らずと雖も斯の境遇に逢遭して黙々叉手せば半生所得する学術の用は竟に何たるを知らざるなり、吁嗟予輩が平素読む処は果たして何の書ぞ、斯れ何の秋ぞ、乃ち同感の者相計り爰に『日本人』と名称する一雑誌を発行し、以て各自が抱負する満腔の精神を澆ぎ盡んとす、冀くは世上博愛の君子よ、偏に予輩が微志を哀憐して其の及ばざるを戒訓し、相倶に翼賛して以て這般の大問題を討尋せられんことを。
○『日本人』は正当の順序と手続きとを経歴して発行するものなり、故に各自が良心の追随する処に遵ひ時務時事を論窮するの権利を保有す。
○『日本人』は聊か徳義の何たるかを知るものなり、故に小利益に営々たるが如きは苟も為さざる処にして、発行費用を償ふに足るを限りとして、最廉最低の定価を以て世人にわかたんとするものなり。
予輩同志は、「日本人」の隆替と進退去就を共にし、終始全力を極盡して之に関係する万般の事業を斡旋し、兼ねて平生懐抱する処の精神を、姓名と共に定時刊行雑誌上に告白せんことを誓約するものなり〉（明治文学全集37『政教社文学集』402～3頁）

4～7月　高輪後藤亭に『日本人』関係者と招かれ、大同団結運動の協力を求められる。7月5日後藤の東北遊説に随行（2日後帰京）

6～10月　『日本人』高島炭鉱坑夫救済キャンペーン（「三千の奴隷をいかにすべきか」*『日本人』9号 1888/8/3　*日本の名著37「自伝」に、91年の南洋視察中、脱艦者（松岡）が出た。松岡はもと高島炭鉱夫で、雪嶺等が炭鉱夫を擁護したのに対し、犬養毅が『朝日新聞』で炭鉱会社を擁護し、決闘騒ぎになった、とある。）

第２期　『真善美日本人』とジャーナリスト「自立」へ

1889年（明22）　30歳

＊『日本人』（以下、各年の冒頭「＊」は、雑誌等の執筆（繁出）

２月11日　「大日本帝国憲法」発布。同時に、陸羯南（社長）新聞『日本』創刊（雪嶺の恒常的登場は94年頃から。）

３月18日　後藤象二郎の入閣を難詰

８月　大隈条約改正案反対の「日本倶楽部」結成に参加

11月**『哲学涓滴』**（文海堂）　46判　布装（背皮）　本文293頁　跋28頁

1890年（明23）　31歳

＊『日本人』『亜細亜』

２月『江湖新聞』創刊、主筆

９月**『論理学』**（文学社）　三宅雄二郎編纂　変形46判　紙装仮綴　本文135頁

11月25日　第一議会（衆議院）招集

1891年（明24）　32歳

＊『亜細亜』『日本人』

３月**『真善美日本人』**（政教社）　菊判紙装仮綴　本文80頁

５月**『偽悪醜日本人』**（政教社）　菊判紙装仮綴　本文100頁

６月新聞『国会』（東京朝日の姉妹紙）の社説担当

６月『日本人』の身代わりとして、新聞雑誌『亜細亜』を発行

９月『亜細亜』に「我観」欄を設け、哲学的考察を連載

９月12日『国会』の特派員として、海軍練習艦「比叡」に乗艦し、南太平洋を巡航する。ガム、ニュー・ブリテン、シドニー、メルボルン、ニューカレドニア、ニューギニア、スールー、マニラ、香港、翌92年4/10　品川帰着

1892年（明25）　33歳

10月**『我観小景』**（政教社）　三宅雄二郎述　菊判　紙装仮綴　本

文119頁

11月　前元老院議官であった田辺太一の長女・龍子（花圃）と結婚　田辺も高利貸が嵩み、貧乏同志の結婚であった

1893年（明26）　34歳

＊『亜細亜』『日本人』

6月『国会』を退く

10月10日　『日本人』復刊（『亜細亜』がしばしば発行停止になったため）

11月**『王陽明』**（哲学書院）　＊モノグララフィの一冊　46倍判　紙装仮綴　＊訂正増補版　「例言」4頁　「目次」2頁　「本文」162頁　「詞章」163～222頁　「王陽明の後に題す」（跋　羯南陳人）9頁

11月10日『亜細亜』解停（発行停止解除）　12月1日『亜細亜』（復刊1号）

1894年（明27）　35歳

＊『日本人』

4月　長女多美子誕生

4月**『馬鹿趙高』**（政教社）　46倍判　紙装大和綴　本文26頁

7月「東邦協会」＊の特派（嘱託）で、朝鮮視察（旅費は金沢の富豪小西から）、8月帰京。日清戦争起こり、〈損続きの新聞が珍しく利益を得た。〉（自伝）

＊東邦協会　1891年（明24）5月の「東邦協会会員募集広告」によると、「東南洋諸地に係る地理商況兵制殖民国交歴史統計等を探知講究するの目的」を創立理由とし、その実現のため「講究の結果を協会報告として刊行」、「資料を得んか為めに通信新聞雑誌著述旧記等の文書類を蒐集」、「実地視察の為めに追々は探験員を諸地方経派遣」し、「東南洋の智識を得へんか為めに追て講究所を設け」、「講談会を開き」、さらに東洋・南洋に関する図書館および博物館を設立する方針であった。会員500名を超す組織

1895年（明28）　36歳

＊『日本人』

3月「社会学会」に参加（賛助会員）

4月　長男勤誕生

7月　第三次『日本人』創刊

11月（01）　兄恒徳、渡台（台湾総督府国際法顧問〔軍属〕）、すぐコレラで客死

＊1　日清戦争勝利で、1、新聞『日本』が読者増で「自立」、スタッフ増え、旗幟鮮明がますます強まった。〈陸は過度な欧化主義を嫌い国権の伸張を唱える国民主義者で、同紙は『新聞停止法』により頻繁に咎められ、1888年（明21）から1897年までに22回、延べ131日間の発行停止処分を受け、さらに、1903年にも要人への諷刺で発売禁止にされた。論調は反官僚、反藩閥、国粋保存、対外硬、中国大陸発展で、日清戦争では開戦を主張。

＊2　兄（「不成長の豪傑」）の死で、借金返済請求が緩む。

1896年（明29）　37歳

＊『日本人』

5月『**断雲流水**』（政教社）　三宅雄次郎・志賀重昂述　46判紙装仮綴　本文252頁　『亜細亜』『日本人』に掲載した42編を「摘蒐」（明21～27）、「同人」の思い出に、とある

10月『**小紘集**』（政教社）　46判　紙装仮綴　本文246頁　『亜細亜』『日本人』掲載の「小紘」（私話）集

12月　次女小枝誕生

1897年（明30）　38歳

＊『日本人』

4月　社会問題研究会（中村太八郎等組織）発会式に評議員として参加。幸徳秋水を知った（?）

11月『冒屯』（政教社　東大陸人豪伝）『冒屯』は内藤湖南著で

ある。宮崎市定「雪嶺と湖南——『冒頓』は代作か」（中公バックス・日本の名著41『内藤湖南』付録　昭59）

*1　社会問題研究会

（1）1892年冬、立憲自由党員の佐藤勇作、大道和一、上野岩太郎と、中江兆民門下の酒井雄三郎、小島竜太郎によって結成された。しかし、上野の論説〈自由主義の新領地〉が社会問題の解決を主張し，板垣退助の怒りを買ったために自然消滅した。

（2）1897年4月3日、日清戦争後の同盟罷工、労働運動の勃興のなかで、200名を集めて結成された。幹事は中村太八郎、樽井藤吉、西村玄道。週1回役員会、月1回例会を開き、普通選挙、土地国有、教育費国庫負担などをスローガンとしたが、雑多な思想の持主の集りのためふるわず、中村が選挙問題に連座して入獄したこともあり、1年余で消滅した。[梅田 俊英]〉（世界大百科）

*2『冒屯』　山野博史（「三宅雪嶺著作目録」関西大学『法学論集』昭61/4）が指摘するように、内藤湖南の作である、と情理を尽くした宮崎市定の論究がある。

*3　冒頓単于（ぼくとつぜんう　？～前174））匈奴帝国の事実上の形成者で、漢の武帝軍を破り、屈辱的な講和を結ばせ、東西交易を独占。

1898年（明31）　39歳

*『日本人』

11月　「社会学研究会」（会長加藤弘之）に参加。「東亜同文会」（会長近衛篤麿）に参加

*1896年、わが国で最初の社会学研究組織である「社会学会」が、翌年、わが国で最初の社会主義研究組織である「社会主義研究会」が設立された。当初、社会学と社会主義は、資本主義の進展に伴う社会問題の解決のため共同歩調を取りうるとされた。「社会学会」解散後、1898年に加藤弘之、元良勇次郎らを発起人に「社会学研究会」が設立され、社会主義と一線を画すようになる。

1899年（明32）　40歳

＊『日本人』

1900年（明33）　41歳

＊『日本人』

1901年（明34）　42歳

＊『日本人』

3月　三女淑誕生

4月　文学博士になる

＊漱石は博士号を固辞

1902年（明35）　43歳

＊『日本人』

4月12日　世界漫遊の旅に出発。香港（新渡戸と同行）、シンガポール、ボンベイ、パリ（中村不折と同行）、ロンドン（戴冠式陪観）、アムステルダム、ベルリン（島村抱月と同行）、モスクワ（自伝＝明石元次郎とあう）、オデッサ、イスタンブール、ウィーン、ローマ、ビール（スイス　Biel［独］、Bienne［仏］）、ロンドン〔自伝＝日露戦争必至〕、ニューヨーク、シカゴ、サンフランシスコ、ハワイ、1903年6月3日帰国。（「遊覧に就き」『日本人』⇒『大塊一塵』政教社 1904/1/1）

＊1 『大塊一塵』 近代日本思想体系『三宅雪嶺集意」80～185頁に所収

＊2 外遊中『雪嶺漫筆』（吉川弘文館　序＝明35末・羯南陳人　本文194頁　1903/1/9　菊版）

1903年（明36）　44歳

＊『日本人』

6月3日帰国

1904年（明37） 45歳

＊『日本人』『日本』

1月『**大塊一塵**』（政教社）『日本』社説担当

2月 日露戦争勃発

6月12日～7月下旬 新聞（『日本』）記者として満洲丸〔自伝＝搭乗人の詳細 386頁〕で横須賀より観戦の途、朝鮮〔7/22仁川→23京城→27海州→8/3鎮南海→14長山列島に「近づき我が艦隊の煤煙の空を覆うを見る」→水雷艇に迎えられ、8/17旅順、三笠艦上で東郷提督に戦況を聞き、本船で→8/19長崎帰着。9月「東洋は知り易からず」 11月「朝鮮の将来きわめて明白」

1905年（明38） 46歳

＊『日本人』

1月1日旅順陥落 3/1～10奉天会戦 5/27～28日本海海戦 8/12日英同盟 9/5日露講和条約調印

2月「哲人と哲学者の区別」（『日本人』）⇒『生活の磨き』1939/6/15 「哲人と詩人」

年末、京都帝国大学総長就任の誘いがあった。辞退＊

＊この点は、あまり重要視しない。①宮仕えはしない。②「宇宙」以後の各論と③「同時代観」に専念。

第3期 『宇宙』から新聞・雑誌筆者〔ジャーナリスト〕の雄へ

1906年（明39） 47歳

＊『日本人』『中央公論』

2月 日露戦役に片が付き、『日本人』（月2回刊）429号から「原生界と副生界」（⇒（『宇宙』）連載

12月『**小泡十種**』（丙午出版社）

12月 新聞『日本』を連結（18人）退社 同紙を〔陸羯南の病気、07/9/2病没〕手伝ったが、新社長と意見が合わず。『日本』（1889～06/12/9）は火災もあり終刊。

12月8日『**小泡十種**』（丙午出版社蔵）　菊判　紙装仮綴　本文203頁

1907年（明40）　48歳

＊『日本及日本人』『中央公論』

1月1日　雑誌『日本人』を改題し、『日本及日本人』創刊「原生界と副生界」の連載継続（10月　63回で了。続いて「人類攻究の一方法」を記載　雪嶺の「哲学体系の方法序説」とでもいうべきもの）

6月下旬　谷中村（足尾銅山）の「教政」（政治経済）破壊を視察（＊荒畑寒村『谷中村滅亡史』人民社　明40）

11月「東西美術の関係」（『日本及日本人』連載）開始

1908年（明41）　49歳

＊『日本及日本人』『中央公論』『実業之世界』

1月『日本及日本人』573号から、表紙に「主筆」と明記

3月『明治丁未　題言集』△（隆文館）　菊半截　布装　本文166頁

＊本書は1914年（大3）『雪嶺文集　涙香文集』の「雪嶺文集」と内容も本文頁数（おそらく組版）も同じ。なお「明治丁未〔ひのとひつじ〕」とは和暦で1908年（明41）をさし、『日本及日本人』掲載、各月1·15の両日に各2文、年末の1文を加えた「小評」集。

1909年（明42）　50歳

＊『日本及日本人』『中央公論』『実業之世界』

1月『**宇宙**』（政教社）　菊判　布装函入　豪華本（3円）　本文621頁

＊雑誌『実業之世界』（野依秀市主宰　1906=明39/1創刊）に、毎号のように執筆はじまる

1910年（明43）　51歳

＊『日本及日本人』『中央公論』『実業之世界』

３月**『偉人の跡』**（丙午出版社)、菊判　厚紙装　本文 283 頁

＊雑誌『婦人之友』（羽仁もと子主宰　『家庭之友』（1903= 明 36/4 創刊）を改題（1908/1）に毎号のように執筆始まる

1911 年（明 44）　52 歳

＊『日本及日本人』『中央公論』『実業之世界』『婦人之友』

６月「東西美術の関係」64 回で了

７月「学術上の東洋西洋」連載開始

1912 年（明 45 大 1）　53 歳

５月　母瀧井（金沢で）没。

10 月初旬～ 11/7　パラチフスで入院

1913 年（大 2）　54 歳

＊『日本及日本人』『中央公論』『実業之世界』『婦人之友』

３月**『明治思想小史』**（丙午出版)、「大正文庫」 36 判　布製　函入　本文 128 頁　＊朝日新聞連載（口授）

1914 年（大 3）　55 歳

＊『日本及日本人』『実業之世界』『婦人之友』

６月**『世の中』**（実業之世界社）　菊判　布装　本文（全 88 編）590 頁　＊ベストセラー

９月**『雪嶺文集　涙香文集』**（国民図書倶楽部　現代名家文選 5）菊半裁　布装上製　本文 165 頁　（涙香「能力主義」 303 頁）

12 月「学術上の東洋西洋」80 回で了

1915 年（大 4）　56 歳

＊『日本及日本人』『中央公論』『実業之世界』『婦人之友』

１月「東洋教政対西洋教政」連載開始　『日本及日本人』（表紙）に「主筆」と明記

3月**『縮尺世の中』**（実業之世界社） 36判 布装上製 本文689頁 *大4年6月41刷

7月**『想痕』**（至誠堂書店） 菊判 布装上製 本文1369頁 *『日本』『日本及日本人』所載、単行本未収録文

8月**『三宅雪嶺 人生訓』**△（東亜堂書房） 35判 布装函入 「序」（三宅龍子 1頁） 本文424頁 編者衛藤利夫 *箴言集

11月**『壇上より国民へ』**（金尾文淵堂） 46判 布製函入 本文413頁 *講演・演説録（付口絵・著者講演写真一葉）

11月**『修養語録』**△（新潮社） 35判 布製函入 生田春月編輯（「処世のバイブル」とある） 奥付の書名は「雪嶺語録」

11月**『青年訓』**（修道文庫 栄文館書房） 文庫判 布装函入 本文 352頁 *大9年5月『改訂増補 三宅雪嶺青年訓』（稲西書院）本文417頁

12月**『縮尺 解説宇宙』**（実業之世界社） 36判 布装函入 解説青柳剛 本文539頁 *昭31年改訂（昭30改版34刷）

1916年（大5） 57歳

*『日本及日本人』『中央公論』『実業之世界』『婦人之友』

8月**『改訂縮尺 想痕』**△（至誠堂書店） 36判 布装函入 本文1005頁

1917年（大6） 58歳

*『日本及日本人』『実業之世界』『婦人之友』『丁酉倫理』

3月**『三宅雪嶺美辞名句集』**（京橋堂） 36判 紙装仮綴 本文119頁 扉に「内外文豪 美辞名句叢書」、奥付に「編纂者 山川均」とある。なお「目次」のあとに「小伝」（3頁）

8月**『続世の中』**（実業之世界社） 菊判 布装上製 本文581頁（83編）

9月**『三宅雪嶺格言全集』**（中央出版社） 35判 布装上製 本文387頁 『想痕』『宇宙』『世の中』等から抜書（1～2行の短文）、編輯・解説（藤田信亮＝村田朝野）を各々数倍加える。藤田は、漱石

文集や蘆花警句集を編んでいるが、不詳。本書は日本人のポケット論語というべきもの。　＊なお本書は大14（成光館出版部）再版　本文298頁

1918年（大7）　59歳

＊『日本及日本人』『中央公論』『実業之世界』『婦人之友』

5月**『小紙庫』**（耕文堂）「吾は金庫なくして紙庫あり」と（「序」）にある。雪嶺の小百科事典〔エンチクロペディ）　編者柏田哲男　本文442頁

6月**『修道訓』**△（修道会本部）　変形布装　本文348頁　編纂修道文庫刊行会

10月**『東西英雄一夕話』**（政教社）　36判布製　本文330頁　巻頭に「人間の学問は人間である」とある。本文中に「英雄」の肖像（52名）あり

1919年（大8）　60歳

＊『日本及日本人』『中央公論』『実業之世界』『婦人之友』

3月**『独言対話』**（至誠堂）　36判　布装函入　本文611頁　松本道別編纂

3月**『真善美日本人』**（天佑社）　＊付録「偽醜悪〔ママ〕［悪醜］日本人」　菊半裁厚紙装　本文139頁

10月**『志行一致を計れ』**△（大盛堂書店）　＊大10年12月発行　三宅雄次郎述　46判　紙装仮綴並製　本文268頁　なお著者「偉人言行研究会」と奥付にある

11月**『出発の準備』**△（博文館）　35判　布装　本文364頁　『中学世界』に述・連載。　＊昭24年4月（百万人文庫）　46判並製　本文282頁　巻頭「三宅雪嶺先生に就いて」（安成二郎　7頁）は簡潔にして要を得た解説

12月　「東洋政教対西洋政教」120回で了

1920年（大9）　61歳

＊『日本及日本人』『中央公論』『実業之世界』『婦人之友』

1月**『日本及び日本人』**に「人類生活の状態」連載開始

4月**『増補改訂　三宅雪嶺青年訓』**（稲西書院）　菊池暁汀（巻頭語）編　36判　布製函入　本文417頁

9月1日　雑誌『女性日本人』（政教社）創刊（妻の花圃中心）

10月**『内実の力』**（アルス）　菊半裁　布装函入　本文271頁　＊『中学世界』に述・連載。『出発の準備』の続編

11月**『縮刷　続世の中』**（化学工業発売所　発行者野依秀一）　36判布製　本文756頁　＊ベストセラー

＊この年、赤坂新坂町から代々木初台（新居）へ転居

1921年（大10）　62歳

＊『日本及日本人』『中央公論』『東方時論』（中野正剛主筆）『婦人之友』

1月**『修道訓』**（内外出版協会）　46判　布製　本文348頁　＊内容は『青年訓』（大4）とほぼ同じ、『修道訓』（大7）と同じ

1922年（大11）　63歳

＊『日本及日本人』『中央公論』『東方時論』『婦人之友』

1923年（大12）　64歳

＊『日本及日本人』『中央公論』『東方時論』『婦人之友』『女性日本人』『我観』

9月　大震災により、『日本及日本人』の発行所（政教社）・印刷所焼失

9月10日**『雪嶺の著書から』**△（大盛堂書店）　36判　布装並製　本文416頁　＊各文末に、短い「印象」が付く。柴田芳水編　定価1円40銭　扉には「現代文豪　雪嶺名作選集　柴田芳水著　東京　内外出版協会」とある

10月15日『我観』（我観社）創刊（政教社を退社）　＊『女性日本人』（売れ行き不振もあり）休刊

＊この年、『日本及日本人』（政教社）と『東方時論』（中野正剛主宰経営悪化）の合同が計られ、「合同」派の雪嶺と中野に対し、反合同派の政教社社員の軋轢が生れ、震災もあって、両派は決裂、雪嶺は中野とともに『我観』創刊。ほぼ雪嶺の個人誌の体裁に

1924年（大13） 65歳

＊『我観』『中央公論』『実業之世界』『改造』

1925年（大14） 66歳

＊『我観』『中央公論』『実業之世界』『婦人之友』

10月**『三宅雪嶺　格言全集』**（成光館出版部） 35判　布装上製　本文298頁　編輯（注釈）藤田信亮　＊格言「学校の教員は一体に馬鹿者なり」（世の中）等　注釈500字

11月**『雪嶺名作選集』**（玉文社　＊大1501　第2版） 36判　布装函入　本文446頁　定価2円30銭　＊扉に「現代文豪　雪嶺名作選集　柴田芳水著　東京　内外出版協会」、奥付に「編著者　東洋文芸研究会　代表者　柴田芳水」とある。内容は、『雪嶺の著書から』（大12）と同じ

12月　『我観』連載「人類生活の状態」115回で了

第4期　『同時代史』と「人生」論

1926年（大15・昭1） 67歳

＊『我観』『婦人之友』『実業之世界』

1月（大15）「同時代観」（『我観』27号）連載開始（～1945/12）

10月（大15）**『向上発奮　世渡りの道』**（香蘭社書店） 46判　布装　本文348頁　内容は『修道訓』（大7　大10）と同じ

12月**『品性修養　志行一致を計れ』**（大盛堂書店　4版　＊初版発行日無記載） 紙装仮綴　本文268頁　内容は『志行一致を計れ』（大8）と同じ

1927年（昭2） 68歳

＊『我観』『婦人之友』『実業之世界』

10月『**三宅雪嶺　格言全集**』（有宏社）35判　布装上製函入　大14と出版社以外、同じ

1928年（昭3）69歳

＊『我観』『実業之世界』

3月『**向上発奮　世渡りの道**』（学究社　藤谷崇文館）46判　紙装仮綴　本文348頁　大15年『**向上発奮　世渡りの道**』（香蘭社書店）と同じ。＊なお『言行一致を計れ』は大8・大15・大15・昭3と4度名を変え刊行されたことになる

1929年（昭4）70歳

＊『我観』『婦人之友』『実業之世界』

1930年（昭5）71歳

＊『我観』『丁酉倫理』『婦人之友』『実業之世界』

1931年（昭6）72歳

＊『我観』『実業之世界』『丁酉倫理』『婦人之友』

1月『現代日本文学全集5　三宅雪嶺』（改造社）菊判　布装函入　全543頁　＊謂ゆる「円本」

第5期　「非常時」と隔日コラム

1932年（昭7）73歳

＊『我観』『実業之世界』『丁酉倫理』『婦人之友』『帝都日日新聞』

8月　「帝都日日新聞」創刊号からコラムを旬日連載。　＊その1年分を順次単行本化　全11冊＋没後『雪嶺絶筆』

1933年（昭8）74歳

＊『我観』『実業之世界』『丁酉倫理』『婦人之友』『帝都日日新聞』

9月『**一地点より**』（帝都日日新聞社）46判　厚紙装上製函入

本文375頁（178編　*1月1日は2日分量　以下同じ）
9月「明治哲学界の回顧（付記）」（岩波書店）　抜刷　菊判　紙装仮綴　本文6頁　井上哲次郎『明治哲学界の回顧』（岩波講座　哲学4　昭7/11/25）付記

1934年（昭9）　75歳

*『我観』『実業之世界』『丁酉倫理』『婦人之友』『帝都日日新聞』
12月**『隔日随想』**（帝都日日新聞出版部）　46判　厚紙装上製函入　本文445頁（全176編）

1935年（昭10）　76歳

*『我観』『実業之世界』『丁酉倫理』『婦人之友』『帝都日日新聞』
12月**『二日一言』**（帝都日日新聞出版部）　46判　厚紙装上製函入　本文466頁（全178編）

1936年（昭11）　77歳

*『我観』（6月『東(とう)大陸』に改題）『実業之世界』『丁酉倫理』『婦人之友』『帝都日日新聞』
11月**『初台雑記』**（帝都日日新聞社）　46判　厚紙装上製函入　本文448頁（178編）
*金沢市新竪町小学校の運動場に隣接する生家跡を市に寄附。（同地に三宅雪嶺のレリーフを入れた記念碑が建ち、小公園となっている。）

1937年（昭12）　78歳

*『東大陸』『実業之世界』『丁酉倫理』『婦人之友』
5月**『人の行路』**（実業之世界社）　菊判　布装上製函入　本文526頁　*『実業之世界』（大9/10～昭11/9）掲載の評論集

1938年（昭13）　79歳

*『東大陸』『実業之世界』『丁酉倫理』『婦人之友』
2月**『面白くならう』**（帝都日日新聞社）　46判　厚紙装函入　本

文443頁（175編）

8月『**武将論**』（千倉書房） 46判 厚紙装函入 本文287頁 ＊『英雄論』』人物論』と併せて三部作

10月『**戦争と生活**』（帝都日日新聞社） 46判 厚紙装函入 本文456頁（181編）

1939年（昭14） 80歳

＊『東大陸』『実業之世界』『丁酉倫理』『帝都日日新聞』

2月『**英雄論**』（千倉書房） 46判 厚紙装函入 本文418頁

3月『**人物論**』（千倉書房） 46判 厚紙装函入 本文320頁

6月『**生活の磨き**』（千倉書房） 46判 厚紙装函入 本文358頁

8月『**祖国の姿**』（千倉書房） 46判 厚紙装函入 本文303頁 『日本及日本人』所載の評論集

10月『**変革最中**』（帝都日日新聞社） 46判 厚紙装函入 本文483頁（182編）

11月『**今の時局に野依君が十人あれば**』△（実業之世界社・帝都日日新聞社） 46判 紙装仮綴 ＊三宅雪嶺先生述（本文1～52頁） 渋沢栄一先生述（55～96頁）

1940年（昭15） 81歳

＊『東大陸』『実業之世界』『丁酉倫理』『帝都日日新聞』

9月『**変革雑感**』（帝都日日新聞社） 46判 厚紙装函入 本文485頁（184編）

12月「二千六百年」（『婦人之友』に1年間連載）

1941年（昭16） 82歳

＊『東大陸』『実業之世界』『丁酉倫理』『婦人之友』『帝都日日新聞』

1942年（昭17） 83歳

＊『東大陸』『実業之世界』『丁酉倫理』『婦人之友』

3月『**爆裂の前**』（帝都日日新聞社） 46判 厚紙装函入 本文481

頁（154 編）

8 月『**精神文化全集 23　三宅雪嶺選集**』△（潮文閣） 46 判　紙装仮綴　本文 310 頁　第 1 部『**生活の磨き**』、第 2 部『人の行路』からの抄録

10 月『**爆裂して**』（秀文閣書房） 46 判　厚紙装函入　本文 496 頁（173 編）

1943 年（昭 18） 84 歳

＊『東大陸』『実業之世界』『丁酉倫理』『婦人之友』『帝都日日新聞』

4 月　文化勲章受賞

7 月　妻・龍子（花圃）、死去

10 月　女婿中野正剛（1886 ～ 1943　東条内閣・倒閣運動で逮捕）、釈放後、自刃。同時に『東大陸』発禁（11 月～翌年 6 月）休刊

1944 年（昭 19） 85 歳

＊『我観』『実業之世界』『婦人之友』『帝都日日新聞』

5 月『**激動の中**』（秀文閣書房） 46 判　紙装並製　本文 412 頁（179 編）

6 月　肺炎で約 4 カ月静養

7 月　東条内閣総辞職

7 月『我観』（『東大陸』再改題）復刊

1945 年（昭 20） 86 歳

＊『我観』『帝都日日新聞』

1 月　肺炎・大腸カタルを患う

2 月　全快　『我観』（用紙不足で）10 月まで休刊

5 月 25 日　初台の自宅全焼（書庫だけ残る）

10 月　『我観』『帝都日日新聞』復刊

11 月 26 日、狛江の中野（娘）宅で死去

死後

1　膨大な遺稿集等が出版された。○は哲学体系（『宇宙』）に直接する著書

『大学今昔譚』（我観社）1946/11　B6判　紙装仮綴　本文305頁　含む「自伝」（本文93～305頁）⇒復刻『大学今昔譚』（大空社）1991/4　B6判　布装上製箱入り「日本教育基本文献叢書8」、本文305頁　付・解説11頁

『雪嶺絶筆』（実業之世界社）1946/12　B6判　紙装仮綴「帝都日日新聞」掲載のコラム（昭18/8～20/12）　本文175頁（全73篇）
＊「はしがき」（野依秀市）

『出発の準備』（百万人文庫）1949/4　＊本文は、大8年発刊の『出発の準備』（博文館）に同じ

『同時代史』（全6巻 岩波書店）1949/7～1954/8

『自分を語る』（朝日新聞社）1950/1　46判　紙装並製　本文353頁
＊『我観』大13/7～昭3/8号に断続して、最後の「人皆天才」は『日本及び日本人』（大4/4）に掲載。雪嶺は、「自分を語る」を少なし、と書くが、自伝2冊、その他コラムを含め、自分を語ること少なくない。むしろ他と比較し、多い

○**『解説宇宙』**（雪嶺選書刊行会）1950/10　本文内容は『縮刷解説宇宙』（1915）と同じ

○**『学術上の東洋西洋』**（実業之世界社　上下）1954・1955

『人生八面観』（実業之世界社）1955　A5判　布装上製函入　本文546頁

○**『東西美術の関係』**（実業之世界社）1955

『妙世界建設』（実業之世界社）1955　46判　紙装上製函入　本文896頁　＊『日本及日本人』（明41～大10）増刊・特集号掲載の「人生観的」長篇19集録

○**『人類生活の状態』**（実業之世界社　上下）1955・1956

○**『東洋教政対西洋教政』**（実業之世界社　上下）1956

『真善美日本人』付「偽悪醜日本人」（講談社学術文庫）1985　A6判

紙装仮綴　148 頁

2　生前・死後の「文学選集」等

『現代日本文学全集 5　三宅雪嶺』（改造社）1931　菊判　布装函入　全 543 頁

『明治文学全集 第 33 三宅雪嶺集』（筑摩書房）1967　菊判　布装上製函入　柳田泉編

『日本現代文学全集　2　福沢諭吉　中江兆民　岡倉天心　徳富蘇峰　三宅雪嶺』（講談社）1969

『日本の名著 37 陸羯南・三宅雪嶺』（中央公論社）1971　鹿野政直責任編集　B6 判　布装上製函入

『近代日本思想大系 5 三宅雪嶺集』（筑摩書房）1975　本山幸彦編　B6 判　布装上製函入

『日本人の自伝 5　徳富猪一郎　三宅雪嶺』（平凡社）1982　雪嶺「自伝」（『婦人之友』1936/1 〜 12 連載　本文 345 〜 395 頁）　菊判　布装上製函入

『石川近代文学全集　12　三宅雪嶺・石橋忍月・藤岡東圃・桐生悠々等』（石川近代文学館発行）1988　菊判　布装上製函入　*藤田福夫編　巻末「評論・紀行の人々」で、雪嶺が「加賀藩の学芸尊重の気風」を継承した代表者であると特記し、「（附）評伝三宅雪嶺先生」（398 〜 419 頁）を記す。ただし藤田の「評伝」は、全文ではない

『三宅雪嶺 自伝　自分を語る』日本図書センター（人間の記録）1997　46 判　布製上製函入

3　共著

『断雲流水』志賀重昂共述（政教社）1896　46 判　紙装仮綴並製　本文 252 頁

『日本人論』（冨山房百科文庫 8）1977　三宅雪嶺「真善美日本人」「偽悪醜日本人」と芳賀矢一「国民性十論」の合作　生松敬三編　文庫版　紙装仮綴

4　論文

「明治哲学界の回顧 附記」岩波書店（『岩波講座哲学』所収、井上哲次郎「明治哲学界の回顧」の附記）1932

「信州教育の試練」『教育』第1巻1号　1933

5　翻訳

レスタル・ワード『社会学』（文海堂［ほか］）1888

6　関連（研究・評論）書

山路愛山『世の中』（名著評論社）1915　25判　厚紙装上製　本文171頁

五斗兵衛『大愚三宅雪嶺』（武芸社）1916　46判　紙装仮綴　本文334頁

＊雪嶺評に「大鉈」を振う。雪嶺は支那の章炳麟（学者でジャーナリスト、革命家）とある　＊雪嶺は広義には革命家だが、革命運動家ではない

＊雪嶺の代筆は（すべて）八太徳三郎（『日本及日本人』の編集兼発行人73頁）とある（??）

『三宅先生を語る』（帝都出版　1947）　野依秀市編集　＊野依述の、雪嶺に支払った原稿料・印税・謝礼等の記述がある（貴重）

柳田泉『哲人三宅雪嶺先生』（実業之世界社 1956）　＊バランスのとれた、雪嶺をよく知る識者による単著。本文250頁

長谷川如是閑「三宅雪嶺」　『三代言論人集 第5巻』（時事通信社 1963）　＊如是閑は雪嶺主宰『日本及び日本人』の編集者だった

長妻三佐雄『公共性のエートス 三宅雪嶺と在野精神の近代』（世界思想社 2002）

佐藤能丸『志立の明治人　下　陸羯南　三宅雪嶺 久米武邦 吉田東伍』（芙蓉書房出版 2005）　雪嶺（31 ～ 68頁）

長妻三佐雄『三宅雪嶺の政治思想「真善美」の行方』（ミネルヴァ書房 2012）

中野目徹『三宅雪嶺』（吉川弘文館　人物叢書　2019）　＊三宅雪嶺研

究として、従来のものから一頭地を抜く。なお同氏の『政教社の研究』（思文閣出版　1993）ほかの労作は未読

山野博史「三宅雪嶺著作目録」（関西大学『法学論集』（1986/4）137 ～ 216 頁　＊この詳細で着実な文献研究抜きに、三宅雪嶺研究なるものは成り立たない

三宅雪嶺『同時代史　6』（岩波書店）1954 「三宅雪嶺年譜」（393 ～ 438 頁）「人名・事項索引」（1 ～ 88 頁）は貴重。「死後」2 にあげた「文学全集」等の付録（年譜・解説等）も参照に値する

あとがき　本著を書いた理由

1　日本「哲学」界の「異例」ぶり

1　近代日本の「大学」における哲学研究は、日本の哲学史あるいは哲学者を論究視野の外においてきたといっていい。わたしが学んだ大学も例外ではない。哲学（「純哲」主任）教授、仏哲の澤瀉久敬（ひさゆき）、独哲の伊達四郎、倫理の相原信作先生は、そろって西田哲学徒であった。その先生方の口から、西田、田辺学派あるいはその周辺について、講義や演習ではもちろん、私語においてさえ、一言半句も語られることはなかった。

したがって日本の哲学史あるいは哲学者についての研究はもとより、西欧現代哲学、とくに戦後派（たとえばサルトル）の研究は、言外に厳禁され、頭から認められなかった。またマルクス主義哲学は、党派（政治）論であるとして、哲学「研究」対象とはみなされなかった。正確にいえば、「卒業論文」対象から除外された。

ただし、と半畳を入れなければならない。この傾向は、江戸期を含めた近代以前も、支那（先進文明）哲学の圧倒的影響下にあった日本と日本人の哲学を含む文芸および思想の「伝統」といってもよいものだった。最澄や空海を思い起こせばいい。「先進国」から学び、祖述、あるいは咀嚼し、日本独自のものにしてゆく。それが日本の学問「伝統」でもあったのだ。

2　わたしが多少とも物書きとして注目された最初の著作、『昭和思想史60年』（三一書房1986）で取り上げた哲学研究者は、批判的論及も含めて、60年60人のうち、戦前で西田幾多郎と田辺元、三木清と戸坂潤、九鬼周造、戦後で古在由重、中村雄二郎、廣松渉と丸山圭三郎、今村仁司の10人であった。だが、それでも「多い」とみなされ、西田と三木でいい、と断じる人もいた。だがわたしは、日本の哲学者を自分の手で探しだし、攻究対象とすることから始める、それがわたしの哲学研究の中心かつ最終課題であるとみなした。もちろん、最初は五里霧中、であった。「手探り」であったが、プラトンがギリシア（アテネとスパルタ）人の哲学を書いたように、誇大妄想と映ることを恐れずに、わたしも「日本人の哲学」を書くことを目標に据えてきたように思える。

3　その最初の手がかりは、上京したおり、偶然、神保町の新刊書店で手に取った谷沢永一『読書人の立場』（桜楓社　1977）が与えてくれた。35歳の時で、地味な、発刊1月で3刷りなのに、著者名は未知、それも国文学研究者（関大教授）である。

2　司馬史観の源流は三宅雪嶺の史観と人物・人生論

1　〈司馬遼太郎の小説が、司馬史観と呼んでいい説得力のある独自の視座を結晶化させたのは、『歳月』及び『坂の上の雲』を書きはじめた昭和43年から、途中に『花神』を並行させつつ、『坂の上の雲』が完結した47年に至る数年間のことであった。幕末から日露戦争にかけての期間、日本近代史のハイライトに対する体温の通う史的展望が、ここに初めて提示されたのである。

司馬史観の魅力は一言に尽くせないが、それを組み立てている要素の大きな部分は、人間をつくづく観察することが面白くて堪らないという姿勢である。それも、世間と交渉せぬ変わった珍種を採集するのではなく、矛盾に満ちたそれぞれの個性が、時勢とどのようにかかわりあったかという、その一点に絞っての注視である。〉（『文藝春秋』昭和50／12）

これを前置きに、「司馬史観の源流」は、遺著の『同時代史』全6巻（岩波書店）を決定版とする三宅雪嶺の「史論と人物論と政界批評」であるとの断案が、初めて示された（、とのちに知るところとなった）のだ。

だがこの谷沢著を手に取ったのは、たまたま「開高健論」を目次で目にしたからであった。帰りの名古屋行き夜行列車中、開高健の「全作品集」の付録解説（昭49／7〜10）として書かれた、畏友の手になるデビュー前の開高の活写をまず読んだ。納得、ただちに、開高健の作品群を集め、再読を含め、熟読する契機となった。あわせて、谷沢ともう一人の文学仲間、向井敏の作品を根こそぎ集め読もうと心決めした。

2　だが、問題は三宅雪嶺である。なるほどわたしでも雪嶺の名は知っていた。東大（文科）哲学科を卒業し（井上哲次郎、岡倉天心に次ぐ3人目）、徳富蘇峰とならぶ保守開化派の代表的論客であるていどの、極貧「情報」にすぎない。もちろん貧弱なわたしの書庫には雪嶺の著作は一冊もなかった。だがこれは、時系列を無視すれば、集めればいいだけのことだ。

ただし司馬作品が、当時、私的に熱中していた子母沢寛『新選組始末記』『勝海舟』の「嫡流」であることは体感できたが、雪嶺の史論・人物論が、司馬の作品群とりわけ『梟の城』『燃えよ剣』『竜馬がゆく』『国盗り物語』『花神』『新史太閤記』等々をはじめとする、膨大な作品群のバックランドを貫流する「源」だなどとは、途方もないことのように思われた。

3　てはじめに現代日本文学全集5『三宅雪嶺集』（改造社　昭6）、いわゆる「円本」を（古本で）入手し、目次を一瞥、「我観小景」や主著『宇宙』、「真善美日本人」「偽悪醜日本人」「冒屯」等の主要哲学著作が並んでいる。小躍りした。だが菊判1頁3段でびっしりつまったルビ付きの小活字は、何としても読みにくい。それに『冒屯』は大著な上、匈奴を対象にしている。

かくして改造社の円本ていどに、初めから腰が引けてしまった。こういう場合、短兵急を恐れないわたしとして、「急ぐな！」、「抑えてゆこう。」に徹するしかなかった。

3　吉本隆明は戦後思想を代表する

1　昭和思想史を書いたあと、すぐ、「何か」に導かれるように、というか編集者の「次は、何を書くか？　何でもいい！　思い切って書け‼」に促されるように、『吉本隆明論　戦後思想史の検証』（三一書房　1990）を書いた。これも、自分でいうのも気恥ずかしいが、書き下ろしの「大冊」であり、わたしが万年筆で書いた最後の著作となった。

書いてみて、はじめて自分（著者）が求めていた「課題の中心」が判明する。

わたしが修論（「道徳の原理　カント中心概念の展開」１９８０）を書いた後、はじめて活字になった「本格」（？）論稿が、上田三郎〔名義〕「幻想論の理論的支柱――吉本隆明批判」（大阪大学唯物論研究会『唯物論』第一集、１９６９／10／20　43枚）であった。マルクス主義の「教義」にもとづいて、吉本批判をおこなった。

わたしは、『吉本隆明論』を書くことによって、マルクス主義の可能性とともにその不可能性を書くことができた、と思えた。同時に、戦後思想は、他の誰でもなく、吉本隆明によって代表される、という確信をもつことができた。

２　中心概念は吉本の「関係の絶対性」である。そして対自・対他・対の３関係というコンセプト（concept）には、戦後の三大哲学潮流、実存・実証・マルクス主義を超えるとともに、構造・ポスト構造主義を包括する哲学「原理」が含まれている、という確信が出来上がった。のちに（これも書き下ろしの大冊）『現代思想　１９７０～２００１』（潮出版　１９９６）を書くことが出来る因となった。

３　だが吉本に欠けるというか稀薄な「領域」があった。史論であり人物論を含めた人生論だ。史論の名手は、内藤湖南だ。その第一が、日本史は「応仁の乱」で二分される。現在の日本と日本人を知るためには、応仁の乱以前は無視してよろしい（『日本文化史研究』１９２４）という乱暴な意見だ。だが、卓説である。その上、湖南（「先哲の学問」）は、山片蟠桃『夢の代』（１８２０）を独創かつ発明の書と講じた。これも「発見」である。

蟠桃は、「神話」を解明かつ否定し、地動説を唱えたが、幕藩体制を地方自治体を基盤とする市場経済社会として評価する。ただしこの書、世を憚ってか、「写本」で伝わったのみで、1916年（大5）はじめて出版された。

谷沢永一は「『古事記』『日本書紀』の虚構を暴いた先達」（『日本史の裏事情に精通する本』PHP研究所　2009）で、三宅雪嶺『日本仏教史　第一冊』（1886）をとりあげ、この小冊子が蟠桃の衣鉢を受け継ぎ、雪嶺に津田左右吉『古事記及び日本書紀の新研究』（大8）が続いた、と記し留める。（わたしもようやく雪嶺の諸著作を集め終え、『日本人の哲学　Ｉ「哲学者列伝」』（言視舎2016）で、雪嶺論の助走を果たし、一書完成の遙かな望みを懐いた。

4　三宅雪嶺は維新後思想を代表する

1　吉本隆明を戦後思想＝哲学の代表とするなら、三宅雪嶺は戦前（明治期以降）思想＝哲学の第一人者である、というのがわたしの断案であり、結論だ。本書が論究しようとしてきた結語である。

雪嶺の思想定義（標語 slogan）は「国粋保存」だ。一見して、保守反動を標榜したかに思われるだろう。そうではない。「国粋保存」は開明社会の知識思想から生まれたものであって、旧物保存の国粋主義主義とは正反対を向いている、と自己規定するようにだ。この点で、雪嶺の思考線は福沢諭吉や徳富蘇峰よりいっそう鮮明かつ徹底している。つまりは哲学思考なのである。
２　だが、敗戦時に隆明が出発した地点と、維新時に雪嶺が出発した地点とは異なる。若い吉本は「失敗」の「自己否定」＝「自己解明」から出発することができた。その「模索」は、考えられている以上に、「一歩前進二歩後退」然としている。戦後思想の潮流とその行程が錯綜していたことにもよる。
対して雪嶺はその哲学徒時代からほとんどぶれることなく「国粋保存」を堅持する。稀有なことだ。だが晩年にいたって、特に満州事変と５／15事件以降、方向舵を見失うようになる。近衛文麿内閣の登場を画して、「日本の国体は全体主義だ」などと定義するに至る。ブレーキがきかず、独ナチスや伊ファッショに、なによりも日本「国家社会主義」に無批判的になってゆく。わたしが「晩節を汚す」に至ったという理由だ。
３　その晩年の著述、『同時代史　６』が尻切れトンボに終わり、隔日コラムに「放言」「迷言」の類が搬出するようになる。だが、この迷妄ゆえをもって、雪嶺の哲学的著述とその時局論や人生論および人物論を含む百科全書的な努力をまるごと歴史から葬り去るのは、「盥(たらい)の水と一緒に赤子を流す」に等しい。雪嶺流ではないし、わたしの趣向にもあわない。

２０２１年３月13日　積雪に囲まれた北の宿(ノルトハイム)から。

鷲田小彌太

[著者紹介]

鷲田小彌太（わしだ・こやた）

1942 白石村字厚別（現札幌市）生。66 大阪大（文・哲）卒、73 同院博中退。75 三重短大講師、80 教授、83 札幌大教授（哲・倫理）、2012 同退職。

主要著書　75『ヘーゲル「法哲学」研究序論』（新泉社）、86『昭和思想史 60 年』90『吉本隆明論』（三一書房）、91『大学教授になる方法』（青弓社）、92『哲学がわかる事典』（日本実業出版社）、96『現代思想』（潮出版社）、2001『「やりたいこと」がわからない人たちへ』（PHP 新書）、07『人生の哲学』（海竜社）、11 ～ 17『日本人の哲学』（全 5 巻全 10 部）15『山本七平』19『福沢諭吉の事件簿』（言視舎）、著書（外国語訳書等を含め）260 冊余。

本文 DTP 制作………勝澤節子
編集協力………田中はるか
装丁………山田英春

三宅雪嶺　異例の哲学

発行日❖ 2021 年 4 月 30 日　初版第 1 刷

著者
鷲田小彌太
発行者
杉山尚次
発行所
株式会社言視舎
東京都千代田区富士見 2-2-2 〒 102-0071
電話 03-3234-5997　FAX 03-3234-5957
https://www.s-pn.jp/

印刷・製本
中央精版印刷㈱

ISBN978-4-86565-199-7 C0010

言視舎刊行の関連書

978-4-905369-49-3

日本人の哲学1 哲学者列伝

やせ細った「哲学像」からの脱却。時代を逆順に進む構成。1　吉本隆明▼小室直樹▼丸山真男ほか　2　柳田国男▼徳富蘇峰▼三宅雪嶺ほか　3　佐藤一斎▼石田梅岩ほか　4　荻生徂徠▼伊藤仁斎ほか▼5　世阿弥▼北畠親房▼親鸞ほか　6　空海▼日本書紀ほか

鷲田小彌太著

四六判上製　定価3800円＋税

978-4-905369-74-5

日本人の哲学2 文芸の哲学

1戦後▼村上春樹▼司馬遼太郎▼松本清張▼山崎正和▼亀井秀雄▼谷沢永一▼大西巨人　2戦前▼谷崎潤一郎▼泉鏡花▼小林秀雄▼高山樗牛▼折口信夫▼山本周五郎▼菊池寛　3江戸▼滝沢馬琴▼近松門左衛門▼松尾芭蕉▼本居宣長▼十返舎一九　4室町・鎌倉　5平安・奈良・大和ほか

鷲田小彌太著

四六判上製　定価3800円＋税

978-4-905369-94-3

日本人の哲学3 政治の哲学／経済の哲学／歴史の哲学

3部　政治の哲学　1戦後期　2戦前期　3後期武家政権期　4前期武家政権期　ほか　4部　経済の哲学　1消費資本主義期　2産業資本主義期　3商業資本主義期　ほか　5部　歴史の哲学　1歴史「学」—日本「正史」　2歴史「読本」　3歴史「小説」ほか

鷲田小彌太著

四六判上製　定価4300円＋税

978-4-86565-075-4

日本人の哲学4 自然の哲学／技術の哲学／人生の哲学

パラダイムチェンジをもたらした日本人哲学者の系譜。「生命」が躍動する自然＝「人間の自然」を追求し、著者独自の「自然哲学」を提示する6部。哲学的に「技術」とは何かを問う7部。8部はヒュームの「自伝」をモデルに、哲学して生き「人生の哲学」を展開した代表者を挙げる。

鷲田小彌太著

四六判上製　定価4000円＋税

978-4-86565-034-1

日本人の哲学5 大学の哲学／雑知の哲学

哲学とは「雑知愛」のことである……知はつねに「雑知」であるほかない。哲学のすみか《ホームグラウンド》は、さらにいえば生命源は「雑知」であるのだ（9部）。あわせて世界水準かつ「不易流行」「純哲」＝大学の哲学をとりあげる（10部）。

鷲田小彌太著

四六判上製　定価3800円＋税

「日本人の哲学」全5巻（10部）完結

言視舎刊行の関連書

978-4-86565-129-4

大コラム　平成思潮
時代変動の核心をつかむ

読んで楽しい同時代史！平成の30年の核心を鋭角的にえぐる。社会主義の自壊、バブル崩壊、高度消費社会・情報化社会への離陸、世界金融危機、２つの大災害、原発事故、政権交代と政治の迷走、日本というシステムの動揺など

鷲田小彌太著　　四六判並製　定価2000円＋税

978-4-86565-132-4

大コラム　平成思潮 後半戦
平成14＝2002年〜

"特盛"コラムの醍醐味、時代の動きを「鷲づかみ」！平成の30年間の後半戦、政治・経済・文化の動向を追い、その核心をえぐったコラムの機関砲。混迷を極める現代への確かな指針。新聞コラムを中心に構成する「同時代史」

鷲田小彌太著　　四六判並製　定価2400円＋税

978-4-86565-150-8

福沢諭吉の事件簿　I

事件簿１　「スパイ」松木弘安の巻
事件簿２　坂本竜馬と密会するの巻
事件簿３　幕府による文明開化をめざすの巻
事件簿４　「長州再征に関する建白書」の巻
事件簿５　竜馬が暗殺されるの巻
事件簿６　偽版探索の巻

鷲田小彌太著　　四六判並製　定価1500円＋税

978-4-86565-151-5

福沢諭吉の事件簿　II

事件簿７　ロシアのスパイになりそこねたの巻
事件簿８　榎本武揚助命嘆願の巻
事件簿９　暗殺者たちの巻
事件簿10　慶應義塾「存亡の危機」の巻
事件簿11　ロシア問題の巻　榎本武揚と増田甲斎
事件簿12　明治十四年政変の巻

鷲田小彌太著　　四六判並製　定価1500円＋税

978-4-86565-152-2

福沢諭吉の事件簿　III

事件簿13　帝国憲法に脱帽するの巻
事件簿14　諭吉、金玉均の乱「黒幕」とみなされるの巻
事件簿15　金玉均、暗殺されるの巻　「脱亜」論への道
事件簿16　日清戦争に勝つの巻　条約改正の布石
事件簿17　富国と強兵の巻　〈架空対論〉
福沢諭吉を遠く離れて

鷲田小彌太著　　四六判並製　定価1500円＋税

言視舎刊行の関連書

978-4-86565-192-8

「重層的非決定」吉本隆明の最終マナー

思考の羅針盤。「常態」を失わないための思考方式（マナー）を吉本に学ぶ。時代の転換・画期に吉本が乗り越えた定型思考。戦後思想のあり方、資本主義の現在や反核・反原発をめぐる議論、古典論、宗教思想を中心に完全解説。

鷲田小彌太著　　四六判上製　定価2000円＋税

978-4-86565-051-8

言視舎　評伝選

山本七平

ベンダサンと山本七平は、別人である！日本の「常識」に衝撃を与えた『日本人とユダヤ人』の作者、「日本と日本人」を問い続ける「山本日本学」の深層に迫る。「異能の人」の信仰・表現の思想的関係を見定める本格評伝。

鷲田小彌太著　　四六判上製　定価3000円＋税

978-4-86565-096-9

日本人の哲学

名言１００

「ベスト１００」には誰が？　吉本隆明から日本書紀へと遡源する、日本と日本人の哲学の「箴言集」＝名言と解説。この１冊に日本の哲学のエッセンス＝おもしろいところを凝縮した決定版。

鷲田小彌太著　　四六判並製　定価1600円＋税

978-4-86565-093-8

生きる力を引き出す超・倫理学講義

自然哲学、社会・経済哲学、歴史哲学を内包した異色の学問！フツーの倫理学が教えない「鷲田倫理学」。「欲望」や「エゴイズム」とは？世に流通する「資本主義」「民主主義」「消費社会」の誤解を正し、新たな知を構築する。

鷲田小彌太著　　四六判並製　定価2000円＋税

978-4-86565-019-8

寒がりやの竜馬

幕末「国際関係」ミステリー

吉田松陰や坂本竜馬はなぜ「竹島」を目指したのか？　竜馬にとって「蝦夷地」の意味とは？緊迫する当時の東アジア国際情勢の中で、竜馬をはじめとする幕末人物像を見直す歴史読み物。通説を大胆に覆す資料の「読み」と「推理」。

鷲田小彌太著　　四六判並製　定価1600円＋税